휴먼 엔지니어

휴먼 엔지니어

엄태형 지음

루비페이퍼

프롤로그

새로운 미래를 준비하는 인생 지도

나는 소프트웨어 엔지니어로 적지 않은 세월을 일해왔다. 10년이면 강산이 변한다고 했던가. 그사이 많은 것이 변했다. 엊그제 개발된 기술이 바로 오늘도 기약할 수 없는 시대가 됐다. 그만큼 기술 분야는 부침이 심하기에 이 분야에 몸담은 사람들은 변화에 대응해야 한다. 한곳에 너무 오래 머물러 고인 물이 되는 것은 시대를 제대로 이해한 처신이 아니다. 급격한 변화에 발맞추어 새로운 기술을 익혀야 하는 엔지니어의 고민은 깊어질 수밖에 없다.

이것은 과거의 방식에 익숙한 엔지니어들에게는 가슴 아픈 일이다. 한 분야에 오래 머물며 경험과 지식을 쌓으면 전문가라 칭송받던 시대는 갔다. 인터넷을 통해 모든 정보가 공유되는 오늘날에는 시간이 전문성을 보장해주지 않는다. 또한 기술의 빠른 진보는 언제나 새로운 것에 목마르다. 변화무쌍한 시대, 무엇을 준비해야 할지 모르겠다는 자조 섞인 목소리가 주변에서 끊이지 않는다.

세상의 기대와 실제 현장의 간극 때문에 방황하는 엔지니어는

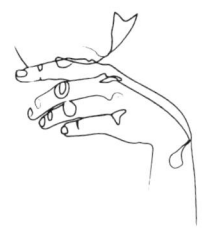

의외로 많다. 불투명한 미래는 엔지니어에게도 불안하다. 나는 실상을 토로하고 위로하는 책이 없다는 점이 안타까웠다. 그리고 엔지니어가 나름의 대안을 가지고 있어야 한다는 생각이 들었다. 세상은 '기술이 미래다'라고 선전하고 있지만 정작 중요한 것은 기술을 만드는 사람이다. 엔지니어 없이 기술이 발전하고 세상에 뿌리내릴 수 있단 말인가. 나는 사람을 등한시하는 현실이 안타까웠다.

   이 책을 쓰면서 지속적으로 든 생각은 '엔지니어인 나는 어떻게 살아갈 것인가'였다. 나는 미래를 막연한 두려움만 가진 채 맞닥뜨리고 싶지는 않았다. 불안은 그저 불안한 마음만 가중할 뿐이다. 신이 우리에게 부여한 진정한 능력은 미래를 내다보는 능력이 아니라 가능한 미래를 만드는 능력이라고 믿기에, 나는 내 나름대로 미래를 만들어갈 방법을 정리해두고 싶었다. 세계경제포럼에서 4차 산업혁명을 "우리 삶 속의 모든 걸 송두리째 바꿀 기술 혁명"이라고 소개한 클라우스 슈밥은 "변화를 받아들이는 사람과 거부하는 사람 간의 격차"에 대해 역설한 바

프롤로그

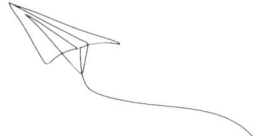

있다. 기술의 진보는 이를 이해하고 준비한 사람에게 큰 기회를 제공하는 반면, 적절한 대비책이 없다면 마셜 매클루언이 예견한 대로 도구인 기술이 그 사람을 좌지우지하게 될 것이다. 4차 산업혁명의 혜택은 누구에게나 공평하게 보장되지 않는다. 이것이 우리가 인식해야 할 부분이고 급격한 변화에 대비해야 하는 이유다. 그렇다면 우리는 변화에 대비해 무엇을 해야 할까?

이 책은 그 의문에 대한 8가지 해결책을 제시한다. 8가지 해결책은 보이지 않는 곳에서 세상을 바꾸는 이 시대 엔지니어들에 보내는 8가지 메시지이기도 하다. 나는 키워드를 선별하는 과정에서 위대한 지성들의 도움을 받았다. 이들 대부분은 과거를 살던 사람이지만 시대를 넘는 통찰을 보여준 사람이기도 하다. 그들이 후대에 남겨준 지식에는 그들의 정신이 고스란히 서려 있다. 나는 그들이 남긴 책을 읽으며 수많은 고전을 관통하는 공통의 키워드가 있음을 깨달았다. 흥미로운 점은 앞으로의 미래를 예견하는 책이든 몇 세대를 거쳐 지나온 과거의 책이든 비슷한 메시지는 던지고 있다는 점이었다. 그때 든 생각은 '아, 미래도

과거의 지혜로 준비할 수 있겠구나'라는 것이었다. 한 치 앞도 볼 수 없어 불안한 미래를 예비할 방법이 있다는 것은 내게 큰 위안이 되었다. 나는 나름의 방식으로 메시지를 정리하며 다가오는 미래를 준비하고 살아갈 힘을 얻었다. 이 책은 그 결과물이다. 이것은 시간이 지나도 변하지 않는 보편적인 가치이자, 미래를 준비하는 이 시대의 엔지니어들이 갖춰야 할 중요한 덕목이다.

  나에게 책은 언제나 좋은 선생이었다. 책을 통하지 않고는 많은 영역에 걸쳐 견문을 쌓기 어렵다. 오랜 시간 인류가 쌓아온 지식을 활용하지 않는 것은 낭비일 것이다. 그래서 나는 인생에서 가장 잘 배우는 방법으로 독서만 한 것이 없다고 여긴다. 맹자는 독서란 "잃어버린 마음을 찾는 일"이라고 했다. 이때 그가 독서에서 찾고자 한 '마음'은 바쁘게 사는 우리가 잊고 지낸 바로 그 '마음'이다. 나는 우리가 책을 통해 마음과 연관된 소중한 가치를 되찾았으면 한다. 책을 읽고 감동하고 생각하고 깨우치며 인생의 풍요로움을 느낄 수 있다면 더할 나위 없겠다. 이것이 바로 독서를 통해 얻는 즐거움이며 우리의 마음에 닿는 길이다.

그래서 나는 마음과 소통하는 인문적 독서를 중시한다. 특히 다가오는 인공지능 시대에는 인간에 대한 이해와 인간성 회복이 절실하다. 또한 엔지니어의 사회적 책무가 높아지는 시점에서 인문적인 이해는 필수다. 단연코 우리 삶과 연관되지 않은 기술은 의미가 없다. 실제 삶의 문제를 해결해 주지 못하는 기술은 쉽게 외면당할 것이다.

반면 우리의 선택을 받은 기술은 시간이 지나면 생활이 된다. 그리고 우리의 삶에 스민다. 스마트폰이나 자동차처럼 어느 순간 익숙해져서 없으면 안 될 것이 되는 것이다. 다가오는 미래에는 우리가 만드는 기술이 영향을 미치는 범위가 의료, 법률, 금융 등 사회 전반으로 확대되면서 좀 더 많은 영역에서 인간의 실질적인 생존과 직결된다. 바야흐로 엔지니어가 만든 기술이 인류의 삶에 지대한 영향을 미치는 시대다. 유발 하라리 역시 비슷한 견해를 밝힌 바 있지만 나 역시 '미래 혁명의 방향을 이끄는 것은 정치인이 아니라 기술자'라고 생각한다. 현대의 기술은 때때로 정치적 결정보다도 더 우리의 삶에 직접적인 영향을 끼친다. 군사 기술로

 개발된 인터넷을 지금처럼 활용하게 된 것은 누군가가 '찬성표'를 던졌기 때문이 아니다. 마찬가지로 스마트폰 사용이 급격히 증가한 것도 엔지니어가 만든 기술이 세상에 유용성을 제공했기 때문이다. 이런 기술들은 조용히, 그러다 급속히 세상을 변화시키고 우리의 생각을 지배한다. 단연코 엔지니어의 손에 인류의 미래가 달려있다 해도 지나치지 않다. 그러나 잘못 쓰인 기술이 인류에게는 독이 될 수 있다는 것을 알기에 나는 엔지니어야말로 누구보다도 의식이 깨어 있길 바란다. 많은 석학들은 다가올 미래가 인류에게 최대 위기가 될 수 있다고 경고하지만, 나는 엔지니어가 언제나 든든한 버팀목이 되어 줄 것이라고 믿는다. 우리 엔지니어에게 인류의 생존과 행복의 문제는 항상 최우선 과제가 되어야 한다.
 그럼 새로운 시대가 요구하는 엔지니어의 요건은 무엇일까? 그들은 사람 간의 관계에 능하고, 창의적이며, 감성 지수가 높고, 혼자 깊은 생각에 빠져들 수 있는 사람이다. 또한 이들은 의견이 한쪽에 치우치지 않고 생각이 열려 있는 사람이다. 유연하게 사고하고 부드러운 분위기를 이끌 수 있으며, 다른 사람과 쉽게

프롤로그

공감할 수 있다. 요즘 흔히 말하는 전인적, 통섭형 인재는 이 사람들을 두고 하는 말이다. 이들은 전문 지식만으로는 살아남기 힘들다는 것을 잘 알고 있으며 시대가 요구하는 인재상을 이해한다. 그리고 무엇보다 자신의 삶을 돌볼 줄 안다. 이들은 사람에 대한 이해와 사랑이 엔지니어로서 어떤 도움이 되는지를 알고 있는 것이다.

고독^{孤獨}, 감성^{感性}, 소통^{疏通}, 학습^{學習}, 유희^{遊戱}, 창의^{創意}, 사색^{思索} 그리고 인생^{人生}. 이것이 내가 정의한 이 시대의 엔지니어에게 필요한 여덟 가지 덕목이다. 이것은 동시대를 사는 엔지니어로서 어떻게 살아야 할지 막막했던 내 고민의 결과이며 내 독서의 결실이다. 선정된 키워드에서도 드러나 있듯 기술과 인문의 조화는 내가 전하고자 하는 핵심 메시지다. 자신의 삶에 충실한 사람이 타인의 삶에도 관심을 가지며, 행복한 엔지니어가 행복한 미래를 만든다. 언제나 그렇듯 '인간이 없는, 인간에 대한 기술'은 의미가 없다.

"사람들은 자신이 처한 환경을 탓한다. 그러나 세상을 이끄는

사람들은 자신이 원하는 환경을 찾아다니고, 찾을 수 없으면 그 환경을 스스로 만드는 사람들이다."라고 했던 극작가 조지 버나드 쇼의 말처럼 평범한 사람은 환경을 탓할 뿐이지만 위대한 사람은 환경을 만든다. 급격한 변화를 겪어야 하는 현재의 환경이 자칫 비관적으로 비쳐질 수도 있다. 그러나 변화를 위기 속에서 피어나는 새로운 기회로 인식하는 사람에겐 무한한 가능성이 펼쳐질 것이다. 이들에게 위기는 곧 기회인 것이다. 감성과 창의가 어우러진 엔지니어들, 나는 이런 엔지니어가 세상에 넘쳐나길 희망한다.

프롤로그
새로운 미래를 준비하는 인생 지도　　　4

1장　고독　　　15
당신의 시선은 어디로 향해 있는가　　　21
성장은 고요한 침묵 속에서 온다　　　27
고독, 위대함으로 가는 길　　　33

2장　감성　　　41
자신의 감정에 충실하라　　　48
인성도 실력이다　　　53
인공지능 시대의 감성　　　58
4차 산업혁명과 인문학　　　65

3장　소통　　　73
서로 다름을 인정하라　　　79
마음을 사로잡는 경청의 힘　　　86
모든 것을 공유하는 시대　　　90
인류를 향한 사랑　　　98

차례

4장 학습 — 105
지식보다 학습 능력이다 — 110
다산 선생의 가르침 — 117
격물치지, 다산 정약용의 학습법 — 120
삼근계, 스승의 가르침 — 122
실천에 기반을 둔 학습 – 실사구시 — 124
독학만이 차별적인 전문가를 만든다 — 127

5장 유희 — 135
놀이는 차원을 바꾼다 — 141
사피엔스가 아닌 루덴스의 시대 — 146
일과 놀이의 조화로운 삶 — 154
세상을 움직이는 조용한 힘 — 161

6장 창의 — 169
창의적 엔지니어를 위한 13가지 기술 — 174
일상을 예술로 만드는 창조적 습관 — 199
삶의 창조성을 회복하라 — 210

7장 사색　　　　　　　　　　　219
현재를 사색하고 미래를 공상하라　　224
마음의 감옥에서 탈출하는 법　　230
사색이 능력이다　　236

8장 인생　　　　　　　　　　　245
엔지니어, 어떻게 살 것인가　　249
자신의 운명을 사랑하라　　254
신화를 통해 배우는 삶　　261
남김없이 다 쓰고 가라　　273

에필로그
엔지니어의 깊은 인생을 위해　　279

1장

고독

孤獨

모든 문제는 우리가 방에 가만히 앉아
자신과 단둘이 마주하려 하지 않기 때문에 발생한다.

- 프란츠 카프카 -

　　　　　엔지니어는 누구인가? 기계를 다루고 제품을 만드는 하드웨어 기술자부터 소프트웨어를 다루는 개발자까지, 인간이 더욱 편리하게 살 수 있도록 돕는 사람이다. 물론 이것은 내가 내린 정의다. 다른 사람들은 엔지니어를 그저 '공돌이', '공순이'라고 말할 수도 있다. 하지만 이것은 과거 산업화 시대 공장 노동자를 낮잡아 부르던 말이란 점에서 요즘의 전문직 기술자들에게는 억울한 호칭일 수 있다. 시대가 변했다. 바야흐로 엔지니어의 역할이 중요한 시대다. 그만큼 엔지니어가 다루는 기술이 인간의 삶에 미치는 영향은 직접적이고 지배적이다.

　　높아진 위상만큼이나 엔지니어를 향한 기대감도 커졌다. 사람들은 좀 더 혁신적인 제품을 원하고 더 빨리 새로운 제품을 사용하고 싶어 한다. 게다가 현대의 고객은 인내심과 충성심도 높지 않다. 만족감을 주지 못하는 제품에 대한 혹평을 서슴지 않고 SNS에 남기며 여러 제품을 비교해 합리적인 소비를 하는 것을 자랑으로 여긴다. 이런 시대적 상황과 맞물려 엔지니어들은 의도치 않게 변화의 소용돌이 속에 놓인다. 엔지니어는 계속해서, 더 빨리 새로운 제품을 만들어 내야만 하는 것이다. 제품의 개발 속도에 맞춰 우리의 생활 방식도 빠르게 변화한다. 엔지니어에게 있어 세상은 변덕 심한 고객만큼이나 쉽게 변하는 대상이다. 변화가 항상 나쁜 것은 아니다. 그러나 자신의 의지와는 상관없이 거대한 물결에 몸을 싣고 사람들의 뜨거운 시선을 받는 일이 모든 이들에게 달가운 것도 아니다. 다른 사람의 기대에 부응하는 일은 어렵다. 외부의 요인이 우리 삶을 지배하기 시작할 때 우리는 행복하지 않다. 이때 우리는 상황의 희생자로 남을 뿐이다. 결국 기술과 엔지니어의 떨어질 수 없는 관계가 속박을 만든다. 기술의 발전 속도를 따라가지 못하는 엔지니어가 느끼는 박탈감과 새로운 가치를 창출하기 위해 창의적인 생각을 해야 한다는 압박감은 견디기 힘든 스트레스로 작용한다.

게다가 우리는 더욱 바빠졌다. 일이 늘어나면서 가족과 함께할 시간은 적어졌고 학습할 양이 많아지면서 받는 내적인 중압감은 커졌으며 성과를 두고 벌여야 하는 동료와의 경쟁 또한 치열해졌다. 사람 간의 관계는 어떤가. 때론 인간의 언어보다 기계와 소통하는 코드와 기호 체계를 더 많이 써야 하는 엔지니어들에게, 자신의 의사를 전달하고 감정을 표현하는 일은 어려운 숙제로 남는다. 자칫 시대의 변화가 우리를 궁지로 몰아넣을 수 있다.

격변의 시대, 우리는 변화에 대비해 어떤 준비를 하고 있는가? 너무 외적인 면만 중시하고 있지는 않은가? 지독하게 완벽주의자인 엔지니어들, 우리들의 고통은 누가 치유할 수 있을까?

   인간은 본래 고독한 존재다. 알몸으로 혼자 태어나 죽음의 순간에도 홀로 떠난다. 우리는 관계 속에서 인간의 본성을 외면하지만, 우리는 결정적인 순간 언제나 혼자가 된다. 이것은 외면할 수 없는 진실이다. 만물이 연결되는 이른바 '초연결' 시대가 되어도 결코 바뀌지 않는 명백한 진리다.

   끊임없이 변하는 현대 사회를 액체에 비유하며 '유동하는 근대'라는 독특한 통찰을 보여준 사회학자 지그문트 바우만은 그의 저서 『고독을 잃어버린 시간』에서 말한다. 고독의 맛을 음미해본 적이 없는 사람은 삶에서 무엇을 박탈당하고 무엇을 놓치는지, 그리고 무엇을 잃어버린지조차 알 수 없다고 말이다. 그에 따르면 고독은 우리를 신중하게 하고 반성하게 하며 창조할 수 있게 하는 숭고한 조건이다.[1] 이러한 고독의 가치는 변화에 따른 불확실성이 커질수록 빛을 발한다.

   고독은 기술의 발전이 만들어 놓은 가상의 관계망에서 느끼는 공허감을 탈피하게 해주며, 온라인에 접속하기만 하면 너무 쉽게 누군가를 만날 수 있기에 인간관계를 쉽고 가볍게 여기는 마음에서도 빠져나올 수 있게 한다. 결국 우리는 인터넷을 통해 더

---

[1] 지그문트 바우만, 『고독을 잃어버린 시간』, 조은평, 강지은 옮김, 동녘, 2012, 31쪽.

쉽게 타인과 접촉할 수 있어 외로움과 멀어진 듯 보이지만, 그건 고독을 제대로 이해하지 못해서 하는 착각일 뿐이다. 역설적이게도 고독과 멀어지는 유일한 방법은 고독에 익숙해지는 것이다. 정신없이 바쁠수록 자신과 마주하는 시간을 갖고 고독과 친해지는 것, 이것이 고독을 이기는 힘이다.

   나는 가끔씩 내가 연결에 너무 많은 시간을 쓰고 있다는 생각이 들어 당혹스럽다. 이때가 바로 내가 삶에 대한 느낌을 잃어버리는 시간이기도 하다. 과거에 매여서 현재를 외면하고 타인의 시선에 사로잡혀 내면의 욕망에 충실하지 못할 때, 나는 변화가 필요하다고 느낀다. 이때는 가방을 꾸려 떠나는 것이 좋다. 배낭을 메고 버스나 기차에 몸을 싣는 것이다. 장소는 예전부터 한 번쯤은 혼자 가보고 싶던 곳으로 한다. 그곳에 가면 모든 게 정리될 것만 같다.

   아내는 내 이런 일탈을 "방랑병"이라고 부른다. "또 도졌지… 당신은 항상 이런 식이야. 그래서 지금은 어디야?" 푸념 섞인 아내의 목소리를 들으면 마음이 무겁다가도 이내 안심이 된다. 이것이 남은 여정을 마무리할 수 있게 하기 때문이다. 여행은 돌아갈 곳이 있을 때야 비로소 온전히 여행으로 남는다. 내게 집중할 수 있는 시간을 가지는 것, 여행이 필요한 이유다.

   그렇다고 항상 떠날 수 있는 것은 아니다. 혼자 떠나는 여행은 고독을 위한 가장 효과적인 방법이지만, 본래의 자리로 돌아왔을 때 평범한 일상을 위협하는 악수^{惡手}가 될 수도 있다. 그래서 내가 할 수 있는 비교적 쉬운 선택은 산책이다. 동네를 거닐며 나 자신에게 질문을 던지는 것은 스스로와 더 많은 대화를 나누기 위한 내 나름의 노력이다. 이 시간을 거치면 물밀듯이 밀려오는 불안을 버틸 만한 힘을 갖게 된다.

단지 걷는 것만으로 머리가 맑아지고 생각이 정리되는 이 같은 경험을 두고 철학자이자 시인인 헨리 데이비드 소로는 "두 다리가 어디론가 향하고 있을 때, 사고의 흐름이 촉진된다."라고 말했다. 결국 고독에 대처하는 법은 나만의 시간과 공간을 갖는 것이다. 기술의 발달로 우리를 유혹하는 것들을 늘었지만, 그럼에도 잠시간 내게 연결된 수많은 네트워크를 끊고 고독할 권리는 내게 달려 있다. 이것이 가능할 때 우리는 비로소 심연에 감춰진 진정한 내면의 소리를 들을 수 있게 된다.

자신을 변화시키는 근원의 힘은 언제나 우리 내부로부터 온다. 이것을 인정하고 받아들일 때 고독은 우리를 성장시킨다. 그러므로 세상이 아무리 급변해도 우리가 고독에서 찾아야 할 것은 분명히 있다.

당신의 시선은 어디로 향해 있는가

고독을 떠올릴 때면 가장 먼저 이 책이 생각난다. 이 책은 이름마저 시인 같은 라이너 마리아 릴케가 시인지망생인 프란츠 카푸스에게 쓴 10여 편의 편지글로 이루어져 있다. 두 사람은 모두 시인의 꿈을 꾸고 있지만, 주위의 반대 때문에 사관생도가 되어야 했다는 공통점이 있었다. 이런 동질감은 서로의 마음을 잇는 통로가 되어 내면에 쌓인 고통마저 털어놓게 한다. 당시에도 시인은 배고프고, 현실과 동떨어진 소리나 하는 별종으로 인식됐나 보다. 사회적 통념은 언제고 정해진 가치를 따르지 않는 자들에게 관대하지 못하다. 더 깊이 들어설수록 외롭고 두려워진다는 카푸스의 말에 릴케는 "가까이 지내던 사람들과 멀어져 간다는 것은 당신의 주변이 넓어지기 시작했다는 증거"라며 젊은 카푸스를 위로한다. 릴케는 고독이야말로 자신의 길을 제대로 가고 있다는 긍정적인 신호라고 생각했다. 혼자 있는 시간에 성취할 수 없다면 아무것도 이룰 수 없다. 그렇다. 모든 위대한 여정에 고독은 필연이며, 이는 자신의 잠재력을 끌어내는 과정이다. 돌이켜보면 현재 내가 이룬 모든 성취는 고독 속에서 이룬 것들이다. 첫 책에 이은 두 번째 책 역시 적막한 방에 홀로 앉아 고독과 씨름하며 얻은 결과물이며, 현재 프로그래머로 일해서 먹고사는 것도 학창 시절부터 수많은 밤을 새우며 컴퓨터와 씨름한 노력의 산물이다. 이런 경험을 한 뒤로 나는 마음먹고 큰일을 도모할 때면 다른 사람들과 어울리는 것을 피하고 홀로 방 안에 틀어박혀 그것만 생각하는 버릇이 생겼다. 이것을 거창하게 표현하자면 '인생에는 승부를 걸어야 할 때가 있다' 정도이지 않을까? 평생을 이렇게 살 수는 없지만, 누군가 반드시 이루고 싶은 목표가 있다면 그땐 반드시 혼자여야 한다는 것이다.

  나는 확신을 갖지 못하고 방황하는 카푸스의 모습에서 우리의 모습을 본다. 주변의 기대와 시대의 요구에 부응하기 위해서는 오히려 외로운 길로 가야 하는 게 이 시대의 엔지니어들이다. 보편적 역할에 충실했던 엔지니어들에게 4차 산업혁명의 풍파는 이겨내야 할 새로운 도전이다. 내적 동기가 아닌 외부로부터 오는 변화의 압박은 거칠고 부담스러운 법이다. 그러나 이러한 변화를 설령 받아들이고 싶지 않아도 외면할 수는 없으며 누가 대신해 줄 수도 없다. 자신에게 주어진 사명은 스스로 짊어져야 한다. 이것이 시대를 선도하는 사람들의 숙명이다. 스피노자의 말처럼 모든 고귀한 것은 드물고도 어렵기 마련이다. 그 쉽지 않은 길을 묵묵히 가는 사람들, 스스로 침잠해 자발적 고행을 선택한 사람들은 자신의 일에 몰입하고 최선을 다한다. 그리고 홀로 그 시간을 견딘다. 이들은 갑자기 혼자가 되었을 때 무엇을 해야 할지 몰라 당황하는 사람들이 아니다. 오히려 혼자 있는 시간을 소중히 여긴다. 현재의 고통을 극복하고 당당히 자신의 길을 개척하는 것이 이 시대의 엔지니어가 고독을 통해 배워야 할 가치다. 결국 릴케는 자신의 길을 찾아 육군 사관학교를 중도에 하차하고 시인이 된다. 그것도 역사에 길이 남을 위대한 시인으로 말이다.

> 당신은 당신의 눈길을 외부로만 향하고 있는데 무엇보다 그것을 그만두어야 합니다. 이 세상의 어느 누구도 당신에게 충고하고 도울 수 없습니다. 그 누구도 할 수 없습니다. 당신에겐 단 한 가지 길밖에는 없습니다. 당신의 마음속 깊은 곳으로 들어가십시오. (…) 당신의 모든 성장과 발전을 조용하고도 진지하게 이어나가라는 것입니다. 당신이 자꾸만 바깥 세계만을 쳐다보고, 당신의 가장 조용한 시간에 당신의 은밀한 감정을 통해서나 답해질 수 있는 성질의 질문들에 대해 외부로부터 답을 얻으려 할 때처럼 당신의 발전에 심각한 해가 되는 것도 없습니다.[2]

사람은 잘하는 일을 하고 있을 때 행복하다. 그리고 빛난다. 주변에 자기 일을 정말 좋아하는 사람들이 있다. 그들은 누가 시키지 않아도 그 일에 시간을 쓰고 헌신하며 탁월하게 해낸다. 대부분 사람이 일을 밥벌이 이상으로 여기지 않는다는 점을 생각할 때 궁금하지 않을 수 없다. 무엇이 그 차이를 만드는 걸까? 시인의 꿈을 키우고 있는 카푸스에게, 릴케는 외부로 향한 시선을 안으로 돌리라고 충고한다. 이것이 정말로 원하는 일인지 자신에게

---

[2] 라이너 마리아 릴케, 『젊은 시인에게 보내는 편지』, 김재혁 옮김, 고려대학교출판부, 2006. 14, 18쪽.

묻고 답을 구하라는 것이다. "꼭 이 일을 해야 하는가?" 이 더없이 진지한 질문에 "난 해야만 해"라는 짧고도 강한 말로 답할 수 있다면 이 필연을 따라 당신의 삶을 이끌어 가라는 릴케의 말은 우리의 가슴속 욕망을 깨운다.

우리는 지독한 일 중독자들이다. 우리는 일을 통해 존재를 위로한다. 하지만 이것은 일을 제대로 대하는 태도가 아니다. 단지 열심히만 해야 한다면 금방 지치고 말 것이다. 일에 너무 많은 의미를 부여하기 시작할 때 우리의 존재는 일에 가린다. 일과 삶은 분리된 가치가 아니다. 삶에서 실패한 사람이 일에서 즐거움을 찾기 어렵고 일에서 실패한 사람일수록 삶을 무겁게 대한다. 이들은 삶에서 생기는 갖가지 문제들을 회피한 채, 일 뒤로 숨어서 점점 삶에서 멀어진다. 삶은 즐거운 활동이어야 한다. 내면에 잠든 욕망을 깨우고 기쁜 마음으로 삶에 동참할 때야 비로소 우리는 좋은 삶을 위한 열정을 가진다.

스피노자는 욕망을 우리 영혼의 본질로 보았다. 그에 따르면 욕망은 우리 영혼의 가장 깊은 중심에 뿌리내린 근원적인 것으로 우리가 흔히 극복의 대상으로 여기는 욕심과 대비된다. 사회적 통념에서 무언가를 탐하는 욕망은 부정적으로 인식되기도 하지만 스피노자가 말하는 욕망은 삶을 지탱하는 '생명의 힘'이자 미래를 향해 나아가는 동력이다. 이 원초적이고 순수한 내적 열망은 우리를 행동하게 한다. 실제로 가슴속에 욕망이 있는 사람은 절실히 갈망하는 일을 위해 헌신하고 그 일에 자신을 쏟는다. 이것은 누가 시켜서 마지못해 하는 일이 아닌 자발적인 고행이다. 그들은 스스로 선택해 잠을 줄이고 끼니를 걸러가며 성취하고 싶은 일을 위해 노력한다. 현실의 상황은 어렵고 고달프지만 성취를 향한 욕망은 모든 불안을 극복할 용기와 의지를 만들어낸다. 그들은 가슴속 들끓는 욕망을 통해서만 온전한 자신을 느낀다. 이런 사람들은 결코 현실의 패배자가 아니다. 결국 그들은 스스로의 힘으로 인생을 개척해 나간다.

현대 무용계에 혁명을 일으킨 마사 그레이엄은 자신의 내적 갈망을 현실화한 사람이다. 춤을 추기로 결심했을 때 그의 나이는 열일곱 살이었다. 로스앤젤레스 오페라 하우스 앞에서 우연히 본 포스터 한 장과 그날의 공연이 그의 운명을 바꿔놓았다. 그날의 기분을 마사 그레이엄은 이렇게 표현한다. "그 순간 내 운명은 결정되었다. 나는 여신처럼 춤추는 것을 더는 기다릴 수 없었다." 그의 내면에서는 이미 모든 게 결정돼 있었다. 그는 춤을 추기 위해 태어났으며, 춤꾼으로 사는 것이 그레이엄의 숙명이었다. 하지만 아버지의 반대 때문에 실제로 춤을 추기 시작한 것은 무용수로서는 너무 늦은 나이인 스물두 살 때였다. 늦은 출발이었지만 그는 누구보다도 열심히 연습했다. 그 어떤 것도 춤을 향한 그의 열정을 꺾을 수 없었다. 이 지독한 헌신이 그를 뛰어난 춤꾼으로 만들어 주었다. 그 후 그는 자신만의 무용을 시도했고, 그런 그의 춤은 인간 내면의 충동과 심리를 잘 표현했다는 평가를 받고 있다. 춤에 대한 마사 그레이엄의 사랑은 70세가 넘는 나이에도 그를 무대 위에 오르게 했고 평생 독무를 포함해 200편이 넘는 작품을 창작하게 했다. 마사 그레이엄은 97세로 생을 마감하는 날까지 무대에서 살다간 사람이다.

현재 간절히 원하는 일이 있는가? 우리는 배고프면 밥을 먹고 졸리면 잠을 자고 성욕을 채우기 위해 섹스한다. 하지만 우리가 단지 생존을 위한 욕구를 따라서만 산다면, 우리의 삶은 무척 비루할 것이다. 그러다 어느 순간 우리는 깨닫게 될지도 모른다. 좋아하는 일만 하면서 하루를 보내는 것이 불가능하지 않다는 것을 말이다. 우리 모두는 빛나는 별이다. 가슴속 꺼지지 않는 열망을 품고 타오르는 별. 그러하니 내 마음속 깊은 심연의 외침을 들어라. 그 울림을 외면하지 말라. 그리고 무력해진 일상에 굴복하지 말지니. 내 첫 번째 추종자는 바로 나 자신이어야 한다. 이것은 우리의 삶을 향한 고귀한 시선이다.

성장은 고요한 침묵 속에서 온다

적은 노력으로 이뤄지는 성취는 없을 것이다. 릴케는 시인의 창조성을 이야기하며 끊임없는 노력과 인내를 강조했다. 그리고 우리가 살면서 겪게 되는 수많은 문제를 인내심을 갖고 대하라고 말한다. 단기적으로는 문제에서 빨리 벗어나는 게 나아 보일 수 있다. 하지만 긴 인생으로 보자면 급히 답을 찾기보다 그 문제 속에 들어가 숙고하고 해결책을 모색하는 게 더 나은 방법이다. 무릇 모든 일의 핵심은 직접 몸으로 부딪쳐 경험하며 살아보는 것이다. 그것이 삶이 우리에게 요구하는 바이며 삶에 대한 마땅한 도리다.

> 모든 진보가 그렇듯이, 내면 깊은 곳으로부터 뻗쳐 나와야 하며, 그 무엇에 의해서도 강요되거나 재촉당해서는 안 됩니다. 모든 것은 산달이 되도록 가슴속에 잉태하였다가 분만하는 것입니다. 모든 인상과 느낌의 모든 싹이 완전히 자체 속에서, 어둠 속에서, 말로 표현할 수 없는 것 속에서, 무의식 속에서, 우리 자신의 이성으로 도달할 수 없는 것 속에서 완성에 이르도록 내버려 두십시오. 그러고 나서 깊은 겸손과 인내심을 갖고 새로운 명료함이 탄생하는 시간을 기다리십시오. (…) 수액을 재촉하지도 않고 봄 폭풍의 한가운데에 의연하게 서서 혹시 여름이 오지 않으면 어쩌나 하고 걱정하는 일도 없는 나무처럼 말입니다. 걱정하지 않아도 여름은 오니까요. 그러나 여름은 마치 자신들 앞에 영원의 시간이 놓여 있는 듯 아무 걱정도 없이 조용히 그리고 여유 있게 기다리는 참을성 있는 사람들에게만 찾아오는 것입니다. 나는 그것을 날마다

> 배우고 있습니다. 나는 오히려 내게 고맙기만 한 고통 속에서 그것을 배우고 있습니다. 인내가 모든 것이라고!³

릴케가 쓴 위의 글을 읽으면 비단 예술가뿐 아니라, 창의적인 일을 해야 하는 사람들은 단기적인 성과에만 집착해서는 안 된다는 생각이 든다. 무슨 일이든 시간과 정성을 들이는 숙성의 시간이 필요하다. 무엇을 얻기 위해선 땀을 흘려야 한다. 나무가 마땅히 찾아오는 여름을 재촉하지 않듯, 농부가 수확의 계절인 가을이 오지 않을까 걱정하지 않듯 묵묵히 때를 기다려야 한다. 서두르거나 걱정한다고 더 빨리 찾아오지 않는 것이 거스를 수 없는 자연의 섭리다. 그럼에도 우리는 쉽게 참을성을 잃는다. 현실이 너무 바쁘고 정신없이 돌아가는데 눈에 보이지 않는 일에 노력을 들일 여유가 없다. 지켜내지 못할 수많은 결심을 반복하며 후회로 삶을 채우는 일이 우리에게 좀 더 익숙한 장면이 됐다. 언젠가부터 우리에게 어려운 일은 결심을 하는 게 아니다. 그것을 지켜내는 일이다.

그런데도 왜 우린 매년 새로운 결심을 하는 걸까? 강박이 될 것을 알면서도 해야 한다고 다짐하며 우리를 채찍질하는 걸까?

---

3   같은 책, 31-32쪽.

그건 우리가 밥만 먹고는 살 수 없기 때문일 것이다. 현실이 졸렬하다고 우리의 꿈마저 졸렬해질 수는 없다. 그래서 우리는 이루지 못할 불안을 안고서도 무엇인가를 간절히 희망한다. 언젠가 내 인생도 활짝 필 거란 희망을 안은 채 주변을 새로운 다짐으로 채워 나간다. 우리는 끊임없이 의미를 찾는 존재다. 물질적으로만 풍요롭다고 행복한 것은 아니다. 전에 비해 우리의 형편은 크게 나아졌지만 자살률이 높아지는 건 배가 고파서가 아니다. 삶에서 아무 의미를 찾을 수 없다면 삶을 내던질 수도 있는 것이 인간이다.

다른 사람처럼 나도 많은 결심을 한다. 한창 젊었을 때는 돈벼락을 맞게 해달라고 바란 적도 있고, 예쁜 여자친구가 생기게 해달라고도, 좋은 회사에 취직하게 해달라고도 바랐다. 하지만 현실을 알고부터였을까? 바라기만 한다고 이뤄지지는 않는다는 생각이 강하게 든 순간, 나는 무엇인가를 막연히 바라는 일을 그만두었다. 내게 필요한 건 그것이 정말 내가 원하는 일인가 하는 확신과 좀 더 많은 인내였다. 그래서 현재의 나는 좋은 책을 써서, 그 책이 다른 사람의 길에 한 줄기 빛이 되게 하겠다고 결심한다. 그리고 엔지니어로서 내가 만든 기술이 다른 사람에게 큰 쓰임이 되었으면 좋겠다고 생각한다. 현재의 내 바람은 예전에 비해 스스로 떳떳하다. 그리고 내 마음에 든다. 내가 하고 싶은 일이고 좋아하는 일이기 때문이다. 나는 지금도 이 일을 생각하면 열정이 솟구친다.

어렸을 때 우리 집 거실에는 표구가 된 이런 가훈이 붙어 있었다. "해야 한다는 생각을 하자." 자라면서 수없이 봐왔기에 이것이 현재의 내 삶에 어떻게 영향을 주었을지는 정확히 알지 못한다. 그러나 돌이켜보면 그 가훈 앞에 생략된 '무엇을'이 중요한 듯하다. 막연히 해야 한다는 생각보다는 무엇을 해야 하는지가 더 중요하다. 그 일이 내가 진심으로 좋아하는 일이라면 굳이 해야 한다고 생각하지 않아도 그 일에 애쓰는 자신의 모습을 보게 되지 않을까 싶다. 그래서 결심은 내 인생을 걸고 진정으로 해보고 싶은 일을 결정하는 것이어야 한다. 그리고 그 결심을 이루는 과정이 곧 우리 삶이 되어야 한다. 이것이 의지를 갖고 성공한 사람들의 공통적인 마음가짐이다. 실제 우리의 인생은 하고 싶은 일만 하기에도 짧다. 봄이 오고, 그것을 만끽할 새도 없이 여름이 오고, 어느새 가을을 맞으면 곧이어 추운 겨울에 떨게 된다. 넋 놓고 있다가는 자신의 묘비에 "우물쭈물하다가 내 이럴 줄 알았다."라고 새겨 넣은 버나드 쇼처럼 유언하게 될지도 모른다. 물론 노벨 문학상까지 받은 그의 경우는 다분히 의도적인 것이지만, 우리는 그가 자신의 죽음을 희화하면서까지 후세에 남긴 경고를 무시할 수 없다.

　인생을 낭비하는 일은 아주 쉬우면서도 우리를 고통스럽게 한다. 매일 새롭게 결심하지만 그 결심이 쉽게 무너지는 것 또한 우리가 매일 경험하는 일이다. 작심삼일이란 말처럼 우리는 얼마나 쉽게 허물어지는가. 그래서 결심을 이루는 일은 매일을 다스려야 가능한 일이다. 매일 하지 못하면 쉽게 무너지는 게 저항에 쉽게 굴복하는 우리의 본성이다. 일상의 저항을 극복하지 못하면 한 발자국도 나아갈 수 없다. 하루를 놓치기 시작하면 굳은 결심도 점차 무뎌져 초심을 잃게 된다. 결국 매일 해야 습관이 되고, 그 일이 우리의 생활이 될 때 매일 먹는 밥처럼 당연한 것으로 여기게 된다. 그래서 습관을 만드는 일은 그 일을 일상으로 데려오는 과정이다. 매일 자신이 좋아하는 일을 하며 자신을 훈련하는 사람은 그 일에 깊어질 수밖에 없다. 결국 그들은 그 일의 문리를 터득하게 될 것이다.

끝으로 릴케는 무엇을 창조하는 사람에게 10년은 아무것도 아니라며 나무처럼 성장하는 삶을 살라고 당부한다. 그리고 창조적인 행위를 인간의 분만에 비유한다. 모든 것의 뿌리에는 위대한 모성이 자리 잡고 있으며, 그 모성은 무언가를 만들어 내는 능력을 가진 대상이 내적으로 충만할 때야 비로소 발현된다. 즉 생물학적인 출산 능력이 없는 남성도 정신적으로는 분만을 할 수 있는 것이다. 무언가를 끊임없이 생산해 내는 엔지니어는 어떤가. '생산'이라는 말은 '개발', '제조', '제작'과 함께 엔지니어가 하는 대표적인 행위를 나타낸다. 실제 생명을 잉태하는 출산에 비견될 수는 없겠지만, 정신적인 창조 역시 육체적인 창조와 본질은 같다는 릴케의 말처럼 엔지니어의 생산 활동은 분명 위대한 작업이다. 그래서일까 엔지니어는 언제나 새로운 것에 목마르다. 창조적 갈망은 그들이 쉽사리 꺾지 못한 마음속 갈증이다. 언젠가는 특별해지리라. 어쩌면 이 말은 우리가 아직 포기하지 못한 가슴속 열망일지 모른다. 릴케의 말처럼 표면적인 것에 현혹되지 말고, 믿음과 끈질긴 인내심을 바탕으로 헌신이 필요할 때다. 결국 우리가 무언가를 만들어 내는 행위는 지속해서 증명하고 실현하는 반복적인 작업 없이는 불가능함을 인식하고, 그 지난한 과정을 겸손한 마음으로 견뎌내야 한다. 그럴 때 성장은 고요한 침묵 속에서 찾아온다.

고독, 위대함으로 가는 길

> 우리가 아는 것은 별로 없지만, 우리가 어려운 쪽을 향해야 한다는 것은 확실합니다. 그와 같은 확실성만이 우리를 지켜줄 것입니다. 고독하다는 것은 훌륭한 것입니다. 왜냐하면 고독은 어렵기 때문입니다. 무언가가 어렵다는 것, 그것이 바로 우리가 그 일을 하는 이유가 되어야 합니다.[4]

---

4 같은 책, 68쪽.

1장 　　　　　　　　　　　　　　　　　고독

　어려운 것을 좋아하는 사람은 많지 않다. 대부분 사람이 평범한 이유는 고통스러운 상황을 피하고 싶은 게 보통의 심리이기 때문일 것이다. 하지만 남들이 모두 가는 길을 따라가는 것만으로는 성공할 수 없다. 차별성과 혁신의 본질은 남들이 하지 않는 것을 하는 것이다. 그래서 그 길을 가는 사람은 외롭다. 우리가 흔히 고독을 부정적인 시각으로 보는 것도 그것이 그만큼 보편적이지 않기 때문일 것이다. '남들이 가지 않는 길로 가리라.' 이 말은 집단에서 벗어나 고독을 자초하는 사람들이 하는 자기 암시와도 같다. 결국 이들은 어떤 것에도 의지하지 않고 스스로 우뚝 서는, 진정한 의미에서의 독립을 시도한다. 그리고 어느 한순간의 계기로 인해 자기다움을 발견한다. 이것이 위대한 사람들이 삶을 대하는 방식이다.

　스피노자는 고독을 통해 원숙해진 철학자다. 스피노자는 어려서부터 뛰어났다. 유대인의 역사와 종교를 속속들이 섭렵하는 것에 재미를 느꼈고 아주 영민했으며 공부도 잘했다. 교회의 장로들은 스피노자가 유대 신앙의 빛이 될 것이라고 기대했다. 이런 기대에 어긋나지 않기 위해서 스피노자는 더욱 열심히 공부했다. 더 다양한 책을 읽기 위해 라틴어도 익혔다. 고대와 중세의 학자들의 사상을 알게 되면서 그의 학문 세계는 넓어졌다. 그러나 학문이 깊어질수록 그의 내면에 의구심은 커져만 갔다. 만물이 곧 그 자체로 신이라는 생각이 그를 지배한 것이다. 그에게

신은 더 이상 종교에서 표현하는 인격신이 아니었다.

"자네는 친구들에게 신은 육체를 가지고 있을지도 모른다고 말했나?"라는 교회 장로들의 물음에 스피노자는 대답하지 않았다. 그의 생각은 이미 굳어져 있었고 사람들의 회유와 협박 속에서도 뜻을 굽히지 않았다. 결국 그는 신을 부정했다는 이유로 유대 종교의식에 따라 파문을 당한다. 의식 중간에 읽었던 파문서에는 끔찍한 말들이 적혀 있었다.

> "우리는 스피노자를 파문하고 저주하고 추방한다. 그는 낮에 저주받고 밤에 저주받으며 잘 때도 저주받고 일어날 때도 저주받을 것이다. 누구라도 그와 교제할 수 없다. 편지도 할 수 없으며, 어떤 친절도 그에게 베풀 수 없으며, 한 지붕 아래서 그와 함께 머물러서도 안 된다. 또한 누구도 그가 입으로 전하거나 글로 쓴 문서를 읽지 말라."

결국 스피노자는 사랑하는 가족과도 떨어져 혼자 지내야 했다. 어떤 날은 열혈 유대 청년단의 습격으로 생명의 위협을 받기도 했다. 위험은 늘 그를 따라다녔다. 테러 사건 이후로 베네딕투스라는 가명을 쓰며 위험을 피해 다락방으로 옮겨 살아야 했지만 그는 감정에 휘둘리지 않으려 애썼다. 미움이란 감정은 사랑으로 극복할 수 있다는 것을 알게 된 그는 사람들에 대한 증오보다 이해와 용서에 집중했다. 그러자 사람들에 대한 동정심이 일고 마음은 좀 더 편안해졌다. 시련은 그를 섬세한 감정의 소유자가 되게 했다. 불투명한 미래가 두려워 희망을 잃어서는 안 된다고 생각했기에 그의 나날은 평화와 기쁨 속에 지나갔다. 그리고 혼자만의 고독은 그의 철학적 믿음을 성숙시켰다. 마흔네 살의 이른 나이에 가문의 지병인 폐결핵으로 세상을 떠났지만, 그는 오늘날 '감정의 철학자'로 불리며 근대의 가장 위대한 사상가 중 한 명으로 기억된다.

우리는 그의 삶을 보며 무엇을 느끼는가? 스피노자는 분명 교회와 신앙에 충실할 것을 맹세하고 순탄한 인생을 살 수 있었다. 심지어 그를 회유하기 위해 교회 장로들은 평생 연금을 주겠다고 제안하기도 한다. 하지만 그는 모든 것을 거절했다. 그리고 생계를 위해 다락방에서 렌즈를 깎으며 철저한 은둔 생활을 해나간다. 어찌 보면 그의 인생은 실패한 것처럼 보인다. 그러나 이것은 평범한 우리가 보는 시각일 것이다. 실제 인류의 많은 스승은 빈한한 삶의 과정을 거쳐 위대한 도약에 이르렀다. 인도의 정신적 지도자 마하트마 간디는 피터마리츠버그역에서 인종 차별과 혹독하게 추운 하룻밤을 겪고 나서 훗날 인도의 독립을 이끈 비폭력 운동을 이끌었고, 세계적인 비교신화학자 조지프 캠벨은 취업이 되지 않던 대공황 시절 우드스톡에서의 오두막 생활 덕분에 자신의 분야에 깊이 파고들 수 있었다. 또한 오스트리아 정신분석학자 빅터 프랭클은 유대인 강제수용소 경험을 통해 새로운 심리치료 요법인 로고테라피를 창안했으며, 미국 사상가 겸 문학가인 헨리 데이비드 소로는 사회에 쉽게 적응하지 못하던 시절에 24개월간의 숲속 생활을 하며 그의 평생의 역작인 『월든』을 집필한다. 이들 모두는 시련의 시기에 누구에게도 의지하지 않고 자립하고자 했다. 개개인으로서는 힘든 시기였지만, 그들은 이 시간을 자유로운 사고를 할 수 있는 기회로 삼았다. 특히 캠벨과 소로는 자발적으로 숲속으로 들어가 자신을 시험하는 모험을 강행한다. 이들은 다른 무엇도 아닌 자기 스스로를 투자함으로써 가장 확실한 성공의 길을 갔다.

  내게도 그런 일이 있었다. '나는 제대로 살고 있나?' 어느 순간부터 이 물음이 나를 붙잡고 놓아주지 않았다. 잠을 설치는 날이 많아졌고 수많은 의문이 꼬리를 물고 이어져 혼란스럽기만 했다. 그때 내게 필요한 건 변화였지만 어떻게 해야 할지 알지 못했다. 그것은 누군가에게 모르는 길을 묻는 것과는 차원이 다른 일이었다. 어떤 끌림이 있었을까? 불현듯 나는 현실에 대한 돌파구로 책을 써야겠다는 열망에 휩싸였다. 그러고 보니 나는 나와 같은 고민을 안고 사는 사람들에게 하고 싶은 말이 있었다. 내 간절한 마음이 하늘에 닿았을까? 그즈음 나는 지금의 내 스승을 만나게 됐다. 현역 작가로 활동하고 있는 나의 스승은 나와 같은 엔지니어 출신이다. IMF 외환 위기 당시 불타는 갑판 위에 서

있는 평범한 직장인이었던 그는 가장 큰 시련에 시달리던 삶의 한복판에서 나와 같은 고민을 했다. 그리고 그 시련을 당당히 딛고 일어섰다. '성실한 독종'은 그런 그의 별명이다. 현실만 탓하지 않고 스스로 해결의 실마리를 찾아낸 지독한 성실함으로, 꿈을 현실로 만든 분이다. 나는 지금도 스승의 인생 이야기를 들으면 나도 할 수 있다는 용기를 갖게 된다.

인생을 살면서 스승이 있다는 것은 큰 행운이다. 그분은 책을 쓰겠다고 찾아간 내게 진실된 인생을 살라고 하셨다. 아름답고 진실한 작가의 삶이 그대로 좋은 책을 만들어 낸다고 가르치셨다. 한번은 능소화가 활짝 핀 계절에, 법정 스님이 기거했던 길상사에 스승과 함께 찾아간 적이 있다. 장소가 전해주는 고즈넉한 기운도 있었으나, 맑은 공기를 마시며 스승과 거니는 길은 내 기분을 들뜨게 했다. 우리는 책 이야기보다 삶에 대한 이야기를 더 많이 나눴다. 내려오는 길에는 낮술을 마시고 웃고 떠들며 삶의 한 자락을 공유했다. 그 뒤로도 스승께서는 인생의 가치를 가르쳐주셨다. 행복, 사랑, 단절, 전문가, 리더십, 고독, 전환, 배움, 공헌 등 가르침의 주제는 한정되어 있지 않았다. 나에겐 추상적이고 손에 잡히지 않던 개념들을 스승이 직접 보고 듣고 느끼고 깨달은 대로 말씀해주시니, 어수룩한 제자인 나도 그분의 뜻을 이해할 수 있었다.

스승님을 만나고 인생의 가치관이 바뀌었다. 힘겹고 고달픈 삶이지만 한 번은 살아볼 만하다는 것을 깨달았고, 인생의 길은 정해져 있는 것이 아니라 여러 갈래가 있다는 것을 배웠다. '깊은 인생'을 살기 위한 다양한 모색이 시작된 것이다. 책을 통해 배운 이론에 나만의 해석을 가미하고, 내게 직접 실험해 내 삶의 일부가 되도록 했다. 자연스럽게 삶을 대하는 태도가 바뀌고, 나도 스승처럼 살고 싶다는 목표를 가지게 됐다. 그리고 1년 뒤에 첫 책이 나오고 현재까지 꾸준히 글을 쓰며 내 인생을 건 모험을 계속하고 있다. 돌이켜 보면 모든 것이 우연인 것 같지만, 그렇다고 모든 걸 우연으로만 설명할 수는 없을 것 같다. '운명 같은 우연'이 있다면 바로 이 경우가 아닐까? 운명은 어느 순간 우리에게 찾아와 말을 건넨다. 그래서 평소 내면의 시간을 통해 준비된 사람만이 그 메시지를 이해하고 그 흐름에 자신을 맡긴다. 이때부터가 진정한 영웅 여정의 시작이다. 그런 의미에서 보면 고독은 위대함에 이르는 가장 확실한 방법인지 모른다.

하지만 엔지니어는 고독에 낯설다. 대부분 이공계 출신인 그들에게 인간을 중심에 두고 생각하는 인문적 소양이 부족한 것은 이상한 일이 아니다. 고독이란 감정은 우리가 그동안 관심을 가졌던 수학 공식보다 난해하다. 하지만 피하기만 한다면 고독은 언제까지나 낯선 모습으로 남게 될 뿐이다. 4차 산업혁명의 변곡점에서 바쁜 일상은 이어지겠지만, 그럼에도 내면을 들여다볼 기회를 가져야 한다. 인생을 살면서 우리가 고독을 통해 찾아야 할 소중한 가치가 있기에 어려움 속에서도 자신에게 집중하는 시간이 필요하다. 그런 면에서 "인내심 속에 마음을 열수록 우리는 더 훌륭하게 고독을 우리의 것으로 만들 수 있으며 고독은 그만큼 더 크게 우리의 운명이 된다."라는 릴케의 말은 가슴에 와 닿는다. 결국 어느 순간부터는 사람이 느끼는 고독이 도리어 사람을 키운다. "나는 연필과 종이, 그리고 혼자 있는 시간만 있으면 세상을 바꿀 수 있다."라고 한 소설가 앨리슨 루이의 말처럼 위대한 창조는 고독 안에서 피어난다. 그러므로 누군가 원대한 성취를 꿈꾸는 자가 있다면 고독의 효과를 믿고 자발적으로 고독에 빠져볼 일이다. 훌륭한 엔지니어가 되는 길은 어쩌면 점점 더 고독해지는 과정일지도 모른다. 잊지 말자. 우리가 보려 하지 않았을 뿐, 답은 항상 내 안에 있다는 것을 말이다. 모든 위대함은 고요한 침묵 속에 이뤄진다는 것을 말이다. 우리가 외적인 것에 치중하지 않고 내면의 울림에 감응할 때 운명적 사건은 내게도 찾아온다.

2장

감성

感性

이 세상에서 가장 아름다운 것은 보이거나 만져지지 않는다.
그것들은 오직 마음속에서 느껴지는 것이다.

- 헬렌 켈러 -

왜 슬픈 영화를 보면 눈물이 날까? 붉게 물든 저녁노을이 왜 우리의 시선을 사로잡는지 아는가? 비 오는 창가에 앉아 빗소리를 들으면 왜 마음이 설렐까? 장엄한 경관에 왜 가슴 떨리는 걸까? 그리고 누군가를 안고 있으면, 아니 안겨 있으면 왜 따뜻한 느낌이 들까?

　위의 물음 속 상황을 연상해서 그 느낌을 불러일으킬 수 있다면 당신은 감성이 뛰어난 사람이다.

　감성도 능력으로 인정받는 시대다. 자신의 감정과 기분을 조절하고 타인의 감정을 이해하는 공감 능력이 개인의 성공에 기여한다는 증거는 다양하게 제시되고 있다. 그리고 기술이 급속하게 발전하는 시대엔 경쟁에서 이기는 것보다 타인의 감정과 입장을 이해하고 구성원들의 갈등을 해소해 협력을 이끄는 리더가 능력을 인정받게 될 것이다. 세계적인 경영 사상가인 대니얼 골먼은 21세기 인류를 이끌 핵심 패러다임으로 감성지능 EQ, Emotional Intelligence 을 꼽았다. 그의 말에 따르면 우리 삶의 감정을 조율해 성공과 행복을 얻을 수 있음은 물론, 타인을 배려할 수 있는 따뜻한 인간미를 갖춘 사람이야말로 미래가 바라는 인재상이다. 실제로 그가 IBM, 펩시 콜라 등 15대 글로벌 기업의 중역을 대상으로 진행한 연구에 따르면, 평범한 리더와 탁월한 리더의 차이는 영향력, 리더십, 정치의식, 자신감, 성취욕과 같은 감성 부분에 있었다. 또한 그동안 성공의 열쇠로 여겨지던 높은 지능은 겨우 20퍼센트만 성공에 관여하고 나머지 80퍼센트는 감성에 의해 좌우된다고 주장한다. 물론 여기서 중요한 것은 수치가 아니다. 감성으로 대표되는 능력이 다른 어떤 지능보다 인생의 성공에 중요한 영향을 미치고 있다는 점이 핵심이다.

사람들의 창의적이고 행복한 삶을 수십 년간 연구한 심리학자 미하이 칙센트미하이는 그의 저서 『창의성의 즐거움』에서 "사람들은 경계가 분명하면서 양적 측정이 가능한 지능 지수를 매우 중요시하는 반면, 측정할 도구가 없는 감성적, 이타적, 협조적 측면에는 관심을 갖지 않는다."면서 이런 편견이 사회의 진보와 업적을 정의하는 데 있어 심각한 결과를 초래한다고 경고한다.[1]

실제로 나는 일을 하면서 감성의 중요성에 관한 많은 경험을 한다. 프로젝트를 할 때 자신의 감정을 억제하지 못해 쉽게 화를 내는 상사와 함께 일하면서 힘들어했던 적도 있고, 고집 센 동료와 의견을 조율하기 위해 언쟁을 벌인 적도 있었으며, 일방적으로 자신의 요구만 해대는 고객을 설득하기 위해 많은 공을 들인

---

1 미하이 칙센트미하이, 『창의성의 즐거움』, 노혜숙 옮김, 북로드, 2003, 51쪽.

적도 있다. 이것 말고도 많은 일이 있었는데, 그때마다 느낀 것은 프로젝트의 성패는 뛰어난 기술력보다 함께 일하는 사람에 의해 좌우된다는 점이다.

새로운 시대는 기존 능력과 다른 능력을 요구한다. 엔지니어도 예외는 아니다. 미래를 바꿀 능력이 주어진 엔지니어들에게 인류에 공감하는 능력은 반드시 필요하다. 우리가 처한 환경에 관한 이해, 그리고 인류에 대한 사랑이 전제되지 않는 한 우리의 미래는 불투명하다. 이제는 4차 산업혁명을 주도할 엔지니어들에게 감성지능은 필수적이다. 미래학자 대니얼 핑크가 주장한 "하이콘셉트 하이터치"의 시대는 이미 도래했다. 그는 일찍이 그의 책 『새로운 미래가 온다』에서 미래 인재의 조건으로 단순히 현상을 분석하는 능력보다는 종합적으로 사고해 큰 그림을 그려내는 감성적 공감 능력을 제시한 바 있다. 이것은 그동안 우위를 점해온 이성적 판단에 능한 이른바 '좌뇌형 인간'에서 감성적 조화를 중시하는 '우뇌형 인간'으로의 인재 조건의 변화를 의미한다. 새로운 시대엔 새로운 방식이 필요한 법이다. 인공지능이 인간의 지능을 넘어서는 시대에도 예전과 같이 지적 능력과 전문 지식만 쌓으려 한다면 자신이 판 덫에 스스로 갇히는 신세가 될 것이다. 산업의 변화 양상을 이해하지 못한 사람은 어느 순간 중국, 인도, 필리핀 등 아시아 저임금 지식 근로자들에게 자신의 일을 뺏기고 마는 상황에 직면하게 될지도 모른다. 지금도 매년 인도에서는 약 35만 명의 엔지니어가 배출되고 있으며, 『포춘』의 500대 기업 절반 이상이 소프트웨어 업무를 인도로 아웃소싱하는 상황이다. 비단 소프트웨어 분야만 이렇겠는가? 이런 추세는 과거에 고비용 엔지니어가 하던 일을 저임금 지식 근로자들이 순차적으로 넘겨받아 처리하게 될 것을 의미한다. 그러므로 이제 우리에게 새로운 인재로의 변신은 단순한 트렌드가 아닌 생존과 직결된 문제가 되었다.[2]

그럼 이 시대가 요구하는 감성지능형 엔지니어는 누구인가? 다른 사람과 교감하고 마음을 나눌 수 있는 엔지니어, 자신의 성장만큼이나 타인의 성장에도 관심을 갖는 엔지니어, 수평적인 관계 속에서 다양성을 인정하는 엔지니어, 새로운 기술에 열린 마음을 가질 뿐 아니라 사람을 대하는 소프트 스킬에도 관심을 가진 엔지니어, 머리가 아닌 가슴으로 제품을 만들고 이를 통해 고객에게 감동을 전하는 엔지니어, 긍정적이고 유연한 사고를 통해 변화하는 환경에 쉽게 적응하는 엔지니어, 그리고 21세기는 감성의 시대임을 인식하고 있는 기술자들이 바로 이 시대를 이끌어 갈 엔지니어다. 하버드대학교 심리학과 교수이자 다중지능 이론의 창시자인 하워드 가드너의 말대로 "한 사람이 최종적으로

---

[2] 대니얼 핑크, 『새로운 미래가 온다』, 김명철 옮김, 한국경제신문, 2012, 59-60쪽.

사회에서 어떤 위치에 있는가는 대부분 비지능적인 요소에 의해 결정된다." 특히나 오늘날에는 인공지능이 갖지 못한 감성지능을 갖춘 사람이 차이를 만들어 낼 것이며, 사람의 마음을 사로잡는 '감성 리더십', '감성 마케팅', '감성 디자인'이 부각될 것이다. 우리가 잘 아는 생텍쥐페리의 『어린 왕자』속 말처럼 "정말 중요한 것은 눈에 보이지 않는 법"이다. 이런 감성지능을 갖춘 엔지니어는 인공지능이 인간의 일을 대체하는 4차 산업혁명 시대에도 더욱 수준 높고 인간적인 일에서 두각을 나타낼 것이다.

감성은 인간의 본성적인 부분이다. 기술이 냉철한 이성적 사고와 지적 능력을 바탕으로 만들어졌다면, 이를 올바른 방향으로 이끈 것은 따뜻한 감성이었다. 인류가 단순히 영리하기 때문에 지구의 주인 노릇을 해왔다면 우리는 보다 똑똑한 인공지능에 주도권을 넘겨줘야 할 것이다. 우리가 직면한 문제 대다수는 언제나 과학기술로만 해결하려 하기 때문에 발생한다. 어느 순간 나는 기술의 방어 기제가 인간의 감성적 기질이라는 점을 인식하게 됐다.

그럼 기술과 인간의 공존이 중요해지는 시대에 우리는 어떻게 하면 말랑말랑한 감성 역량을 키워낼 수 있을까? "인류의 위대한 발견은 정신적 태도를 바꿈으로써 삶을 바꿀 수 있다는 것이다." 미국 심리학의 아버지로 불리는 윌리엄 제임스는 개인의 노력으로 변하는 정서적 측면을, 그리고 이로 말미암아 변하는 우리의 삶을 조명했다. 이는 유전적으로 물려받은 지적 능력과는 달리 감성지능은 후천적인 학습을 통해 개발할 수 있다는 대니얼 골먼의 주장과도 일치한다.

아직도 엄격한 위계질서, 관습과 관행, 권위와 복종 관계를 요구하는 환경에서 일해야 하는 대다수 엔지니어들이 나 하나 변한다고 세상이 변하겠냐고 생각할 수도 있지만, 실상은 그렇지 않다. 함께 성장하고 생존하는 공존의 시대, 우리에게 서로를 위한 마음의 공간이 있다면 언제나 희망은 있다. 기억하자. 내가 먼저 마음의 문을 열어야 한다.

자신의 감정에 충실하라

내가 자라난 시대에 남자는 태어나 딱 세 번만 울어야 했다. 하지만 어려서 나는 눈물이 많은 편이었다. 정확히 무엇 때문에 울음을 터트렸는지 기억나진 않지만, 아버지께서는 사내아이가 틈만 나면 운다고 크게 혼내셨다. 우는 것이 왜 나쁜지도 모른 채, 나는 하염없이 흐르는 눈물을 참으려고 애썼다.

지금 생각하면 나는 어린 시절에 지나치게 순종하도록 교육받았던 것 같다. 내 마음보다는 타인의 기대나 강요에 의해 내 기분을 억제하는 게 미덕처럼 여겨졌으므로 나 자신보다 타인의 감정에 더 신경 쓰는 지극히 의존적인 자아가 형성되었다.

나와 같은 유년 시절을 보낸 사람들은 감성적인 면을 부정하는 데 익숙하다. 특히나 학교에서나 집에서나 그저 공부만 잘하면 된다고 배워온 우리들은 감정 표현에 서투르다. 그리고 사회에서조차 감성적 측면이 합리적 결정을 저해한다고 인식해 자신을 온전히 드러내기 어렵게 한다. 감정은 언제나 희생하기 좋은 대상이었다. 아니, 여전히 하루의 대부분을 무감각한 기계 앞에서 보내는 엔지니어들에게 감성은 퇴화하는 감각 기관이다.

자신을 들여다보는 것은 낯선 일이다. 일찍이 소크라테스가 "너 자신을 알라"고 말한 것이 철학의 시초라면, 감성지능을 높이기 위한 첫 단계는 자신의 감정을 인식하는 것이다. 즉 자신의 감정을 잘 알고 있는 사람은 인생의 주도권을 쥐고 진로, 결혼, 직업 선택 등의 중요한 결정을 할 때 철저하게 자신의 의지만을 따른다. 이는 자신이 진실로 원하는 것이 무엇인지 알고 있다는 의미이며, 미국의 사상가 랩프 월도 에머슨이 말한 '자기 신뢰 self-reliance'와 같은 것이다.[3] 즉 자기 자신을 믿고 마음의 소리에 귀 기울일 때, 내면에 깃든 감정으로부터 전해지는 의미를 제대로 자각할 수 있는 것이다.

기술의 발전을 주관했던 착한 요정은 참된 선물 뒤에 따라오는 재앙을 예방하지는 못했다. 그 재앙은 외적

---

[3] 에머슨은 누구든 진정한 인간이 되고자 한다면 사회에 영합해서는 안 되며, 자신을 탐구해 스스로 가치를 만들어 가야 한다고 말한다. 랩프 월도 에머슨, 『자기신뢰』, 전미영 역, 창해, 2015, 28쪽.

> 인 것, 양적인 것, 헤아릴 수 있는 것에 대한 지나친 의존에서 비롯되었다. 그것이 우리의 내면적 생활을 궁핍하게 만들었기 때문이다. 자동 기계는 마치 공장에서처럼 우리 사회 전역에서 인간을 대신하려 하고, 인간이 내릴 결정까지도 제멋대로 하려 든다. 자동 기계는 보다 잘 돌아가기 위해, 기계적 요구와 쉽게 타협하지 않으려고 하는 인간성의 부분을 모조리 마비시킨다.[4]

위의 글은 루이스 멈퍼드의 1952년 저서 『예술과 기술』의 일부다. 60년도 더 전인 당시에도 멈퍼드와 같은 일부 지성들은 기계에 의존하는 현대 문명을 비판했다. 그들은 기계에 대한 지나친 의존이 만들어낸 인간 내면의 궁핍을 경계했고, 인간성이 파괴되는 것을 극도로 위험한 상황으로 보았다. 이런 현상은 기술이 발전할수록 부각된다. 최근 유발 하라리가 『호모데우스』에서 지적했듯이 19세기와 20세기에 개인주의에 대한 믿음이 통했던 이유는, 나를 효과적으로 관리하고 감독할 외부 알고리즘이 존재하지 않았기 때문이다. 인공지능이 나 자신에 대해 나보다 더 잘 알게 되는 순간, 권한은 나 자신에서 그물망처럼 얽힌 알고리즘으로 옮겨갈 것이고, 우리는 인생의 중요한 결정을

---

[4] 루이스 멈퍼드, 『예술과 기술』, 박홍규 옮김, 텍스트, 2011, 17쪽.

알고리즘에 맡기게 될지도 모른다. 이런 시대에 가장 큰 문제는 대부분 사람들이 자기 자신에 대해 잘 모르고 있을 때 발생한다. 사람들이 자기 자신을 잘 모른다는 사실을 이용해 알고리즘은 인간을 보다 쉽게 지배하게 될 것이다.[5]

이미 우리는 인터넷에 많은 정보를 공유하고 있다. 의도했든, 의도하지 않았든 내 취향과 기질, 건강 상태뿐 아니라 정치적 성향까지도 분석 데이터로 제공하고 있는 것이다. 내가 SNS에서 찍은 '좋아요' 데이터 300개만 있어도 배우자보다도 알고리즘이 나를 더 잘 알게 된다고 한다. 페이스북 창업자 마크 저커버그가 선거에 정보를 제공했다는 이유로 청문회에 서야 했던 사실만 보아도 SNS가 우리를 얼마나 잘 파악하고 있는지는 여실히 드러난다. 사람들이 남긴 '좋아요'는 그들의 정치적 성향을 파악하기에 충분한 데이터였던 것이다.

시스템이 나보다 더 나를 잘 알게 되는 시대가 온다. 다가오는 미래에는 힘든 일을 기계가 대신 해결해 줄 것이고, 사람들은 복잡한 사람 간의 관계보다는 기계와 맺는 관계에서 위안을 얻으며 그들의 경청을 좀 더 편안하게 생각할 것이다. 이것이 멈퍼드가 말한 기술의 발전에 따른 재앙의 전조 증상이다.

---

[5] 유발 하라리, 「호모데우스」, 김명주 옮김, 김영사, 2017, 450-465쪽.

어려서부터 이런 현상에 익숙해진 사람들은 고유한 개성과 자율성을 잃게 되고 기계에 의존하는 것을 당연하게 여기며 주체적으로 결정하려는 의지도 희미해질 것이다. 결국 인간의 본성적인 능력을 찾는 것, 자유 의지를 갖춰 인간성을 회복하는 일이 우리가 당면한 중요한 과제다.

자기 주도성을 회복하는 것은 자신의 감정을 이해한다는 것이다. 그래서 매일 만나는 사건, 느낌, 생각들 속에서 내가 담겨 있는지를 파악하는 것이 그 시작이다. 하루 중 일어난 사소한 사건에서 나를 들여다보라. 만약 이유 없이 화를 내는 자신을 발견했다면, 당시 상황을 떠올려 어떤 느낌이었는지, 감정을 조절할 수는 없었는지를 돌아보고, 또다시 상황이 온다면 어떻게 대처할 수 있을지 생각해 보라. 그리고 하루 중 행복한 사건을 떠올려 보라. 이것은 내가 언제 기쁘고 행복감을 느끼는지 파악하는 데 도움이 된다.

나는 일상을 들여다보는 것을 좋아한다. 하루는 인생의 축소판이다. 직장인으로 생활하면서 내 의지와는 다르게 해야 할 일이 있지만, 나는 내 하루가 모두 지나기 전 최소한의 승리를 원한다. 하루 중에서 나를 위한 시간을 따로 마련해 두고 좋아하는 일을 할 수 있다면 이것이야말로 주체적인 삶을 사는 초석이다. 유발 하라리는 행복이 "자신과 세상에 대한 진실을 아는 것"이라고 정의했다. 행복은 먼 곳에서 구해지는 게 아니다. 그것은 자신으로부터 나온다. 주도성을 갖추지 못하고 끌려가는 인생이 불행한 것이다. 자기 자신의 감정에 충실한다는 것, 그것은 자신을 안다는 것이다. 나는 언제나 온전한 내 감정의 주인이고 싶다.

인성도 실력이다

세상에는 덕망이 높은 사람들이 많다. 우리는 그들을 성인 聖人 이라 부르며 칭송한다. 그 대표적인 사람이 공자다. 공자는 중국 고대 사상가로 2천 년 가까이 많은 사람의 존경을 받아왔다. 인과 예를 중시하는 그의 사상은 춘추 전국 시대의 사회적 혼란과 도덕적 타락을 극복하기 위한 지침이 되었을 뿐 아니라, 그 중심 가치는 현대에도 이어져 우리의 정신에 커다란 영향을 미치고 있다. 하지만 이런 그가 높은 관직에 올랐었고, 관직에 오르자마자 한 일이 당시 유명한 대부였던 소정묘를 주살 誅殺 한 일이라는 사실을 아는 이는 많지 않다. 순자에 의해 소개된 이후 진위를 따지는 논쟁이 없지는 않지만, 대체 얼마나 큰 죄를 지었길래 성인의 반열에 오른 공자에게 죽임을 당했는지에 대한 의문은 사라지지 않는다. 실제로 소정묘는 반란을 일으키거나 살인을 저지른 것도 아니었다. 논란이 계속되자 공자는 아래 이유를 들어 해명한다.

"천하에 다섯 가지 큰 죄악이 있다. 남의 물건을 훔치는 것은 여기에 비교도 되지 않는다. 첫째는 머리 회전이 빠르면서 마음이 음험한 것이고, 둘째는 행실이 한쪽으로 치우쳤으면서도 고집불통인 것이고, 셋째는 거짓을 일삼으면서도 변론을 잘하는 것이고, 넷째는 추잡한 것만 외우고 다니면서 박학다식해 보이는 것이고, 다섯째는 그릇된 일을 일삼으며 그것이 마치 옳은 일처럼 꾸며대는 것이다. 소정묘는 이 다섯 개의 죄악을 모두 범하고 있는데 어찌 죽이지 않을 수 있겠는가."[6]

결국 공자의 말을 들어보면 소정묘는 도덕적으로 문제가 많은 사람이라서 죽임을 당했다는 것을 알 수 있다. 실제로 공자는 그 어떤 가치보다 사람의 인성적인 면을 중시했으며, 사회를 혼란스럽게 하는 사람들은 물건을 훔치는 도둑이 아니라, 자신의 이익을 위해 파벌을 만들어 쓸데없이 사람들을 음해하고 그릇된 일도 그럴듯하게 포장해 정당한 것으로 만드는 자들임을 강조한다.

부패한 사회일수록 안에서부터 곪는다. 쉽게 보이지 않는 내적인 문제에 비하면 외부적 요인은 큰 근심거리가 되지 못한다. 항상 직접적으로 드러나진 않지만 결과에 절대적인 영향을 끼치는 것들이 있게 마련이다. 진정한 인재가 갖춰야 할 덕목도 이와

---

[6] 순자, 『순자』, 김학주 역, 을유문화사, 2014, 950쪽.

같다. 기술과 전문성만이 뛰어난 인재의 충분조건은 아니다. 올바른 가치관을 가진 전문가가 아니라면 아무리 출중한 능력을 가졌어도 바르게 쓸 수 없다. 당시 노나라 최고의 인재로 추앙받던 소정묘였지만, 그의 능력은 자신의 명성만을 위해 발휘되었다. 공자는 아무리 뛰어난 실력도 인성이 뒷받침되지 않는다면 위험하다고 본 것이다.

두 번째 사례는 중국 대륙의 패권을 놓고 5년에 걸쳐 전쟁을 벌인 초나라 항우와 한나라 유방의 이야기다. 본래 항우와 비교해 유방은 모든 면에서 한 수 아래의 인물이었다. 신분에서부터 유방은 가난한 평민 출신이었다면 항우는 초나라 재상의 후예였고, 항우가 강한 의지와 명석한 두뇌를 지닌 것으로 평가받았다면 젊은 시절부터 한량으로 지낸 유방은 품행이 단정치 못하고 놀기만 좋아하는 시정잡배로 여겨졌다. 하지만 최후의 승자가 되어 천하를 평정한 사람은 바로 유방이었다. 70회가 넘는 크고 작은 전투에서 한 번도 항우를 이겨본 적이 없었고, 늘 영웅으로 칭송받던 항우의 그늘에 가려져 이인자의 설움을 느껴야 했던 유방이 어떻게 항우를 이길 수 있었는지는 우리가 역사를 통해 배워야 할 교훈으로 남아 있다.

400년 한 제국의 시작을 알린 해하성 전투는 유방이 항우에게 거둔 단 한 번의 승리였다. 그러나 유방의 승리 뒤에는 한신이라는 뛰어난 전략가가 있었다. 실제로 유방이 한신의 힘을 빌리지 않았다면 천하를 통일하는 대업을 이룰 수는 없었을 것이다. 이 부분은 사마천의 『사기』 중 회음후열전淮陰侯列傳 에 잘 기술되어 있다.

한신은 평민이었고 가난했으며, 더욱이 방종했다. 추천을 받아 관리가 될 수도 없었고 장사를 해서 살아갈 능력도 없었다. 항상 남을 따라다니며 얻어먹었기 때문에 사람들은 대부분 그를 싫어했다. 한번은 저잣거리에서 한신을 업신여기는 젊은이가 한신에게 다가가 "당신은 비록 키가 커서 칼을 잘 차고 다니지만, 마음속은 겁쟁이일 것이다. 당신이 사람을 죽일 수 있다면 나를 찌르고, 죽일 수 없다면 내 가랑이 사이로 기어가라"며 그를 조롱한 적이 있었다. 이때 한신은 그들 물끄러미 바라보다가 몸을 구부려 가랑이 밑으로 기어 지나갔다. 이 일로 해서 사람들은 더욱 한신을 겁쟁이라고 비웃었다.

그 후 한신은 항우의 수하로 가서 여러 차례 계책을 올렸지만, 항우는 받아들이지 않았다. 이에 실망한 그는 유방에게 가서 곡식을 관리하는 보잘것없는 벼슬부터 시작했다. 중간에 한신의 능력을 알아본 승상 소하가 추천을 하긴 했지만, 결국 한신을 장군으로 임명한 것은 유방이었다. 그 후 유방은 여러 전투에서 한신의 계책을 듣고 장수들이 공격할 곳을 정했다.

유방은 큰 도량을 가지고 무엇보다 사람을 아낀 것으로 잘 알려져 있다. 사마천도 『사기』를 통해 유방의 성격은 "어질어서 사람을 진심으로 대하고 베푸는 것을 좋아한다."라고 평한다.

이렇듯 유방의 사람을 끌어들이는 인품과 개개의 사람을 이해하고 활용하는 능력은 그를 대제국의 왕으로 만들어 주었다. 이런 세상의 평가를 유방 자신도 알고 있었던 모양이다. 그는 천하를 손에 넣은 후 스스로에 대해 이렇게 말했다. "나는 전술을 구사하는 능력에서 장량만 못하고 국가를 운영하는 면에서는 소하만 못하고 전쟁에서 승리하는 기술은 한신만 못하지만, 나는 이 세 사람을 기용해 그들의 능력을 제대로 쓸 줄 안다. 이것이 내가 천하를 손에 넣은 이유다. 항우에게는 범증이라는 뛰어난 인물이 있었지만, 그는 그 한 사람마저도 잘 부리지 못했다. 이것이 그의 패인이다."

어떤가. 아직도 인성이 단지 그 사람의 도덕적인 측면만을 규정하는 것으로 여겨지는가? "가장 인간적인 것으로 승부하라." 유방은 이 명제에 충실했고 이 가치는 우리가 사는 시대는 물론, 다가오는 미래에도 유효해 보인다. 실제로 아무리 뛰어난 능력을 가진 사람이라도 인간성이 결여되어 있다면 훌륭한 리더는 될 수 없을 것이다. 또한 협력의 가치가 중시되는 현대에 인성은 함께 일하고 싶은 사람의 기준이 된다.

기술을 다루는 엔지니어도 예외는 아니다. 우리는 시대에 맞는 인성을 지녀야 한다. 세상을 바꾸는 것은 기술이지만, 향기로운 세상을 유지하는 것은 인간다운 성질의 것이다. 따뜻한 감성이 묻어 있는 제품을 만들고 인간미가 스며있는 기술을 개발하고, 그 과정에서 함께 일하는 동료를 존중하며 사회에 보탬이 되는 더 큰 가치를 위해 공헌하는 엔지니어가 앞으로의 시대에 필요한 인재다. 인성도 실력이다. 그러하니 인성을 희생하여 그 위에 성공을 쌓지 말라. 인성은 우리가 하는 모든 일의 바탕이니, 근본 없이 쌓아 올린 모래성이 되지 않게 하라. 이것이 위 두 가지 이야기가 전해주는 가르침이 아니겠는가. 단언컨대 다가오는 미래는 덕성과 인품을 두루 갖춘 엔지니어가 능력을 발휘하는 시대다. 때론 머리보다 가슴이 하는 말을 믿는 따뜻한 인품을 지닌 엔지니어가 지금의 시대에 필요하다. "휴먼 엔지니어." 나는 전문적인 역량과 인간다운 성품을 조화롭게 함양한 이 시대의 엔지니어를 이렇게 부르고 싶다. 그들만이 우리가 꿈꾸는 세상을 만들어갈 것이라 믿기 때문이다.

인공지능 시대의 감성

"운명을 믿나, 네오?"
"아뇨"
"왜지?"
"내 자신의 삶을 통제할 수 없으니까요."

영화 〈매트릭스〉의 주인공인 네오는 평범한 소프트웨어 개발자다. 그런 그가 세상의 허구성을 인식하게 되면서 진실을 알기 위한 해킹을 시도한다. 그리고 이내 자신이 사는 공간이 인공지능에 의해 프로그램화된 가상의 세계 '매트릭스'라는 것을 알게 된다. 네오는 매트릭스 안에서 조력자인 모피어스를 만나 매트릭스의 실체에 대해 듣게 된다.

"매트릭스는 모든 곳에 있어. 우리 주위의 모든 곳에…."

인공지능이 널리 쓰이는 미래는 어떤 모습일까? 어쩌면 우리는 사람보다 정확하고 불평불만 없는 기계를 더 신뢰하게 될지도 모른다. 이런 움직임은 이미 현실에서도 심심찮게 발견되는데, 의사를 대신해 진료하는 IBM의 인공지능 컴퓨터 왓슨, 사람을 대신해 기사를 작성하는 로봇 저널리즘, 운전자 없이 움직이는 자율주행 자동차, 산업 현장에서 힘들고 위험한 일을 대신하는 로봇들이 더 이상 우리에게 놀라운 일이 아니다. 더욱이 알파고의 등장으로 기계는 단지 힘만 센 존재라는 인식을 넘어 지능까지 겸비한 개체로서 지위를 갖춰가고 있다. 일각에서는 인간이 현재까지 지구에서 누려온 지위를 인공지능에게 넘겨줘야 할 것이라는 우려마저 나오고 있다. 생전에 스티븐 호킹 박사가 인공지능을 두고 인류의 종말을 초래할 수 있는 기술이라고 경고한 것도 간과할 수 없는 대목이다. 아직은 먼 미래의 일이라고 생각하고 말기엔 인공지능이 우리 삶에 미칠 영향이 치명적이다.

기술의 잘못된 사용은 인류에게 큰 위협으로 돌아올 것이 자명해 보인다. 그럼 힘과 높은 지능을 겸비한 인공지능에 대비해 우리는 무엇을 준비해야 할까? 도래하는 인공지능의 시대에 인간은 아직도 세상의 중심에 서 있을까? 생물학적 진화 속도가 느린 인간에게 안전장치가 필요해 보인다.

  미래의 공장을 운영하기 위해서는 사람 1명과 개 1마리만 있으면 된다는 우스갯소리가 있다. 개는 아무도 기계를 방해하지 못하도록 하는 데 필요하고, 사람은 개를 키우기 위해 필요하다. 이 농담은 4차 산업혁명이 가져올 엄청난 일자리의 변화를 상징적으로 나타낸다.[7] 실제로 상당히 많은 일자리가 인공지능의 발전으로 사라질 위험 속에 놓였다. 2016년 세계경제포럼 WEF, World Economic Forum 이 발표한 「직업의 미래」 보고서에 따르면 2020년까지 710만 개의 일자리가 사라질 것인데 비해 새롭게 만들어지는 직업은 200만 개에 불과하다고 한다. 사람들은 일자리를 놓고 인공지능과 경쟁하며, 현재 7살인 아이들이 성인이 되었을 때에는 65퍼센트가 현재 존재하지 않는 직업에 종사할 것으로 보인다. 하라리도 "21세기 경제의 가장 중요한 질문은 '그 많은 잉여 인간이 무엇을 해야 하는가?'에 관한 것"이라고

---

7 「AI 시대 사라질 직업 탄생할 직업」, 『매일경제』, 2016. 5. 2.

지적한 바 있다. 제1차부터 제3차 산업혁명 때까지는 산업혁명이 일어나도 인간이 기계보다 잘할 수 있는 영역이 있어 왔기에 없어지는 직업만큼 많은 새로운 직업이 생겨났고, 우려했던 대량 실업 사태는 발생하지 않았다. 하지만 인공지능이 인간의 지능을 넘어서면서 상황은 새로운 국면에 접어들고 있다. 시간이 지날수록 인공지능은 스스로 학습해 더 영리해지고 있으며, 인간은 계속해서 전통적으로 인간의 몫이었던 일자리를 잃으며 고전을 면치 못한다.

불과 몇 년 만에 인간은 기술의 발전이 인간에게 항상 유리하게 작용하지는 않을 수 있다는 점을 인지하게 됐다. 그렇다고 시대의 흐름을 거스를 수도 없는 노릇이다. 우리는 이미 새로운 시대에 발을 들여놓았고, 변화가 우리에게 결코 친절하지만은 않다는 것을 지난 산업혁명 시기에도 이미 경험한 바 있다. 당시에 기계로 인해 일자리를 잃은 노동자들은 기계를 파괴하는 '러다이트 운동'을 전개했다. 하지만 그들은 경제 논리를 위시한 세상은 약자의 편이 아니라는 역사적 교훈을 확인했을 뿐이다. 또한 제러미 리프킨도 『노동의 종말』에서 "기술 발달과 생산성 향상이 더 많은 사람들이 더 적게 일하고 여유를 즐기는 유토피아가 아니라 양극화와 사회문제가 폭발하는 디스토피아를 가져올 것"이라 경고한 바 있다. 이런 상황 속에서 우리는 선택의 기로에 놓인다. 인간이 직면한 최대의 도전 앞에서 인류는 어떻게 하면 인간의 가치를 잃지 않을 수 있을까?

현인들은 항상 조화와 균형을 강조해왔다. 한쪽으로 치우친 극단적인 선택은 항상 파국을 불러온다는 것이 우리 선조들의 가르침이다. 이것은 현대에도 예외 없이 적용된다.『신이 되려는 기술』에서 게르트 레온하르트는 기계가 쉽게 복제할 수 없는 인간의 고유한 특성을 컴퓨터의 알고리즘에 대비해 안드로리즘 androrism 이라고 명명한다. 이것은 눈에 보이는 것도, 말로 명확히 설명할 수 있는 것도, 뚜렷한 형체로 객관화할 수 있는 것도 아니다. 이것이야말로 인간의 본질인데, 컴퓨터의 입장에서 보면 서툴고 느리고 복잡해 비효율적으로 보이지만 애초에 인간성은 명확히 규정하거나 이해되기 어려운 것이다. 인간의 대표적인 특성인 감성이 그렇다. 눈에 보이지 않지만 분명히 존재하고 말로도 표현하기 어렵다. 그러나 빛과 그림자처럼 반드시 존재해 상호 보완적인 역할을 한다. 칸트가 얘기했듯 "감성 없는 이성은 공허하고 이성 없는 감성은 맹목이다." 이는 위기의 순간 발현되어 서로에게 희망의 불씨를 전하고 대립과 갈등을 조정할 수 있는 전염성 강한 마음의 힘이다. 유발 하라리가 미래 인공지능 시대에 우리가 후속 세대에 가르쳐야 할 과목으로 '감성지능'과 '마음의 균형 Mental Balance'을 꼽은 것도 이런 이유에서다. 우리의 조상들은 위기의 순간 결속했고 서로에 대한 희생과 사랑으로 긍정의 변화를 이끌었다.

   기계로 대체되지 않은 직종도 인간의 성질과 연관된다.

공감과 감성처럼 인간의 본질적 특성과 능력에 기인한 직군은 미래에도 우세할 전망이다. 영국 옥스퍼드 대학교가 발표한 「고용의 미래」 보고서에는 사라지지 않을 직업으로 레크리에이션 치료사를 첫 번째로 꼽는다. 사람의 감정을 어루만지는 일은 인공지능이 대체하기 어렵기 때문이다. 그다음은 작곡가, 만화가, 클래식 연주가, 배우 등 창의성이 필요한 예술 영역이다. 이런 분류는 세계경제포럼이 발표한 「직업의 미래」 보고서 내용과도 상통하는데, 앞으로는 프로그래밍이나 장비를 다루는 등의 좁은 범위의 기술보다는 설득, 공감, 감성지능 등 사회관계 기술의 수요가 높아질 것이라고 내다봤다. 연관해서 많은 과학자는 인공지능이 많은 일을 대신하는 미래에는 문화산업이 융성할 것이라고 예견한다. 이에 대한 근거로 로마제국 시대에 노예의 노동력에 기대어 풍요와 여유를 누렸던 귀족들은 문학과 예술, 검투사 경기 등 다채로운 문화를 꽃피웠다. 이는 내부의 역량이 차고 넘칠 때 외부로 눈을 돌리는 자연스런 현상으로, 디지털 전환이 완성되는 미래에도 이런 현상이 재현될 가능성이 크다.[8]

결국 인공지능 시대에는 인간이 가진 본성이 인간만의 강점이 된다. 클라우스 슈밥이 지적했듯 4차 산업 시대에 인간은 기계가

---

[8] 장재준, 황온경, 황원규, 「4차 산업혁명 나는 무엇을 준비할 것인가」, 한빛비즈, 2017, 309쪽.

채울 수 없는 부분에 집중해야 한다. 내가 하는 일에는 깊은 이해와 노하우가 필요하므로 나는 안전할 거라 여겨진다면, 당신의 일상을 한번 들여다보라. 직종이 무엇인지는 상관없다. 당신이 만약 단순 반복하는 일들로 하루를 채우고 있다면 기계가 당신의 일자리를 빼앗을 위험이 크다. 유감스럽게도 이것은 당신이 매우 성실한 사람일지라도 마찬가지다. 하지만 시대가 변해도 절대로 변하지 않는 가치가 있다. 인간이 가진 고유한 성질, 인간성이 그것이다. 인간성을 잃는 순간 우리는 기계와 구분이 모호해질 것이다. 인간성을 상실하면 우리는 더 이상 인간이라고 볼 수 없다. 나는 이 점에서 바쁜 일상을 살아가는 우리들의 감성이 점차 메말라 간다는 점이 우려된다. 언젠가부터 우리는 소중한 가족의 얼굴을 마주 보는 시간보다 스마트폰과 눈을 맞추는 시간이 더 많아지고 있으며, 오랜만에 만난 친구를 앞에 두고도 수시로 SNS에 올라온 새로운 소식을 확인한다. 이제는 우리 삶과 떼려야 뗄 수 없는 존재가 된 이 기계를 우리가 잘 이용하고 있는지 가끔은 의구심이 든다.

  인공지능이 인간의 능력을 초월하는 시점, 즉 '특이점'이 온다고 예견한 바 있는 미래학자 레이 커즈와일은 "앞으로 인간은 기계와 항상 연결되어 기계가 곧 인간이고 인간이 기계인 시대가 펼쳐질 것"이라고 주장한다. 이런 특이점은 기술의 기하급수적인 발전 때문에 인간이 예전의 생활로 되돌아갈 수 없는 시점이기도 하다.

완전히 새로운 인간 문명이 시작되는 시점, 그 변곡점이 도래하면
인간은 기계와 구분이 모호해진다. 그 시점이 오면 인류의
정체성은 무엇으로 규정할 수 있을까? 이를 반박하는 사람들에게
그는 말한다.

"당신이 24시간 곁에서 떼어놓지 않는 스마트폰은 몸에
이식되지 않았을 뿐이지, 깊이 의존한다는 측면에서 사실상 뇌의
연장이 아니고 뭐죠?"

그의 이러한 질문에 우리가 당당히 아니라고 할 수 있을지
모르겠다.

언제나 그렇듯 기술은 조용히, 그리고 급속도로 우리 삶에
스며든다. 인공지능도 그리 먼 얘기가 아니다. 이 낯선 기계도
언젠간 우리에게 익숙해질 것이다. 결국 인공지능이 우리에게
긍정적인 변화를 가져올지 아닐지는 우리의 손에 달려 있다.
평화는 강한 군대로 지켜지는 것이 아니다. 평화를 염원하는
사람들의 마음으로 지킬 수 있는 것이다. 강력한 기계에 대비해
지켜내야 할 인간의 본성, 따뜻한 마음의 힘은 어쩌면 인류를
구원할 최후의 보루일지 모른다.

4차 산업혁명과 인문학

'릴루미노 Relúmino'를 아는가? 이는 '빛을
돌려준다'는 뜻의 라틴어로 시각장애인에게 잃어버린 빛을

되찾아 주는, 우리나라 기업이 만든 VR용 소프트웨어다. 이 프로그램이 기특한 점은 기기와 연동하여 착용하면 빛을 지각하지 못하는 전맹을 제외한 1급부터 6급까지의 시각장애인들은 그동안 등져왔던 거대한 벽을 뚫고 세상과 소통하게 된다는 점이다. 그토록 보고 싶던 엄마의 얼굴도, 그리운 사람도, 소리로만 듣고 상상해 왔던 세상도 구체적인 실체가 된다. 세계보건기구 WHO, World Health Organization 에 따르면 전 세계 시각장애인의 86퍼센트인 약 2억 5천만 명이 빛과 어둠을 구분할 수 있는 저시력자들이다. 기기는 이들의 시력을 보조함으로써 비장애인처럼 사물을 인식할 수 있게 한다. 실제로 제품을 홍보하기 위해 제작된 단편 영화에서 저시력자인 남자 주인공은 기기를 통해 악보를 보며 피아노를 연주하고, 사랑하는 연인의 얼굴을 또렷이 볼 수 있게 된다. 나는 영화를 보면서 주인공이 얻은 것이 단지 하나의 감각 기관만은 아닐 거란 생각을 했다. 그가 얻은 진정한 빛은 어둠 속에 가려 있던 삶의 의미와 새로운 희망일 것이다. 기술이 인간의 삶을 이토록 이롭게 한다는 점은 실로 놀랍고도 감격스러운 일이다.

   나는 이 기기를 보며 과학의 진보를 생각한다. 이처럼 인간에게 희망과 빛을 전해 주는 것이 진정한 과학이고 진보가 아닐까? 릴루미노 소프트웨어의 사례는 기술이 가야 할 길을 보여준다. 기술은 언제나 사람을 위해 존재해야 한다. 사람이 중심이 되지 못할 때 우리가 만드는 기술은 방향을 잃기 시작한다. 엔지니어의 인문학적 소양도 그런 의미에서 필요하다. 사람을 이해하지 못한 채 기술을 개발하는 것은 브레이크 없는 폭주 기관차를 운전하는 것과도 같다.

그리고 우리는 한 가지 방법으로 모든 문제를 해결하기 어려운 시대를 살고 있다. 사회문제의 층위가 다양한 시대에는 한 주체의 노력만으로 모든 문제를 해결할 수 없다. 마찬가지로 과학기술이 아무리 발달했어도 모든 문제를 해결할 기술은 존재하지 않는다. 실제로 핵무기가 개발되고 나서, 사람들은 핵무기의 사용을 억제하는 것이 기술이 아니라 제도와 법률이라는 것을 잘 알게 되었다. 더불어 근대 과학의 한계를 지적하는 자성의 목소리가 높다. 2014년 대전에서 열린 '제3회 세계 인문학 포럼' 강연에서 하버드대학교 과학사 교수인 피터 갤리슨은 "현대 과학기술 시대에 새롭게 생겨나는 기술은 인간의 입장에서 매우 생산적이고 흥미로운 것이나, 한편으로는 위험한 창조"라고 지적한 바 있다. 그의 강연의 요지는 과학의 발전으로 얻은 위험은 과학으로 풀 수 있는 것이 아니라는 점과 그에 대한 대안으로 인문학이 필요하다는 것이었다.

본래 동양에서는 과학과 인문학을 분리의 대상으로 보지 않았다. 음과 양은 대립이 아닌 보완적인 관계로, 영혼과 육체, 마음과 물질은 서로 영향을 미치면서 변천한다는 것이 동양의 기본적인 사상이다. 하지만 16, 17세기에 과학혁명이 일어나고 세계의 패권이 서양으로 넘어가면서 서양의 이원론적 사상이 세계에 확산되었다. 더욱이 19세기에 일어난 산업혁명은 과학과 인문학의 분리를 더욱 고착화했다. 그들의 논리 안에서 인간은 자연과 엄격히 분리되어 있어 자연을 개발하고 착취하는 것에 정당성을 부여한다. 이는 인류 문명의 빠른 성장과 물질적 풍요를 가져왔지만, 다른 한편으로는 환경 파괴와 물질 만능주의라는 부작용을 낳은 것도 사실이다. 인간의 반성 능력과 비판적 관점을 가능케 하는 인문학이 배제된 과학의 진보가 어떤 폐해를 낳을 수 있는지 여실히 드러내고 있는 셈이다. 이런 시점에서 근래에 인문학을 강조하는 각계 지성들의 목소리는 우연이 아니다.

인문학은 이처럼 심오한 차원에서만 중요한 것이 아니라 오늘날 현실적인 차원에서도 그 중요성이 드러나고 있다. 애플이 연이어 혁신적인 제품을 출시하고 잡스가 아이패드를 소개하는 자리에서 회사의 경영 철학에 인문학을 언급하면서 사람들은 인문학에 관심을 갖기 시작했다.

> "애플이 아이패드와 같은 제품을 만들 수 있는 이유는 우리가 언제나 인문학(Liberal Arts)과 기술(Technology)의 교차점에 있으려고 하기 때문이다. 기술만으로 충분하지 않다. 우리의 가슴을 뛰게 하는 것은 인문학과 결합한 기술이다."

이전에도 인문학은 꾸준히 논의된 주제였지만, 잡스는 애플의 성공으로 실제로 인문학이 얼마나, 어떻게, 왜 중요한지를 수면 위로 끌어 올렸다. '다르게 생각하라 Think Different'는 애플의 슬로건도, 한 입 베어 문 사과 심벌도 그냥 나온 것이 아니다. 항상 새롭고 사용하기 편리한 기술을 선보인 것은 다름 아닌 인문학적 통찰에 힘입은 것임을 그의 행보를 통해 알 수 있다. 잡스는 인간의 마음이 흐르는 동선을 이해한 사람이었다. 사람의 욕망을 간파해 손가락으로 화면을 터치하는 방식을 채택했고, 동그란 홈 버튼 하나로 기기의 모든 기능을 제어하는 등 제품에 감성적 요소를 접목했다. 그는 기술적으로 구현하기가 아무리 힘들어도 감성적 가치를 희생하는 일이 없었다. 그에게 있어 사람을 이해하는 일은 바로 혁신적 제품의 탄생을 의미했다. 이런 그의 감성적 차별화 전략은 적중했고, 이는 애플 신화의 원동력이 됐다.

페이스북을 설립한 마크 저커버그 역시 인문학적 요소를 통해 성공한 사람이다. 우리는 흔히 저커버그의 놀라운 코딩 실력에만 주목하지만, 그는 고교 시절 필립스 엑서터 아카데미 Philips Exeter Academy 에서 인문학을 공부했고, 특히 서양 고전 과목에서 우수한 성적을 거뒀다. 이 학교는 일방적인 주입식 강의보다는 '하크네스 테이블'이라 불리는 원형 탁자에서 토론식 수업을 하는 것으로 유명한데, 학생들은 모든 과목을 팀 프로젝트와 발표, 토론을 통해 공부하며 학교의 교육 이념 역시 학생들의 마음과 도덕성을 기르는 것을 최고로 삼고 있다. 그리고 대학에 진학한 저커버그는 라틴어와 그리스어 수업을 즐겨 들었으며, 전공 수업도 컴퓨터 과학과 심리학을 함께 들었다. 그의 이런 배경이 인간 심리를 잘 반영한 페이스북을 만들게 했다. 이런 연유로 나는 그의 성공이 단지 뛰어난 코딩 능력만으로 이뤄진 게 아니라고 확신한다.

우리나라에도 인문학을 강조한 선지자가 있다. 바로 삼성그룹의 창업주 이병철이다. 그의 삶과 경영 철학을 상징하는 키워드는 '논어'다. 그는 자서전에서 "나라는 인간을 형성하는 데 가장 큰 영향을 미친 책은 『논어』이며, 내가 관심을 갖는 것은 경영의 기술보다 그 저류에 흐르는 기본적인 생각, 인간의 마음이다."라고 소개한 바 있다. 그 정도로 그에게 논어는 각별했다. 새로운 사업을 구상할 때는 학이學而 편에 언급된 배움을 실천해 스스로 자료를 검토하며 연구에 열중했고, 자로子路 편을 따라 인재를 중시하고 귀히 여겼다(이는 후에 삼성의 핵심 가치 중 가장 중요한 '인재제일'의 기반이 된다). 이 밖에도 일생의 신념으로 여겨온 '사업보국'이나 '공존공영'의 도리는 모두 논어의 주요 덕목인 '충서忠恕'에서 모티프를 얻은 것으로 지금의 초일류 기업 삼성을 지탱하는 중심 사상으로 발전한다.

인문학은 보이지 않는 곳에서 차이를 만들어 낸다. 때론 드러나지 않은 부분이 겉으로 보이는 것보다 진실하다. 모든 정보가 공유되고 상호 결합하면서 통합된 형태를 띠는 기술이 중심을 이루는 시대에 인문학은 보이지 않는 차이를 만든다. 인문학은 외적인 가치에 밀려난 심원한 내적 가치이면서 동시에 인류의 삶을 떠받치는 시원적 삶의 표본이다. 내가 인문 고전을 손에서 놓지 않는 것도 이 때문이다. 오랜 시간 세월을 이겨내며 사랑받은 고전에는 세상의 지혜가 담겨 있다. 삶의 의미를 깨우고 스스로 삶을 끌고 갈 수 있는 진실된 시각을 갖게 하는 것이 인문 고전의 힘이다. 이것은 끊임없이 지식을 확충하고 이해의 폭을 높이며 질문하고 해결책을 찾는 데 몰두하게 한다. 이러한 인문 고전 독서는 4차 산업혁명 시대에 꼭 필요한 감성적 차별성의 바탕이 된다.

고대 인도 철학 경전인 『바가바드 기타』에는 이런 구절이 있다.

> "행위의 결과에 대한 욕망을 가지고 행동하는 사람은 불행하다. 그들에게는 자신이 바라는 결과에 대한 목마름이 그치지 않을 것이기 때문이다."[9]

결국 탐욕은 끝이 없다. 자연적인 흐름을 거스르고 조화를

---

[9] 바사하, 『바가바드 기타』, 정창영 옮김, 물병자리, 2015, 58쪽.

파괴하는 행위는 언젠가는 불행한 결과를 초래한다. '인간다움'을 등한시해서는 인간의 존엄성을 지킬 수 없다. 하지만 우리는 여전히 첨단기술이 가져올 달콤한 환상에만 젖어 있다. 많은 엔지니어 조직은 기술에만 집중하며, 남보다 유리한 위치를 선점하기 위해 속도 경쟁에 몰두한다. 또한 엔지니어 역시 올곧은 주관과 내적 충만 없이 세상에 떠밀려 인생을 산다. 이는 바쁘게 살아도 뭔가 헛헛하고 돌아보면 후회스러운 길일 수밖에 없다.

    4차 산업혁명을 제대로 이해하지 못한 자세는 결국엔 위기로 돌아온다. 사회학자인 막스 베버의 말처럼 과학은 우리의 가장 중요한 문제, 즉 나는 누구이며 어떻게 살아야 하는지에 대한 어떤 답도 주지 못한다. 우리는 왜 많은 선각자가 인문 고전을 탐독하고 인문학을 중시했는지 크게 생각해볼 필요가 있다. 그리고 우리 주변 세상을 이해하는 것을 넘어 자신을 아는 가장 좋은 방법으로 인문 고전을 꾸준히 읽고 생각하라고 나는 감히 제안한다. 이제 우리는 기술과 인문의 단절을 극복해야 한다. 특히 기술을 다루는 엔지니어는 더욱더 인간의 문제에 관심을 기울여야 한다. 잊지 말자. 훌륭한 기술 뒤에는 항상 인문적 가치가 자리한다. 이것을 기억할 때 기술의 주인은 언제나 인간으로 남을 것이다.

3장

소통

疏通

소프트 스킬을 키워야 한다.
앞으로의 시대는 단순히 지식을 많이 습득하는 것보다
협업하고 사고하는 능력이 더 중요하다.

- 도미니크 바튼-

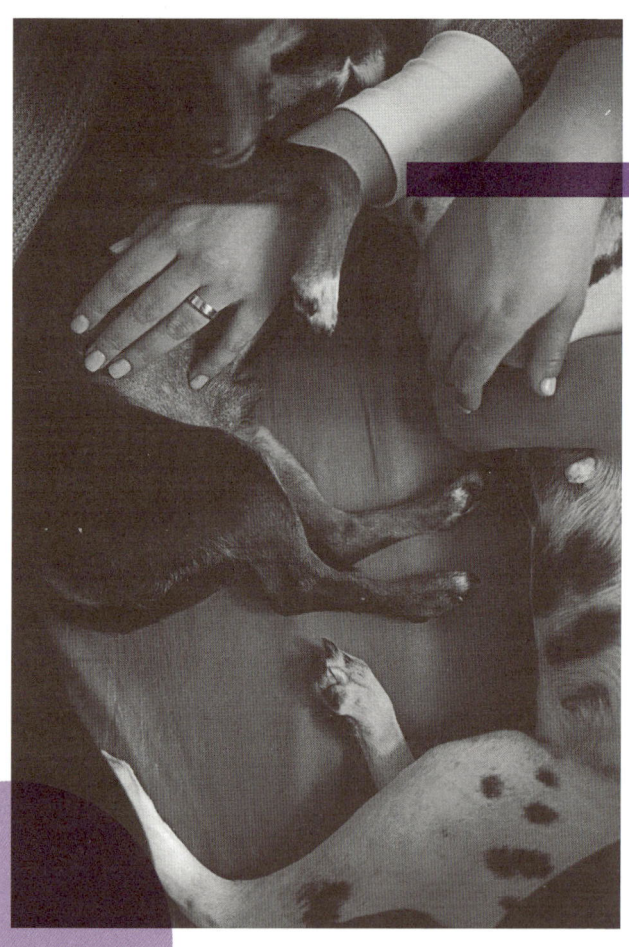

피플웨어 Peopleware 란 말이 있다. 내가 종사하는 직군에서 꽤 유명한 책의 제목이기도 한 이 용어는 사람 People 과 소프트웨어 Software 의 합성어로 '프로젝트의 진짜 문제는 기술보다 사람에 대한 인적 측면에서 온다'는 의미를 지닌다. 책의 초판이 나온 지 30년이 지났지만, 저자가 전하는 핵심 메시지는 현재의 프로젝트 상황에도 정확히 들어맞는다. 우리는 여전히 모든 문제를 기술로만 해결하려 하고, 첨단 기술이 접목된 프로젝트는 덮어놓고 성공할 것이라는 근거 없는 환상 속에 빠져 있다. 첨단 업계에 몸담은 사람일수록 기술에 대한 맹신은 더욱 깊으며, 대부분의 엔지니어가 이런 상황에서 자유롭지 못하다.

우리는 왜 사람을 소외시키는 걸까? 엔지니어들은 왜 기술 서적은 열심히 보면서 사람 간의 관계를 개선하거나 효과적으로 소통하도록 돕는 책은 읽지 않는 걸까? 그들은 인간관계 문제는 겪지 않는 걸까? 우리가 의식하지 못하지만, 실제 업무의 상당수는 기술보다 사람 간의 커뮤니케이션을 통해 해결된다. 기술과 달리 잘 드러나지 않아 성과와 결부시키기는 어렵지만 분명 큰 힘을 발휘하는 '휴먼 스킬'의 적절한 예가 『피플웨어』에 수록되어 있어 이를 소개한다.

몇 년 전 사내 교육으로 설계 과목을 가르치던 중 상사 한 명이 내게 수강생 몇 명(자기 프로젝트 팀원)을 평가해달라고 요청했다. 그는 특히 여성 한 명에 대한 평가를 궁금해 했다. 상사가 그 여성을 미심쩍어 한다는 사실이 명백했다. "그 여직원이 프로젝트에 어떤 공헌을 하는지 모르겠습니다. 뛰어난 개발자도 아니고 우수한 테스터도 아니고 이도 저도 아닙니다." 조금 조사해보니 아주 흥미로운 사실이 드러났다. 회사에서 일한 12년 동안 그 여성이 참여한 프로젝트는 모두 커다란 성공을 거두었다. 그녀의 공헌이 눈에 띄지는 않지만 그녀가 있으면 프로젝트는 항상 성공했다. 일주일 동안 수업하며 그 여성을 지켜보고 동료 몇 사람과 대화한 결과 나는 그녀가 뛰어난 촉매라고 결론지었다. 그녀가 끼면 저절로 팀의 결속력이 좋아졌다. 그녀는 사람들이 서로 대화하고 잘 지내게 도왔다. 그녀와 일하면 프로젝트가 더욱더 재미있었다. 나는 상사에게 이것을 설명하려고 애썼으나 실패했다. 그는 촉매의 역할이 프로젝트에 필수라는 사실을 이해하지 못했다.[1]

나도 소통이 제대로 되지 않는 프로젝트가 실패하는 경우를 많이 봤다. 프로젝트 구성원들은 서로 다른 생각을 하고 자기주장만

---

1 톰 드마르코, 티모시 리스터, 『피플웨어』, 박재호, 이해영 옮김, 인사이트, 2014, 13쪽.

내세우기 바쁘며 고객과의 의사소통에도 적극적으로 응하지 않아 결국엔 원하는 품질을 일정 기간 안에 확보하지 못했다. 이런 프로젝트일수록 서로 비난하기 바쁘다. 부족한 일정을 탓하고 고객을 탓하고 관리자를 탓하고 동료를 탓한다. 그들에겐 마음의 위안이 될 만한 핑곗거리가 필요했을 것이다. 아무리 기술력이 뛰어난 사람들로만 구성된 프로젝트라 해도 이런 문제는 흔하게 일어난다. 각자 출중한 능력을 갖추고 있어도 구성원이 하나로 통합되지 않으면 무용지물이다. 새로운 기술을 도입해 혁신을 준비하는 것도 좋지만, 함께 있는 동료들과의 관계를 개선하는 것 역시 중요한 일이다. 하지만 우리는 여전히 기술에는 민감하게 반응하며 크게 부풀려 해석하지만, 사람 간의 문제는 쉬쉬하며 금기시하는 경향이 있다. 괜히 건드려 부스럼을 만들고 싶지 않은 것이다. 하지만 이런 현상은 문제를 더 크게 키울 뿐이다. 우리는 자주 인간관계의 문제는 시간이 해결해 주지 않음을 간과하며, 관계를 다루는 면에서 무능력하다.

시대가 변했다. 4차 산업혁명의 핵심 키워드에 '협업'이 들어간 것도 이런 시대상을 반영한다. 우리의 시대는 더 이상 소모적인 경쟁을 원하지 않는다. 직급 체계를 개편하고 상호 동등한 호칭 체계로 개선해 수평적인 조직으로 변화하려는 노력은 이런 시대 상황을 대변한다. 기술은 빠르게 공유되고 부서 간에도 서로 연관되지 않는 경우가 없다. 조직은 구성원들이 서로 협동해 빠르게 가치를 창출하는 시너지 효과를 기대한다. 일례로 대한상공회의소가 2018년 8월에 발표한 국내 100대 기업이 원하는 인재상을 보면 1위가 '소통과 협력' 능력을 갖춘 사람이다. 100개 기업 중 무려 63개에서 해당 능력이 필요하다고 답함으로써 2위인 '전문성'을 앞지른다. 이는 우리가 하는 일이 점점 거대해지고 다양한 분야를 결합해 처리할 일이 늘면서 나타나는 자연스러운 현상이다. 조직은 효율적인 분업을 통해 조직의 역량을 키우길 원한다. 경영 전략에 관한 세계 최고 권위자인 마이클 포터 역시 이 점을 지적하며 앞으로의 시대적 방향성을 언급한다. "미래는 경쟁에서 상생을 추구하고 함께 일하며 협업하는 사회가 될 것이다." 결국 똑똑한 개인이 갖는 한계를 집단의 지성으로 극복하는 시대가 온다.

   우리는 협업을 잘하기 위해 노력해야 한다. 함께 일하고 싶은 동료가 되어야 하고, 다른 사람의 협력을 이끌기 위해 소통해야 한다. 시대는 잘난 개인보다 서로 협동하고 사회와 연대하며 세상과 유대를 맺는 사람을 원한다. 소통은 더 이상 개인이 갖는 단순한 덕목이 아니다. 반드시 갖춰야 할 중요한 능력이다. 소통에도 기술이 필요하다. '아' 다르고 '어' 다르다는 말처럼, 같은 말이라도 어떻게 표현하느냐에 따라 천지 차이다. 소통을 잘하는 것만으로도 일을 줄이고 갈등을 해소할 수 있다. 피터 드러커가 "기업에서 발생하는 문제의 약 60퍼센트는 잘못된 커뮤니케이션에서 비롯된다."라고 말했을 정도로, 의사소통이 안 되면 그야말로 조직이 큰 손해를 본다. 특히 이 시대의 변혁을 책임지는 엔지니어들은 상대의 이야기를 듣고 활발하게 생각을 교환해야 한다. 실제 우리가 하는 대부분의 일은 같은 공간을 공유하는 동료들과 함께 진행하는 것들이다. 현장에서 비슷한 문제로 고민하는 동료들과 토론하고 그들의 말을 귀담아듣는 것은 자신의 생각을 정리할 수 있게 해주며, 일을 올바른 방향으로 처리할 수 있는 결정을 내리는 데 도움이 된다. 이와 같이 특별한 사회성이 요구되는 분야에서 우리는 어떻게 소통을 잘할 수 있을까?

서로 다름을 인정하라

내가 이 주제에 대해 가장 많이 생각하게 되는 경우는 회사에서 업무 메일을 받을 때다. 어려운 용어를 써가며 자기중심적으로 써놓은 메일을 '해석'해야 할 때가 많다. 이런 메일은 내용을 파악하기 위해서 많은 시간을 들여야 한다. 심지어 전화를 걸어 정확한 의도를 물어보는 시간 낭비까지 하게 된다. '이과적' 성향이 강한 엔지니어들이 다른 사람과의 소통을 등한시하는 경우는 의외로 많다. 회의 석상에서도 자기주장이 강하고, 자신의 말을 상대가 이해하지 못하면 연신 답답하다는 표정을 짓는다. 또한 자신이 낸 의견으로 문제가 전부 해결될 거라 여기며, 이를 따르지 않는 사람들을 못마땅하게 여긴다.

　우리는 어떤지 한번 생각해 보자. 데일 카네기는 『카네기 인간관계론』에서 "다른 사람을 움직일 수 있는 유일한 방법은 그들이 원하는 것에 관해 이야기하고, 그것을 어떻게 하면 얻을 수 있는지 보여 주는 것"이라고 말한다.[2] 소통은 기본적으로 상대방의 언어로 말해주는 것이다. 대화는 일방적인 말하기가 아닌 상호 작용이다. 그럼에도 우리는 이를 인정하지 않고 상대를 끊임없이 설득하려고 하며, 대부분 이 과정에서 갈등을 겪는다. '왜 내 말을 듣지 않는 거야!'라며 화를 내기도 한다. 감정이 상한 상태에서는 객관성이 파괴되고 다툼이 일어나기 마련이다. 이와 관련해서 『카네기 인간관계론』에는 많은 사례가 나오지만, 나는 에머슨의 일화를 좋아한다.

　어느 날 에머슨은 아들과 함께 송아지 한 마리를 끌어다 외양간에 넣으려 애쓰고 있었다. 에머슨은 밀고 아들은 잡아끌었지만 송아지는 고집스럽게 네 다리로 버티며 풀밭을 떠나려 하지 않았다. 한참 애먹고 있는데, 마침 지나가던 가정부가 그들의 모습을 보았다. 곰곰이 생각하던 가정부는 송아지의 입 속에 자신의 손을 집어넣어 빨게 하고는 아주 쉽게 송아지를 외양간으로 끌고 들어갔다.

2　데일 카네기, 『카네기 인간관계론』, 최염순 옮김, 씨앗을뿌리는사람, 2004, 73쪽.

우리는 그 가정부가 송아지의 입장에서 원하는 것을 만족시켜 주었다는 것을 알 수 있다. 모든 소통은 이 법칙을 크게 벗어나지 않는다. 다른 사람을 움직이고 싶다면 상대방의 관점에서 생각해야 한다. 그래서 소통은 서로 다른 것들 사이의 관계로 설명되고, 마음의 다리를 놓는 것에 비유된다. 나는 그 사람이 바라보는 방향으로 생각하고 있는가? 이 의문을 갖게 되는 순간 우리는 이미 대화의 창을 열 준비가 된 것이다.

  누구든 자신의 시선으로 세상을 본다. 그래서 각자의 입장이 다르다. 때론 갈등을 겪는 사람들에게 서로의 입장을 들어보면 모두가 합당하고 이치에 맞는다는 것을 알 수 있다. 이때 논리만으로는 누구의 말이 옳다고 말할 수 없다. 하지만 매사에 이성적으로 생각하는 엔지니어들은 이 논리의 벽에 사로잡히는 경우가 많다. 이땐 아무리 설명해도 설득하기 어렵고 갈등으로 발전해도 해결하기 어렵다. 그럼 이미 경도된 그들의 생각을 어떻게 하면 열 수 있을까?

  결국 이성의 논리를 벗어나야 한다. 사람의 관계는 합리성으로만 이루어지지 않는다는 것을 이해하고 좀 더 큰 시야에서 상황을 조명할 필요가 있다. 소통을 잘하고 싶은가. 그럼 헨리 포드의 이 말을 기억하자. "성공의 유일한 비결은 다른 사람의 생각을 이해하고, 당신의 입장과 아울러 상대방의 입장에서 사물을 바로 볼 줄 아는 능력이다." 항상 누군가가 옳거나 그른 것은 아니다.

서로 다를 뿐일 때도 많다. 이를 인정하고 받아들일 때 서로의 간격은 좁아진다.

나는 사람의 다름을 설명할 때 아래 『논어』 선진편 21장에 나오는 공자의 일화가 떠오른다.

> 어느 날 제자 자로가 공자에게 물었다.
> "좋은 말을 들으면 그것을 바로 행해야 합니까?"
> 그러자 공자는 "부모와 형제가 있는데, 어찌 부모와 형제에게 묻지 않고 바로 행할 수 있느냐"라고 대답했다.
> 이번엔 염유가 같은 질문을 했다.
> "좋은 말을 들으면 그것을 바로 행해야 합니까?"
> 그러자 공자는 "좋은 말을 들으면 바로 행해야 하지 않겠느냐"라고 말했다.
> 곁에서 듣고 있던 공서화는 같은 질문에 대해 다른 답을 하는 공자에게 어리둥절해 하며 그 연유를 물었다. "공자께서는 왜 자로와 염유에게 다른 대답을 하신 겁니까?"
> 그러자 공자가 답하길, "염유는 너무 소극적이기 때문에 그를 진취시키기 위해서 다른 사람에게 의논하지 말고 바로

실천하라고 했고, 자로는 너무 적극적이기 때문에 한발 뒤로 물러나 생각하고 행동하라고 다르게 말한 것이다."[3]

여기서 우리는 사람의 기질에 따라 다른 처방을 내린 공자의 지혜를 엿볼 수 있다. 같은 약이라도 처방이 다른 것은 사람마다 작용하는 효과가 다르기 때문이다. 아무리 좋은 약도 어떤 이에겐 무용지물일 수 있다. 이는 어떤 상황에서도 고정관념에 사로잡히지 않는 유연한 자세를 생각하게 한다. 공자는 이를 두고『논어』 이인편 10장에서 다시 이렇게 말한다.

"군자는 천하의 모든 일을 처리하면서 이것은 반드시 해야 한다고 고집을 부리지 않고, 또 저것은 절대로 해서는 안 된다고 부정하지도 않는다. 오직 그 마땅함을 따를 뿐이다."[4]

이 대목에 이르자 나는 왜 사람들이 그를 성인으로 칭송하는지를 알 수 있을 듯했다. 이처럼 서로 다름을 인정하고 상대방을 고려해 대화를 이끄는 일은 간단한 것 같아도 실천하기는 어렵다. 나는

---

[3] 공자, 『논어』, 김형찬 역, 홍익출판사, 2015, 129쪽.
[4] 같은 책, 60쪽.

주변에서 여전히 많은 엔지니어가 서로 다름을 이해하는 데 어려움을 겪는다는 것을 알고 있다. 우리는 모든 걸 자신의 경험에 비추어 생각하려 한다. 하지만 우리가 모든 걸 경험할 수 있을까? 아닐 것이다. 우리가 다른 사람과 생각을 나누는 것은 그 사람의 경험을 받아들여 내 지평을 넓히기 위해서다. 그래서 다름에 대한 배척은 자신을 좁은 세계에 머물러 있게 한다. 결국 역지사지의 자세가 필요하다. 내가 상대를 존중하면 상대도 나를 존중한다. 다름의 폐쇄성에서 벗어나 다양성을 인정하는 자세가 어떤 유익함을 가져왔는지는 역사 속에서 수없이 증명된다.

 세계에서 가장 큰 제국을 건설한 칭기즈 칸은 관용의 정책을 국가 통치의 근간으로 삼았다. 그는 점령한 나라의 문화와 기술을 받아들였고 인재는 신분에 상관없이 등용했다. 특히 기술자를 우대했는데, 각 분야의 전문가가 능력을 펼칠 수 있도록 했다. 이는 후에 서양의 성벽을 공격하는 무기를 만들거나, 폭탄을 제조하고 화살 등의 무기를 만드는 일에서 큰 보탬이 된다. 또 이런 일도 있었다. 제국을 세우기 전 부족 간의 전투에서 칭기즈 칸은 적에게 아내를 뺏기고 만다. 몇 개월 뒤 다시 아내를 되찾고 보니 아내가 적장의 아이를 밴 상태였다. 그래도 칭기즈 칸은 아내와 아이를 내치지 않았다. 오히려 자신의 힘이 약해서 일어난 일로 여기고 아이를 자신의 아들로 삼는다. 이렇게 가슴으로 품은 아이는 후에 여러 전투에서 이기며 대제국을 세우는 데 많은 공을 세운다. 결국,

칭기즈 칸의 대업은 혼자의 힘으로 이뤄진 것이 아니다. 다양성을 끌어안은 그의 포용력은 세계를 제패하는 발판이었다.

우리도 함께 가야 한다. 혼자 할 수 없는 일을 우리가 해낸다. '내'가 아닌 '우리'가 될 때 기대 이상의 힘이 발휘된다. 어찌 1 더하기 1이 항상 2가 되겠는가. 정현종 시인이 시를 통해 말했듯 "사람이 내게 온다는 것은 실로 어마어마한 일이다. 그 사람의 인생이 오기 때문이다." 이토록 인연은 소중하다. 그런데 내게 오는 사람을 어찌 존중하지 않겠는가. 인생의 어느 순간 만났지만, 과거부터 축적된 한 사람의 인생에 깃든 지혜를 통째로 얻을 기회가 바로 '만남'이다. 그래서 역사상 큰 뜻을 품은 인물들은 사람을 얻고자 했다. 서구의 산업혁명이 우리의 일을 파편화하여 경쟁을 부추기고 개인의 이기주의를 조장했지만, 이런 추세는 분명히 쇠퇴의 길을 걷고 있다. 우리가 맞고 있는 시대는 자유로운 분위기 속에서 개성이 자라는 시대다. 유능한 개인보다 팀으로서 능력을 발휘할 수 있는 사람을 원하는 조직이 늘고 있다. 재능은 곳곳에 숨어 있다. 결국 개인 고유의 능력을 한데 뭉쳐 팀으로 결속시키는 것이 중요하다. 협력은 믿음을 바탕으로 커진다. 서로를 신뢰하고 열린 마음을 가질 때 서로의 마음은 연결된다. 이는 다름의 미학이 필요한 부분이다. 우리는 지금 내 앞에 있는 사람을 어떻게 대하고 있을까? 부디 그 사람을 놓치지 말자.

3장   소통

마음을 사로잡는 경청의 힘

인간은 누구나 소통에 목마르다. 영화 〈캐스트 어웨이〉를 보면 외딴섬에 갇힌 척 놀랜드(톰 행크스 분)가 배구공에 눈, 코, 입을 그려 넣은 다음 '윌슨'이라는 이름을 붙여 주고는 친구로 삼는다. 아무 말도 하지 않는 한낱 공에 불과하지만, 배구공 윌슨은 아무도 없는 망망대해에서 그의 말을 들어주는 유일한 존재다. 이 특별한 유대가 주인공이 4년의 외로움을 이겨내고 삶을 지탱할 힘을 준다. 어쩌면 우리가 바라는 위로는 한마디 말도 필요치 않을 수 있다. 우리는 그저 묵묵히 내 말을 들어줄 한 사람만으로도 힘든 세상을 살아갈 수 있다.

경청은 쉬워 보이지만, 가장 어려운 소통의 기술이다. 겉으로 보기엔 그저 듣기만 하는 단순한 행위로 보이지만, 상대의 말 중간에 끼어들고 싶은 욕구를 참아야 하고 무엇보다 진정한 경청은 마음을 통하는 공감이 필요하기 때문이다. 그래서 경청을 적극적으로 실천하고 있는 사람을 발견하기는 어려운 일이다. 사람은 본능적으로 자신의 이야기를 하고 싶어 하고 남의 이야기를 듣는 것은 피곤해 한다. 하지만 유감스럽게도 성공은 혀가 아니라 귀에 달려 있다. 특히나 미래학자인 톰 피터스의 말처럼 "20세기가 말하는 자의 시대였다면, 21세기는 경청하는 리더의 시대"가 될 것이다.

미국 최고의 토크쇼를 진행하는 오프라 윈프리는 최고의

달변가로 꼽힌다. 하지만 그는 뛰어난 경청가로 더 유명하다. 그의 쇼를 보면 게스트들은 자신의 이야기를 거침없이 털어놓는다. 그때 윈프리가 하는 일은 그들의 말을 주의 깊게 듣고 있다가 고개를 끄덕이며 적극적으로 호응해 주는 것이다. 최대한 게스트가 편안한 기분이 들게 함으로써 그들의 내밀한 이야기를 끌어내는 게 쇼에서 그가 하는 가장 큰 역할이다. 그리고 적극적인 경청 뒤에는 간간이 질문을 던져서 그가 듣고 싶은 말을 게스트가 하도록 유도한다. 이것이 그가 쇼를 진행하는 방식이다. 잘 듣고 질문을 던지는 것, 어찌 보면 특별할 것 없어 보이는 이 행위 속에는 쇼를 빛나게 하고 그를 매력적인 사람으로 만드는 열쇠가 숨어 있다.

 넬슨 만델라도 경청을 대화의 첫 번째 원칙으로 삼는다. 그는 "우리는 말하고 있을 때 아무것도 배울 수 없다. 오늘 많은 것을 배우는 방법은 상대의 말을 경청하는 것뿐이다."라며 듣기를 강조한다. 또한 글을 배우지 못한 칭기즈 칸은 "경청이 나를 가르쳤다."라고 말할 정도였다. 이처럼 다른 사람의 말을 듣는 것은 흔히 학습과 연관된다. 우리는 다른 사람의 말을 듣는 것만으로도 새로운 것을 배우고 현명해질 수 있다. 하지만 우리는 여전히 이미 알고 있는 내용을 다른 사람에게 말하기 위해 더 열을 올린다. 결국 고집불통은 사람만 잃는 게 아니라 학습할 기회마저 잃게 되어 시대에 뒤처진다.

 엔지니어 세계에서도 이러한 일은 드물지 않다. 자존심 강한 엔지니어들은 잘 들으려 하지 않는다. 엔지니어는 자신이 알고 있는 기술이 상대방의 기술보다 우월하다고 믿는다. 이들에게 듣는 일은 말할 기회를 빼앗기는 일과 마찬가지다. 그들은 지루하게 상대의 말을 듣기보다는 빨리 자신의 의견이 채택돼 일이 진행되길 원한다. 이들의 공통점은 자주 다른 사람의 말을 끊고, 자신이 해야 할 말에만 초점을 맞추기 때문에 다른 사람의 의도를 정확히 파악하지 못하는 것이다. 결국 이것은 상대방의 의도를 지레짐작해 섣부른 결정을 내리게 한다. 실제로 많은 문제가 여기서 나온다. 파머의 글은 공학^{工學}을 업으로 삼는 사람들에게 많은 것을 시사한다.

도자기 만드는 일을 보자. 도자기를 만드는 일은 단순히 점토에게 무엇이 되어야 한다고 명령하는 것이 아니다. 점토는 도공의 손놀림에 따라 빚어지지만, 동시에 자기가 할 수 있는 것과 할 수 없는 것을 도공에게 얘기하고 있다. 만약 도공이 점토의 이야기를 듣지 않는다면 결과는 깨진 파편이나 보기 흉한 물건이 된다. 공학이란 그저 재료를 향해 무엇을 해야 한다고 주장하는 것이 아니다. 건축 기사가 철, 나무, 돌 같은 재료의 본성을 존중하지 않으면 문제는 단순히 보기 싫은

정도에서 그치는 것이 아니라 다리나 건물이 무너지고 사람의
생명까지 위협하는 결과를 가져온다.[5]

바야흐로 공학이 사회에 미치는 파장이 큰 시대다. 물론 우리가 해야 할 일은 시대의 부름에 응하는 것이다. 하지만 여기엔 다른 사람을 향한 열린 마음이 필요하다. 상대방에 대한 이해 없이 일이 진행된다면 결과는 돌이킬 수 없는 방향으로 흘러갈 것이다. 말하는 것만 소통이 아니다. 듣는 것도 적극적인 소통의 방식이다. 우리가 사는 시대는 말하는 것보다 듣는 것이 중요한 시대다. 그래서 우리는 모두 침묵의 기술을 키워야 한다. 실제 좋은 리더는 침묵마저도 편안하게 만든다. 그들은 마음으로 듣고 적극적인 공감을 표현한다. 경청은 상대방에 대한 존경과 배려를 포함하는 대표적인 이타적 행위이기에 리더는 구성원들의 말을 잘 듣고 같은 편이라는 우호적인 인식을 심어줌으로써 팀워크를 이끌어 낼 수 있다. 무슨 직군에 있든 성공하는 사람들은 상대방이 무엇을 원하는지에 집중한다. 당신의 얘기를 참을성 있게 들어줄 사람이 곁에 있는가? 그렇지 않다면 당신이 그 사람이 되자.

---

5   파커 J. 파머, 『삶이 내게 말을 걸어올 때』, 홍윤주 옮김, 한문화, 2019, 38쪽.

모든 것을 공유하는 시대

최고의 기업들은 어떻게 일할까? 자타가 공인하는 세계적 기업인 구글은 전 직원에게 회사의 운영 상황을 가감 없이 공개한다. 이는 회사 초창기부터 지켜오던 경영 원칙이며, 현재는 구글만의 독특한 DNA로 발전했다. 또한 이런 구성원 간의 완전한 정보 공유와 자유 토론을 통한 문제 해결 방식은 최고가 되길 원하는 기업들의 벤치마킹 대상이 되고 있다. 국내 IT 기업인 카카오도 수평적인 소통 관계를 지향하고 임직원 간의 정보 공유를 우선시한다. 특히 경영상의 주요 쟁점이 발생하면 전 임직원이 공개 회의를 통해 자유롭게 질문을 주고받으며 다양한 의견을 나눈다. 이들 회사의 공통점은 지속적인 혁신과 성장에 소통을 적극적으로 활용한다는 점이다. 이는 구성원들의 소속감을 고취하고 자연스러운 협력 관계를 이끌어 최고의 성과로 이어지게 돕는다.

커뮤니케이션의 어원인 '콤무니카티오communicatio'는 라틴어로 '공유하다', '함께 나누다'라는 의미를 띤다. 즉, 소통은 공유와 공감의 의미를 내포한다. 따라서 소통을 강조하는 조직에서는 구성원들과 자유롭게 생각을 나누고 다른 사람의 입장에서 생각하며 상대방의 감정을 이해하려 노력한다. 미래학자 대니얼 핑크가 미래 인재의 6가지 조건 중 하나로 공감 능력을 꼽은 것도, 감정에 근거한 공감 능력은 기술이 발달한 미래에도 컴퓨터로 대체할 수 없기 때문이다. 그의 말에 따르면 인공지능의 발달로 의사들의 입지가 줄어들 수는 있어도, 환자들과 공감하는 일은 여전히 의료 활동에서 강력한 힘을 발휘할 것이다. 이는 대니얼 골먼이 생각하는 미래 사회의 인재상과도 일치하는데, 그에 따르면 "앞으로의 사회에서 성공 가능성이 큰 사람들은 상대의 이야기를 잘 들어주고 공감 능력이 뛰어나며 서로를 배려할 줄 아는 사람"이다.

제너럴 일렉트릭^{GE}의 회장이었던 잭 웰치는 세계에서 가장 존경받는 리더였다. 그는 리더십의 비밀을 묻는 말에 서슴지 않고 "딱 한 가지다. 나는 내가 어디로 가고 있는지 알고 있고 GE의 전 구성원은 내가 어디로 가고 있는지 알고 있다."라고 답했다. 결국 그의 리더십에서 핵심은 '소통'이다. 구성원들과 비전을 공유하고 한 방향을 바라보는 것이야말로 그를 최고의 자리에 오르게 한 원동력이었다. 애플의 설립자 스티브 잡스도 다르지 않았다. 그는 리더십을 "비전을 가지고 팀원들이 이해할 수 있도록 명확히 설명할 줄 아는 것"이라고 정의했다. 개방과 공유의 시대에 이런 소통 방식의 중요성은 더욱 높아질 것이다. 세상은 정보와 경험의 공개를 통해 자유로운 참여가 유도되고 끊임없이 새로운 가치가 창출되길 기대한다.

이런 패러다임의 변화는 '공유경제'라는 이름으로 진행 중이다. 이 개념은 재화를 소유하는 대신 서로와 나누어 쓰는 것을 기본으로 하는 경제 방식의 변화를 나타내는 말로 시작했지만, 현재는 데이터와 플랫폼을 공유하고 진입 장벽을 낮춰 누구나 쉽게 아이디어를 나누는 행위까지 뜻하는 것으로 그 의미가 확장되었다. 실제로 소프트웨어 분야에서는 깃허브(GitHub) 서비스를 통해 전 세계 개발자들이 자유롭게 소스 코드에 접근할 수 있게 되었고 개발자는 본인이 원하는 프로젝트에 자발적으로 참여해 기여할 수 있다. 이 자유로운 환경은 적은 비용으로도 전례 없이 빠른 속도로 플랫폼이 발전할 수 있는 발판이 되고 있다. 결국 핵심은 많은 사람의 참여를 유도하고 자유롭게 소통하는 장을 마련함으로써 서로 협력할 수 있게 된다는 것이다. 이것이 새로운 시대가 주목하는 패러다임의 요지다.

다가오는 미래는 혼자서는 살 수 없는 시대다. 20년 전 제러미 리프킨이 주장한 '소유의 종말'이 현실화되면서 모든 것은 서로 접속해 관계를 맺고 영향을 미치는 시대가 왔다. 그에 따르면 소유의 반대는 무소유가 아니라 접속이다. 물건이나 재화를 직접 소유하고 관리하는 대신, 필요할 때 접속해서 쓰고 사용한 만큼 비용을 지불하는 것이 이 시대의 방식이다. 사람들은 점점 음반을 사지 않고 '구독' 서비스를 통해서 듣고, 자동차와 집을 빌려 쓰며, 옷과 가구 등 생활에 필요한 생필품을 빌려서 사용한다. "공유할수록 발전한다." 사람들은 이러한 시대적 가치를 충실히 따르고 있는 것이다. 하지만 문제는 모든 것에 기술로만 접근하려고 할 때 찾아온다. 공유경제가 유지되는 가장 중요한 기반은 신뢰다. 모든 것이 공유되는 시대에 불신으로 인한 오해와 대립, 갈등은 큰 사회적 비용을 초래할 것이다. 이런 변화는 곳곳에서 감지된다. 블라블라카는 장거리 여행 차량 공유 플랫폼이다. 해외여행을 하는 사람들이 차량의 빈자리를 공유함으로써 여행 경비를 줄이고 다른 여행자에게 편리를 제공한다. 이용자는 인터넷에 접속해 자신과 같은 길을 가는 차량에 비용을 지불하고 이용하는 개념인데, 이런 편리한 서비스도 서로 믿지 못하면 도입할 수 없다. 내가 사는 집을 공유하는 에어비앤비, 베이비시터 매칭 시스템인 어반시터, 애완견을 돌봐주는 로버 등은 어떤가. 내 소중한 것을 공유하는 행위는 기본적으로 신뢰를 바탕으로 한다. 무신불립 ^{無信不立}, 믿음이 없으면 아무것도 존립할 수 없다. 이것이 공유경제의 핵심이다.

 그럼에도 불구하고 '각자도생 ^{各自圖生}'이란 말이 유행하고 있다. 이는 각자 스스로 살기를 도모한다는 뜻인데, 역사 속에서 이 말은 나라가 위태로운 상황에서 백성들 각자가 살길을 모색하라는 의미로 쓰이던 것이다. 임진왜란과 정묘호란으로 나라의 명운이 다하던 조선 말기에는 백성들에게 환난에 대비해 각자 살길을 도모하라는 뜻에서, 인조 때는 국난에 임금을 버리고 각자 살기만 도모한 종실들을 비난하는 의미로, 순조 때는 흉년으로 백성들이 나무껍질과 풀뿌리로 연명하며 각자 살기를 도모하고 있다는 이야기를 할 때 각자도생이라는 말이 쓰였다. 면면을 들여다보면 위기의 순간에서도 살아남아 후일을 도모한다는 성격이 강하다는 것을 알 수 있다. 결국 우선은 살아남아야 미래도 새롭게 열린다는 것이다.

그런데도 요즘은 나만 잘살면 된다면 식의 다소 비정한 의미만 강조되어 사용되는 경향이 있는 듯싶다. 타인이야 어찌 되든 내 이익을 위해서는 수단과 방법을 가리지 않고, 나만 아니면 된다는 식의 풍조가 만연하다. 뉴스에는 하루가 멀다 하고 세대 간의 갈등과 성차별, 빈부 격차, 노사 갈등에 관한 소식이 넘쳐난다. 또한 이러한 추세는 브렉시트(영국의 EU 탈퇴 법안 통과)나 미국의 멕시코 장벽의 사례에서도 보이는데, 한마디로 모두가 제 살길 찾기에 바쁘다. 인류는 역사상 서로 협동해 자신보다 큰 동물을 사냥하고, 농경 사회에 필요한 노동력을 함께 나눠왔다. 그럼에도 현대의 인류는 그 소중한 가치를 잃어버리고 있다. 일각에서는 산업의 구조가 바뀌면서 오는 자연스러운 과정으로 보기도 하지만, 사실은 기본적인 신뢰가 무너졌기 때문이다.

신뢰는 언제나 중요한 자산이다. 국가나 기업, 개인 모두 서로를 믿지 못하면 일이 잘 진행되지 않는 것에서 그치지 않는다. 신뢰의 부족은 마음에 두꺼운 벽을 쌓게 하고, 이는 결국 혼란과 위기를 초래한다. 모든 것이 공유되는 시대에 신뢰는 더 큰 위력을 발휘한다. 모든 문제가 믿음이라는 기본적인 원칙이 무너질 때 찾아온다. 상호 간의 신뢰가 없으면 조직의 목표는 진실로 공유될 수 없고, 어떠한 메시지도 공허한 말잔치로 남게 된다. 그만큼 신뢰성 회복은 우리에게 절실한 과제다. 공존과 공생의 시대, 우리는 공동의 목표를 위해 함께 가야 한다. 아프리카 속담에 '빨리 가고 싶으면 혼자 가고 멀리 가고 싶으면 함께 가라'는 말이 있다. 미국의 사회학자 프랜시스 후쿠야마는 그의 저서 『트러스트』에서 선진국과 후진국의 차이는 바로 신뢰의 차이이며, 신뢰 기반이 없는 나라는 사회적 비용이 급격하게 커져 선진국 문턱에서 좌절할 것'이라고 지적한다. 맹자도 여민동락與民同樂 이라는 비슷한 사상을 폈는데, 그것은 아래 양혜왕 장구 하편에 실린 내용이다. 맹자는 양혜왕에게 이렇게 말한다.

> 왕께서 음악을 연주하시는데 백성들이 종과 북, 피리 소리를 듣고는 골머리를 앓고 이맛살을 찌푸리며 "우리 왕은 음악을 즐기면서 어찌하여 우리를 이런 지경까지 이르게 하여 부자(父子)가 만나지 못하고, 형제와 처자가 뿔뿔이 흩어지게 하는가"라고 불평하며, 또 왕께서 사냥을 하시는데 백성들이 그 행차하는 거마(車馬) 소리와 화려한 깃발을 보고는 골머리를 앓고 이맛살을 찌푸리며 "우리 왕은 사냥을 즐기면서 어찌하여 우리를 이런 지경까지 이르게 하여 부자(父子)가 만나지 못하고 형제와 처자가 뿔뿔이 흩어지게 하는가"라

고 원망한다면, 이는 다른 이유가 아니라 백성들과 즐거움을 함께하지 않기 때문입니다.[6]

결국 여민동락은 '왕이 백성들에게는 고통을 주면서 자기만 즐긴다면 백성들이 반발하겠지만, 백성들과 즐거움을 함께한다면 왕이 즐기는 것을 함께 기뻐할 것'이라는 뜻을 가진다. 실제 민심을 잃은 왕이 혼자서만 즐거울 수 있을까? 쉽지 않을 것이다. 그리고 그래서도 안 된다. 백성과 왕은 서로가 서로를 상승시키는 관계다. 맹자는 이것을 지적한 것이다. 시대가 지나도 이 가치는 이어진다. 무릇 조직의 리더도 구성원들의 지지를 얻어야 한다. 제아무리 능력이 뛰어나도 혼자서는 성공할 수 없고 저 혼자 모든 성과를 독차지해서는 존경을 받을 수 없다. 그래서 리더십의 본질은 어떻게 하면 공동의 목표를 위해 구성원들을 독려하고 협력을 이끌어 갈 것인가에 초점이 맞춰져야 한다. 리더가 먼저 모범을 보임으로써 구성원들의 자발적인 행동을 이끌고 팀으로 결속하는 모습이 이상적이다. 구성원 모두가 주체로서 자유롭게 소통하고 즐거움을 함께 공유할 수 있을 때, 그 공동체는 행복하다. 이것이 바로 훌륭한 상생이고 신뢰는 비로소 회복된다.

신뢰는 단지 있으면 좋고 없으면 그만인 것이 아니다. 이것이

---

6   맹자, 「맹자」, 박경환 옮김, 홍익출판사, 2012, 58쪽.

전부다. 언제나 신뢰만이 상대의 협력을 이끌고 서로 협동해 공존의 길을 모색하게 하는 위대한 가치다. 모든 게 공유되는 시대에 이런 가치의 중요성은 더욱 높아질 것이다. 소통의 본질 역시 말보다 신뢰에서 온다. 사람의 마음을 얻지 못하면 진실한 소통은 이뤄지지 않으며 어떤 조직도 무너지고 만다. "사람을 신뢰하라. 그러면 그들이 당신을 신뢰할 것이다. 그들을 위대한 사람으로 대하라. 그러면 그들도 자신들의 위대함을 보여줄 것이다."라고 한 에머슨의 말처럼 신뢰만이 신뢰를 두텁게 한다. 내가 그 사람을 믿지 못하는데 그 사람이 어찌 마음을 열겠는가. 조화로운 균형 속에 하나가 될 수 있다면 더할 나위 없다. 흩어져 있는 빛을 하나의 초점으로 모을 수 있다면 혼자서는 결코 이루지 못할 위대한 성취가 팀으로서 가능하다. 한 방향을 바라보고 함께 성장하라. 이것이 소통에서 말하는 '통'이다. 여기선 공통의 언어로 서로 통하려는 관심과 배려가 필요하다. 진정한 공감은 다른 사람이 느끼는 것을 나도 함께 느끼는 것이다. 기쁨과 슬픔을 함께 공유하고 상대의 마음에 스며들 수 있다면 진정한 교감이 가능하다. 그때 바로 '나'로 시작하여 '우리'가 되는 새로운 국면에 접어들게 된다. 엔지니어여, 꿈과 비전을 공유하는 '우리'의 기적을 믿어 보라. 우리 함께 일하고 싶은 바로 그 사람이 되어보자.

인류를 향한 사랑

> 그런데 도무지 이 끊임없이 같이 있음이란 것이 도대체 무슨 뜻이 있단 말인가. 우리 다섯에게도 그것은 아무런 뜻이 없다. 그러나 이제 우리는 이미 같이 있고 앞으로도 그럴 것이다. 그렇지만 새로운 결합은 원하지 않는다. 다름이 아니라 우리의 경험상, 어떻게 그 모든 것을 여섯 번째에게 가르친단 말인가. 긴 설명은 벌써 우리 테두리에 받아들임을 의미하는 거나 다름없을 테니 우리는 차라리 아무런 설명도 하지 않고 그를 받아들이지 않는다. 제아무리 입술을 비죽이 내밀 테면 내밀어보라지. 우리는 그를 팔꿈치로 밀쳐내 버린다. 그런데 우리가 아무리 밀쳐내도 그는 다시 온다.[7]

인간은 누구나 혼자서는 살 수 없다. 그것은 본능이고 때론 어찌하지 못하는 숙명이다. 고독을 즐기며 혼자 있길 좋아하던 카프카에게도 이것은 큰 숙제였던 모양이다. 아무리 밀쳐내도 얽이는 고약한 관계의 고리를 그는 마지못해 받아들인다.

우리는 '함께'라는 공동체 안에서 원치 않아도 해야만 하는 일들이 있다. 그것은 내가 사회 구성원으로서 건강하게 삶을 영위하고 있다는 증거이며 내가 세상에 존재하는 가치를 부여한다.

---

7 프란츠 카프카, 『변신 · 시골의사』, 전영애 옮김, 민음사, 203쪽.

실제 내가 하는 일이 제대로 의미를 가지려면 누군가에게 쓸모가 있어야 한다. 이것이 바로 일의 보람이다. 나도 사회에 기여하고 있다는 믿음은 우리의 인생을 특별하게 한다. 사람은 밥만으로 살 수 없다. 우리는 끊임없이 삶의 의미를 찾는 존재다. 자본주의 사회에서 돈을 무시할 수는 없지만, 우리가 하는 일이 오로지 돈으로만 귀결된다면 마냥 행복하지는 않을 것이다. 우리에게 행복을 주는 것은 공헌이라는 모습으로 드러난다. 타인을 위해 내 것을 나누고, 다른 사람의 기쁨과 슬픔을 함께 공감하는 것은 존엄한 인간이 할 수 있는 일이다.

다행히 4차 산업혁명이 가져올 패러다임 변화는 무한 경쟁 사회에서 할 수 없었던 일들을 가능케 한다. 과거엔 특권 계층의 생명을 건 희생만이 노블레스 오블리주의 상징이 되었다면 현대는 재능 기부나 도덕적 의무를 다하는 것으로 사회에 기여할 수 있다. 반드시 큰돈을 기부하지 않아도 되며 하나뿐인 목숨을 내던질 필요도 없다. 현대판 노블레스들은 자신이 가진 재능으로 스스로 빛나고 그 재능을 통해 세상에 공헌한다. 또한 기업도 경쟁을 통한 효율보다는 협력을 통한 혁신을 원한다. 예전의 성과는 남보다 더 많이 일하고 빨리 일을 처리하는 것이었다면 4차 산업혁명에서 말하는 성과는 남들이 생각하지 못한 새로운 방식으로 일을 처리하는 것이다. 결국 성과를 측정하는 방식도 변한다. 기업은 단순히 스타 플레이어를 원하지 않는다. 잘난 개인보다 팀으로 협동해 프로젝트를 이끌 사람을 원한다. 사익보다 공동의 목표를 위해 헌신할 수 있는 사람이 이 시대에 필요한 인재상이다. 물론 성실이라는 무기는 무엇과도 대체할 수 없는 강력한 힘을 지니지만, 단순히 반복적인 일을 예전 방식으로 열심히 처리하는 것에서 관리자들은 비용을 줄일 수 있는 더 효과적인 방법을 원한다. 더욱이 장시간 노동에 대한 사회적 시선도 예전만큼 관대하지 못하다. 주 52시간 근무제 도입은 그 시초이며 앞으로 노동자들의 워라벨을 위한 정책들은 지속해서 발의될 것이다.

결국 시대는 뛰어난 개인보다 서로 합심해서 문제를 해결하는 인재를 원한다. 다뤄야 하는 기술의 영역이 광범위한 오늘날에는 모든 것을 혼자서는 해결할 수 없다고 여기는 것이 맞다. 우리나라 최초의 벤처 기업인 메디슨의 창립자인 이민화 교수는 그의 책 『협력하는 괴짜』에서 "4차 산업혁명의 시대엔 한 명의 천재로는 우리가 로봇과의 경쟁에서 이길 수 없으며 각 분야에 특성화된 괴짜들이 협력해야 전체적인 변혁을 이룰 수 있다."라고 주장한다.[8] 이는 개인이 중요하던 시대에서 팀이 중요한 시대로의 변모를 보여주는 의미심장한 지적이다. 초연결 시대에 우리는 집단 지성을 발휘해야 하며, 곁에 있는 동료 역시 경쟁자가 아니라 함께 가야할 동반자로 여겨야 한다. 더불어 다른 사람의 협력을 이끌 수

---

[8] 이민화, 『협력하는 괴짜』, 시그니처, 2017, 10쪽.

있는 능력이야말로 리더에게 필요한 가장 중요한 덕목인 시대가 도래한다. 결국 새로운 시대의 키워드는 상생과 공존이다. 환경적 재앙이나 전쟁 등의 상황이 오면 누구도 위기에서 벗어나기 어렵다. 나 혼자서만 무한정 잘 먹고 잘살 수는 없다. 우린 같은 공기로 숨 쉬고 함께 지구의 기후변화를 느끼며 서로 연결된 대양에서 잡힌 물고기를 먹고 산다. 결국 인류의 생존을 위해서는 사회적 결속과 연대가 필수적이다. 이런 문제들은 누구 한 사람의 노력으로 해결되는 것도 아니고, 혼자서 맞설 수 없는 거대한 물결이기도 하다.

본업을 통해 사회에 가치 있는 영향력을 미치는 엔지니어들의 인식 변화도 중요해진다. 우리는 기술로 인류에 공헌하지만, 여기엔 인류애가 바탕이 되어야 한다. 인류의 미래에 큰 영향을 주는 기술을 다루는 사람들은 끊임없이 세계와 소통해야 한다. 여기서 소통은 한쪽으로 치우친 극단적인 상황을 막는 방어 기제 역할을 한다. 한 예로 다이너마이트를 발명한 노벨은 자신의 발명으로 막대한 부를 축적했지만, 자신의 발명품이 인류를 살상하는 무기로 쓰인다는 죄책감에 전 재산을 내놓고 세상을 떠났다. 이 돈이 우리가 잘 아는 노벨상의 재원으로 활용돼 인류에 공헌한 사람에게 수상하는 명예로운 상이 되었다. 인류를 향한 사랑과 소통을 보여주는 예라고 생각한다. 또한 원자 폭탄을 만드는 기본 원리인 특수 상대성 이론을 발견한 아인슈타인은 많은 사람들이 원자 폭탄의 무서운 위력에 고통받을 때 그 역시 견디기 힘든 고통을 받았다. 이는 과학자로서 느끼는 양심의 가책이다. 그 후 아인슈타인은 "과학은 평화의 도구여야 한다."라고 주장하며 평생을 전쟁 없이 평화로운 세계를 만들기 위해 노력한다.

결국 우리는 항상 세상에 열려 있어야 한다. 4차 산업혁명의 발전을 저해하는 가장 큰 이슈는 국가 제도의 보수성이다. 자율주행차의 상용화를 늦추는 건 기술의 문제보다 현행법의 규제이며 의료, 법률 분야 역시 기득권 세력의 반대와 사회적 인식에 막혀 발전이 저해된다. 하지만 시대의 변화는 우리를 기다려 주지 않는다. 특히 4차 산업혁명의 시대에는 발 빠른 대처와 사회적 갈등을 해소하는 지혜로운 대응으로 주도권을 선점하는 것이 중요하다. 우리는 역사상 가장 큰 변곡점에 놓여 있다. 시대의 흐름은 우리에게 새로운 형태의 공동체 역할을 요구한다. 전통에 얽매인 단절과 고립이 아닌, 세상과의 소통이 중요한 시점이다.

사서삼경 중 하나인 『주역』은 세상이 변화하는 원리를 밝히고, 변화에 대처하는 인간의 처세를 다룬 책이다. 구성된 총 64개의 괘卦를 보면 각각의 상황에 따라 인간이 마땅히 나아갈 방향에 대한 지침을 내린다. 그 중 '곤坤' 괘를 보면 누가 가르치지 않아도 스스로 알아야 할 하나의 원리로 '상생의 도리'를 들고 있다. 곤의 세계관으로 보자면 "서로 상생하면 재화와 덕을 얻고, 상극하면 덕망도 잃고 재물도 잃는다."[9] 동양에서 가장 오래된 경전인 주역에서도 위기의 상황으로부터 인류의 종말을 막고 사회의 영속성을 지키기 위해 우리가 취해야 할 태도가 함께 가려는 노력임을 가르치고 있는 것이다.

네트워크로 모든 것이 하나로 연결되는 초연결의 시대에 이러한 가치는 더욱 중요해진다. 사물인터넷 기술의 발전으로 연결의 주체는 사람을 넘어 사물로 확장되고 있다. 모두가 하나의 인터넷망으로 연결돼 소통하는 시대에 서로 영향을 주고받지 않는 것이 없다. 이는 개인주의 사상의 종언을 의미하며, 보다 확장된 공동체 역할의 요구를 나타낸다. 더불어 자신이 속한 공동체의 아픔을 자신의 아픔으로 여기는 숭고한 정신의 엔지니어가 절실한 시대가 온다. 우리는 사회의 공익에 관심을 갖고 공공선을 추구해야 한다. 나는 이것이 시대를 짊어질 엔지니어의 책무라고 여기는 것이다. 실제 우리가 사는 세상은 보이지 않는 공헌들을 통해 돌아간다고 해도 과언이 아니다. 엔지니어인 우리는 실력을 키워 인류를 향한 사랑을 실천한다. 내가 가진 재능을 발휘해 세상에 공헌하고, 열심히 일하며 얻는 보람으로 인류에 기여하는 엔지니어의 숨겨진 공헌을 보라. 진정한 공헌은 단지 기술을

---

9   서대원, 『주역강의』, 을유문화사, 2008, 58쪽 해석 참조.

개발하는 것에 있지 않다. 우리의 생각이 기술에만 머문다면 비즈니스맨과 무엇이 다르겠는가. 기술을 통해 인류에 편리한 삶을 도모하고 행복에 기여할 수 있다는 마음가짐이 필요하다. 이런 열린 마음과 성숙한 태도가 함께할 때 다가오는 미래는 언제나 밝다. 모두가 운명 공동체로 연결되어 서로 영향을 끼치는 시대, 엔지니어인 우리들은 어떤 선택을 할 것인가?

4장

학습

學習

배움에서 가장 어려운 것은
배워야 한다는 것을 배우는 것이다.

- 칸트 -

내게 있어 학습은 순수한 의미의 배움이 아니었다. 그것은 좋은 점수, 대학 입학, 자격증, 취직, 진급과 결부되어 목적만 달성하면 언제든 뒷전으로 밀려나는 것이었고, 현재 겪는 배움의 지겨움을 빨리 벗어나기 위한 방편으로 공부하는 것이 내가 생각하는 학습이었다. 나는 그렇게 배움에 끝이 있을 거라 생각했다. 하지만 이런 희망이 허망하게 끝날 거라는 것을 이제는 알고 있다. 나는 또다시 무언가를 공부하게 될 것이다. 우리가 사는 시대는 끊임없는 학습을 요구한다.

현재 나는 소프트웨어 엔지니어다. 어려운 관문을 거쳐 회사에 들어왔고 어느덧 회사 생활도 10년의 문턱을 넘어서 중견 사원이 됐다. 많은 시간이 지났건만 배움은 아직도 내게 썩 편치 않다. 좀 더 효과적인 소프트웨어 개발 방법론을 배우고, 새로운 프로그래밍 언어, 클라우드, 빅데이터, 인공지능 등 새롭게 떠오르는 기술을 익히는 것은 언제나 부담으로 작용한다. 4차 산업혁명으로 IT 산업이 주목받기 시작하면서 엔지니어가 배워야 할 것은 더욱 늘고 있다. 영원히 끝날 것 같지 않은 이 기약 없는 배움의 끝은 과연 어디란 말인가.

이런 현상은 사회 전반적인 경향이 되고 있다. 언젠가

'샐러던트 Saladent'가 늘고 있다는 기사를 본 적이 있다. 샐러던트는 봉급 생활자를 뜻하는 샐러리맨 Salaryman 과 학생을 뜻하는 스튜던트 Student 의 합성어로 공부하는 직장인을 의미한다. 기사에 따르면 직장인들이 퇴근 후 자기 계발을 위해 학원에 다니고, 고용 불안과 불확실한 미래에 대비해 야간 대학을 찾아 학습한다고 한다. 평생직장이 사라지고 날로 치열해지는 경쟁에서 살아남기 위해 직장인들은 스스로 배움을 찾아 나선 것이다. 선행학습, 주입식 교육으로 대변되는 우리나라의 교육을 경험한 직장인들은 어떤 마음가짐으로 배움에 임하고 있을까? 여전히 배움을 일등만을 위한 치열하고 냉혹한 전쟁터처럼 인식하고 있지는 않을까? 평생직장이 평생교육으로 전환되는 시점에, 우리가 배움을 대하는 태도를 되돌아볼 필요가 있다.

새로운 시대에는 새로운 학습 방식이 필요하다. 미래학자 벅민스터 풀러는 100년에 2배씩 증가하던 지식의 양이 현대에는 13개월마다 2배씩 증가하며, 그 주기가 기하급수적으로 짧아지고 있다고 한다. 그의 예측대로라면 2030년에는 지식의 총량이 3일마다 2배씩 증가한다. 또한 예전의 지식은 오늘날 쓸모없는 것이거나 거짓이라고 판명되기도 한다. 이것이 의미하는 바는 무엇인가? 결국 모든 것을 머릿속에 담아두는 것은 불가능해졌다. 아니, 그럴 필요도 없다. 더불어 지식의 개념이 바뀌고 있다. 단지 인터넷에 있는 정보를 지식이라고 여기는 사람은 없을 것이다.

우리는 유용한 정보를 판단할 수 있어야 하고, 그 정보를 활용해 맞닥트린 문제를 해결할 수 있어야 한다. 결국 시대는 급격한 변화에 대처할 수 있는 사람을 원한다. 인공지능이 잘하는 부분을 잘 이용하고, 그렇게 해서 확보된 시간을 창의적인 일에 쏟을 수 있는 사람이 경쟁력을 얻는 시대가 왔다.

 엔지니어의 학습도 시대에 발맞춰 변화해야 한다. 빠른 변화의 시대에 가만히 있는 것은 현상 유지가 아니라 퇴보임을 인식하고 기민하게 대처하는 사람이 시대의 변화에 따를 수 있다. 그리고 학습의 목적도 명확해야 한다. 도대체 우리는 왜 학습해야 하는가? 이 질문에 대해 단지 남들이 다하기 때문에 그저 따른다는 식의 답변은 곤란하다. 엔지니어의 배움은 사익을 초월해야 한다. 우리는 갑작스럽게 급격한 변화를 현실로 맞아야 하는 사람들 편에 서야 한다. 나는 날로 심각해지는 기술에 의한 소외 현상을 정책적인 결정만으로 해결할 수 있다고 생각하지 않는다. 우리가 기억해야 할 사실은 그들은 이 거대한 변화에 동의한 적이 없다는 점이다. 우리는 그들에게 자신의 문제는 알아서 해결하라고 말할 수 있을까?

 자신의 본업을 통해 사회에 공헌할 수 있다는 것은 숭고한 일이다. 언젠가 나는 깨닫게 되었다. 배움에 있어 가장 큰 깨달음은 내가 갖는 혜택을 넘어설 때 있다는 것을 말이다. 학습의 가장 직접적인 실용성은 우리 생활을 변화시키는 것이지만, 많은 사람의 삶에 새로운 형태의 유용성을 제공하는 일이야말로 학습이 가진 더 높은 차원의 가치다. 훌륭한 엔지니어는 기술을 연마해 공공선에 기여한다. 사회에 새로운 가치를 부여하는 즐거움을 알고 어떻게 세상을 변화시킬 수 있는지 진지하게 고민하는 엔지니어는 자신이 가진 지식의 한계를 넘어선다. 우리가 왜 배워야 한다고 생각하는가? 아직도 쉽게 답할 수 없다면 이렇게 생각해보자. 우리가 배우는 것은 배워서 남에게 주기 위해서다. 그리고 내가 보유한 기술로 세상을 이롭게 하기 위해서다. 그때 우리는 스스로 옳은 일을 하고 있다는 확신을 갖게 될 것이다.

지식보다 학습 능력이다

바야흐로 과잉이 보편화된 시대다. 이제 우리 대부분은 배가 고파서 죽지 않는다. 오히려 너무 많이 먹어서 각종 성인병에 시달린다. 지식도 마찬가지다. 인터넷이 발달하고 많은 데이터를 한 번에 저장하는 기술이 발전하면서 정보의 양은 폭발적으로 증가하고 있다. 지식이 부족해서가 아니라, 너무 많기 때문에 유용한 정보를 거르기 어렵다. 그래서 자연스럽게 정보를 선별하는 기술이 발전한다. 넘쳐나는 데이터를 정제하는 마이닝 기술, 내가 원하는 정보를 빠르게 검색하는 엔진 기술, 많은 데이터를 수집해 보관하는 빅데이터 기술, 데이터의 패턴을 분석해 예측 결과를 제시하는 인공지능 기술까지 모두가 얼마나 효과적으로 데이터를 처리하는지가 관건인 기술들이다. 더불어 오랫동안 지식을 암기하고 기억하는 것에서 정보를 연결해 새로운 것을 생각해 내는 것으로 학습의 방향이 변화하고 있다. 지식은 더 이상 소유의 대상이 아니다. 우리가 가진 모든 정보는 인터넷을 통해 공유된다. 얼마나 빠르고 정확하게 원하는 정보를 검색해 내는가가 능력이 되고, 이를 접목해 문제를 해결하는 것이 경쟁력이 되는 시대다. 결국 우리의 배움은 단순히 지식을 습득하기보다 더 큰 목적을 지녀야 한다. 핵심은 학습 능력이다. 기존의 주입식 방식에서 벗어나 토론하고 질문하며 스스로 생각할 수 있는 능력을 키우는 방향으로 나아가는 것이 올바른 길이다.

에리히 프롬은 '소유'와 '존재'라는 대립하는 두 가지 가치가 인간의 실존에 가장 결정적인 문제라고 보았다. 인간에게 소유는 생존을 위한 당연한 선택이다. 그러나 존재가 무한정 희생될 때 인간은 다른 생명체와 구별되는 고유한 특성을 지니지 못한다. 프롬은 자본주의 사회에서 아무것도 소유하지 못한 사람은 아무것도 아닌 존재로 여겨진다고 경고한다. 그리고 자기 존재에 대한 믿음과 사랑, 주변 세계와의 연대를 바탕으로 한 안정감, 투철한 독립과 자신감을 가진 사람이 새로운 시대에 필요하다고 강조한다.[1]

---

1 에리히 프롬, 「소유냐 존재냐」, 차경아 옮김, 까치글방, 1996, 244쪽.

이런 주장에는 설득력이 있다. 실제 '소유적 인간'은 지나치게 자신이 가진 것에 의존하는 반면, '존재적 인간'은 모든 것과 진정한 관계를 맺으면서 이미 가진 것에서 쉽게 탈피하고 집착하지 않음으로써 새로운 무엇이 탄생하리라는 사실에 자신을 맡기기 때문이다. 이를 학습과 연계해 설명하면 '소유적 인간'은 지식을 소유물로 여겨 가능한 한 모조리 노트에 기록해 보관한다. 이런 필기 내용은 나중에 암기해서 시험에 써먹을 수 있을 테니 시험에서 높은 점수를 받는 데 도움이 될 것이다. 그러나 언제나 남이 확립한 지식에서 벗어나지 못하는 '소유적 인간'의 사고는 풍부하거나 넓지는 못할 것이다. 특히나 '소유적 인간'에게 있어 기존에 배운 내용을 포기한다는 것은 자신의 소유물을 버리는 손실을 의미하기에 자신이 가진 지식을 굳게 지키려고 한다. 이런 경향이 새로운 것에 두려움을 느끼게 하고 기존 지식에 의존하게 한다. 반면에 '존재적 인간'의 학습은 능동적이면서 생산적이다. 경청하는 것에 익숙한 '존재적 인간'은 새롭게 들은 지식이 그들의 사고를 자극하면 흥미를 느끼며 새로운 의문을 품기 시작한다. 그리고 스스로 해결책을 찾기 위해 노력한다. 수용 능력이 높은 '존재적 인간'은 자신이 가진 지식에 대한 집착을 버림으로써 생각의 자유를 얻는다. 그들은 기존 지식에서 벗어나지 않으면 새로움이 깃들지 않는다는 것을 잘 알고 있다. '존재적 인간'이 원하는 것은 승리가 아니다. 그래서 쉽게 자신이 가진 것에서 탈피할 수 있다. 그들은 많이 소유하는 것이 곧 행복을 보장하지는 않는다는 사실을 깨닫고 있다. 죽은 지식에 머물지 않고 끊임없이 자신의 생각을 변화시키는 이들의 유연한 태도가 학습을 생동하는 과정으로 인식하게 한다. 그래서 창의적인 사고를 하는 사람들은 언제나 존재적 실존 양식을 표방한 사람들이었다.[2]

새로운 시대는 언제나 변화에 적극적으로 응대한 사람들의 것이었다. 현재에 머물지 않고 기민하게 대처한 사람에게 기회가 있어 왔다는 점은 역사가 증명하는 사실이기도 하다.

마키아벨리는 긴박했던 이탈리아의 역사적 현장을 『군주론』에 실어 다루고 있다. 책의 모델이 된 체사레 보르자의 통치를 가까이에서 지켜본 마키아벨리는 책을 통해 권력의 비장함을 소개한다. 지도자는 때론 냉혹하고 잔인하며 대업을 위해 때로는 약자들을 희생시켜야 했다. 이것이 혼란스러운 중세 유럽에서 국가를 통치하는 권력자들의 모습이었다. 강자는 약자를 짓밟고 더 강한 자가 모든 것을 쟁취하는 것이 권력을 유지하는 방법이었다. 권력은 나누는 것이 아니다. 이런 생각이 그들의 비도덕적인 행위를 정당한 것으로 미화했다.

그럼에도 여전히 『군주론』이 뛰어난 리더십의 관점에서 조명되는 이유는 '개혁에 대한 과감한 실행력' 때문이다. 나라가

---

2   같은 책, 52-53쪽.

위급한 순간에 그들의 행위가 다소 부도덕하고 비정할지라도 국익이라는 더 큰 가치에 부합한다면 인정받을 수 있고, 오히려 필요한 개혁을 과감히 단행할 수 있는 결단력은 리더의 자리에 있는 사람에게 필요하다는 것이다. 실제 모든 사람들의 요구를 충족시키는 리더는 없을 것이다. 때론 누군가에게 상처를 줘야 하고 가슴 아픈 결정을 내려야 할 때도 있다. 시대의 바람에 따라 자신을 바꿀 수 있는 융통성을 가져야 하는 게 고독한 리더의 자리이다. 마키아벨리는 『군주론』에서 "변화하는 운명과 시대에 자신을 맞추지 못하는 사람은 시대가 바뀌면 쇠락한다."라고 말한다. 특히 운명의 신은 과감하게 변화에 대처하는 사람들을 좋아하는데, 이는 운명의 신이 여신이라 대담한 자에게 끌리기 때문이다.[3]

 진정한 변화는 자기 혁명에서부터 시작한다. 과거의 산물을 버리고 새로운 모색을 시도하는 사람들은 새로운 미래를 만들어 간다. 그들은 다른 사람들과 다르게 세상을 이해하고 준비한 사람들이다. 이미 배운 것에 만족하지 않고 미래를 위한 새로운 꿈을 가슴에 간직한다. 이들은 언제나 현실보다 더 나은 미래를 희망하며 세상을 변혁하는 사람들이다. 그래서 변화는 언제나 끊임없이 배우려는 사람들의 것이었다. 시간이 전문성을

---

3 니콜로 마키아벨리, 『군주론』, 강정인·김경희 옮김, 까치글방, 2015, 25장 참조.

보장해주지 않는다는 것을 아는 이들은 스스로를 갈고 닦아 시대의 변화에 동참한다. 새로운 미래는 언제나 이들의 손에 의해 열릴 것이다. 남들과 차별화된 전문성을 피로 키워낸 사람만이 새로운 미래를 창조한다. 반면에 다른 대다수의 사람은 겨우 이들이 만들어 놓은 세상에서 자신의 처지를 하소연할 뿐이다.

   나는 학습하는 사람만이 어제보다 나아질 수 있다고 믿는다. 엔지니어인 내가 인문학적인 글을 쓰기 시작했을 때, 모자란 지식을 채우기 위해 공부해야만 했다. 그동안 한 번도 접하지 않았던 고전을 읽었고, 사람 냄새 나는 책을 찾아 학습하고 정리했다. 그뿐만 아니라, 책을 쓰며 깊은 인생을 도모하는 모임에도 참여하고 있다. 그때마다 내가 느낀 건 배움엔 끝이 없으니, 항상 배움의 자리는 가장 낮은 자리여야 한다는 것이다. 따지고 보면 여태껏 내가 진리라고 여겼던 지식은 얼마나 허망한 것이었던가. 나는 그 좁은 시야로 세상을 전부 아는 듯 행동했으니 얼마나 부끄럽고 창피한가 말이다. 돌이켜보면 배움에 있어 열린 자세와 겸손한 태도만큼 필수적인 것은 없는 것이다. 관련하여 다음의 말을 들어 보자.

> 세상은 넓고, 사람은 많고, 기술은 끝없이 바뀐다. 아무리 어려운 난관에 부딪혀도 반드시 방법이 있음을 믿고, 아무리 하찮은 적이라도 우리하고 다른 기술을 가지고

있을지도 모른다는 점을 한시도 잊지 말라. 내가 최고라고 자만하지 말라. 옆을 보고, 앞을 보고, 뒤를 보아라. 산을 넘고, 강을 건너고, 바다를 건너라. 세상을 살되 한 뼘이라도 더 넓게 살고, 사람을 사귀되 한 명이라도 더 사귀며, 기술을 배우되 한 가지라도 더 배워라. 상대가 강하면 너희를 바꾸고, 너희가 강하면 상대를 바꾸어라.[4]

칭기즈 칸에 이어 중국을 제패한 쿠빌라이 칸의 유언 중 일부다. 이 글을 읽고도 기술을 존중하고 변화를 일상으로 받아들이는 현상이 최근의 일이라고 여겨지는가? 상대를 힘으로 제압해야 살아남는 냉혹한 정복의 시대였지만, 배움은 후대에 계승해야 할 중요한 가치였다. 또한 배움에 대한 겸손한 태도는 스스로 능력을 한계 짓지 않음으로써 끊임없이 진보할 수 있는 가능성을 제공한다. 과거 영광에 머물기보다는 한 가지라도 힘껏 배우는 것이 낫다. 무릇 기술자라면 빠른 기술 변화에 능동적으로 대처해야 한다. 과거의 지식이 빠르게 쓸모없어지는 시대에 새로운 것을 배우고 끊임없이 변화에 대응하는 것은 해도 그만, 안 해도 그만인 문제가 아니다. 시대가 변해도 변하지 않는 진리가 있다면 그것은 언제나 변화를 기본 원리로 받아들이고 능동적으로 대처한

---

[4] 구본형, 『사람에게서 구하라』, 을유문화사, 2007. 6-7쪽.

사람만이 주어진 기회를 누려왔다는 점이다.

　보들레르는 천재를 '다시 찾은 유년'이라고 말한다. 배움은 나이를 먹지 않는다. 우리는 배움에서 멀어질 때 비로소 늙기 시작한다. 가슴 뛰는 일이 없어지고 정신적 성장이 멈출 때 우리의 노화는 빨라진다. 피터 드러커는 이 원리를 알고 3년마다 새로운 주제로 학습했다. 3년이면 충분히 깊어질 수는 없어도 한 분야에 문리는 틀 수 있다. 이것은 배움을 손에서 놓지 않기 위한 그만의 노하우였다. 지식의 감가상각이 빠른 시대에 배움을 멀리한다는 건 스스로 위기를 자초하는 길임을 그는 잘 알고 있었다. 결국 우리는 평생 학생이어야 한다. 학습하는 사람만이 어제보다 나아질 수 있다고 믿는 학생이어야 한다. 더욱 깊어지리라. 배움에 있어선 언제나 호기심 가득한 어린아이로 남게 되길 나는 희망한다. 자신에게 한번 물어보자. 나는 잘 배우는 사람인가?

다산 선생의 가르침

　　　　　　　　우리 역사 속에 위대한 지식인은 많지만, 그중에서도 다양한 분야를 두루 섭렵하며 많은 양의 책을 저술한 다산 정약용 선생은 단연 으뜸이다. 특히 그를 아끼던 정조가 승하하자 서학을 박해했던 정순왕후가 천주교 집안이었던 다산 선생의 일족을 모질게 탄압했다. 이때 셋째 형 정약종, 조카 정철상, 매부 이승훈이 처형당했고, 다산 선생과 둘째 형 정약전은 각기

강진과 흑산도로 귀양살이를 하러 간다. 18년간 이어진 유배 생활의 어려움 속에서도 선생은 제자를 육성하고 500여 권에 이르는 책을 저술하는 등 학문에 매진한다. 아이러니하게도 힘든 유배 생활 동안 선생의 학문적 성취는 꽃을 피운다. 선생은 처음 강진에 도착해 주막에 딸린 자그마한 방에서 기거하지만, 7년 뒤 다산 초당에 자리 잡으면서 본격적으로 경전을 연구했다. 시련은 누구에게나 찾아오지만 어떻게 받아들이느냐에 따라 그 결과는 천지 차이다. 나는 선생의 인생에서 그것을 배운다.

> 청족으로 있을 때는 비록 글을 잘하지 못해도 혼인도 할 수 있고 군역도 면할 수 있지만, 폐족으로서 글까지 못 한다면 어찌되겠느냐? 글하는 일이 그렇게 중요하지 않다고 할 수 있을지 몰라도 배우지 않고 예절을 모른다면 새와 짐승과 하등 다를 바 있겠느냐? 폐족 가운데서 왕왕 기재가 많은데 이것은 다른 이유가 아니고 과거 공부에 얽매이지 않기 때문이다. 그러니 과거에 응할 수 없게 됐다고 해서 스스로 꺾이지 말고 경전 읽는 일에 온 마음을 기울여 글 읽는 사람의 종자까지 따라서 끊기게 되는 일이 없기를 간절히 바라고 바란다.[5]

---

5 정약용, 『유배지에서 보낸 편지』, 박석무 엮음, 창비, 2019, 118쪽.

시대가 지나도 변하지 않는 것이 있다면 배움의 어려움이다. 유배 생활 중 선생은, 폐족이 되어 학문마저 등한시한다면 집안의 미래도 없음을 두 아들에게 설파한다. 여기에는 어려운 상황 속에서 배움에서 희망을 보는 선생의 신념이 서려 있다. 무릇 학자란 지극히 곤궁한 지경에 놓여야 비로소 저술할 수도, 정밀한 경전 연구도 가능하다고 하며 현재의 시련을 학문적 의지로 타파하려고 한다. 또한 학문이 과거시험이라는 목적에 얽매일 때 폭넓은 학습이 어려워진다며 과거시험을 보지 못하는 것을 깊은 공부의 기회로 삼으라고 가르친다.

내게도 힘든 순간이 있었다. 무료하고 반복적인 일상에 치이고 미래가 불투명한 현실 속에서 방황하며 들끓는 마음을 쉽게 잠재우지 못하는 순간, 나는 좀처럼 잠이 들 수 없었다. 그땐 정말 사는 게 의미 없게 느껴지고 무엇에도 집중하기 어려웠다. 직장인에게도 사춘기가 있다면 그때가 바로 그 순간이었을 것이다. 하루하루가 힘든 시간이었지만, 그렇다고 언제까지 좌절만 할 수는 없었다. 나에겐 아내와 아이들이 있었다.

이제껏 살아온 대로 산다면 바뀌는 것은 없을 것이었기에, 내겐 변화가 절실히 필요했다. 절박함은 나를 내몰았다. 퇴근 후, 돌파구를 찾는 심정으로 독서에 매달렸다. 책에는 길이 있다고 하지 않던가. 나는 그 말에서 희망을 찾고 있었다. 얼마나 많은 책을 읽었는지 모른다. 닥치는 대로 읽었고, 방법을 강구했다.

그리고 뭔가에 이끌리듯 쓰기 시작했다. 뜻이 있는 곳에 길이 있다고 했던가. 아니, 그만큼 절실한 심정이었으니 하늘이 나서 도왔다고 생각한다. 나는 평생을 함께할 글벗과 스승을 얻었다. 그리고 그해 첫 책 『그럼에도 불구하고 너무나 인간적인』을 세상에 선보였다. 이것은 평범한 내가 이룬 큰 성취였다. 그래서 나는 그 책의 서두에 '평범한 개발자의 방황과 삶에 대한 모색'이라고 표현해 두었다. 책은 내게 멋진 출사표가 되어 주었다. 현재도 나는 글을 쓰며 초심을 잃지 않기 위해 노력한다. 그리고 힘든 상황 속에서 절실함이 발현될 때 공부는 더 해야 한다는 믿음이 굳어졌다.

격물치지, 다산 정약용의 학습법

격물치지 格物致知 는 다산 선생의 학습법을 간단명료하게 표현한 말이다. 이는 사물의 이치를 깊이 연구해(격물) 지식을 확고히 한다(치지)는 의미로 모르는 것이 있으면 대충 넘어가지 말고 깊이 파고들어 그 뜻을 이해하라는 뜻이다.

> 내가 몇 년 전부터 독서에 대하여 깨달은 바가 큰데 마구잡이로 그냥 읽어내리기만 한다면 하루에 백 번 천 번을 읽어도 읽지 않는 것과 다를 바가 없다. 무릇 독서하는

> 도중에 의미를 모르는 글자를 만나면 그때마다 널리 고찰하고 세밀하게 연구하여 그 근본 뿌리를 파헤쳐 글 전체를 이해할 수 있어야 한다. 날마다 이런 식으로 책을 읽는다면 수백 가지의 책을 함께 보는 것과 같다. 이렇게 읽어야 책의 의리(義理)를 훤히 꿰뚫어 알 수 있게 되는 것이니 이 점 깊이 명심해라.[6]

일에는 순서가 있다. 조급한 마음이 일을 그르친다. 우리는 빠른 결과를 원하지만 사실 중요한 건 과정이다. 엔지니어가 기계를 다룰 때도 이와 같다. 잘 동작하던 기계가 멈춰 서면 우리는 원인을 찾는다. 하지만 대충 기름칠하고 상황을 모면할 때도 있다. 이렇게 서둘러 일을 처리하면 결국엔 다시 문제가 되어 돌아오는 경험을 하게 된다. 그런 점에서 공자가 성미 급한 자로에게 "서둘러 일을 끝내려 하지 말고 작은 이익을 보려 하지 말라. 급하게 하면 일이 잘못되기 쉽고 작은 이익에 연연하면 큰일을 이룰 수 없다."라고 한 조언은 시사하는 바가 크다. 결국 시간이 조금 더 걸리더라도 제대로 깨우치고 넘어가는 게 낫다. 이를 토대로 지식을 확장할 때 다산이 말한 학문의 깊이에 도달할 수 있는 것이다.

진실한 마음이 깃든 배움만이 불안감을 잠재우고 신념을 키운다. 마음을 쏟지 않으면 에너지는 흩어지고 결과 또한 좋지 않을

---

[6] 같은 책, 97쪽.

것이다. 실제 다산 선생은 과거 시험을 위해 과문科文만 공부하려 드는 제자들에게 학문의 기본이 되는 고문古文, 즉 고전에 힘쓸 것을 당부한다. 무릇 빠른 결과를 위해 목적에 맞는 학습만을 하기 마련인데, 선생은 "과문을 통해 들어간 사람은 벼슬하여 관리가 되어도 공문서 작성에 모두 남의 손을 빌려야 하고 서문序文이나 기문記文, 혹은 비명碑銘에 들어갈 글을 지어 달라고 하면 몇 글자 쓰지도 못하고 이미 추하고 졸렬한 형상이 전부 드러나기 마련이다."7라며 바탕 공부가 되는 고문에 힘을 쏟는 것이 멀리 돌아가는 것처럼 보이지만, 진정한 지름길임을 강조했다.

삼근계, 스승의 가르침

스승으로서 다산을 이야기할 때 빠지지 않는 인물이 있다. 바로 다산이 가장 아낀 제자 황상이다. 다산의 강진 유배 시절 열다섯 살 소년이던 황상은 글공부를 하겠다며 다산이 머무는 주막집 골방을 찾는다. 그리고 자신처럼 둔하고, 앞뒤가 꽉 막혔으며, 이해력이 부족한 사람도 배울 수 있는지를 묻는다. 이에 다산은 공부하는 사람의 세 가지 병폐를 들며 황상을 일깨운다.

---

7 같은 책, 294쪽.

배우는 사람에게 큰 병통이 세 가지 있는데, 네게는 그것이 없구나.

첫째, 외우는데 민첩하면 그 폐단이 소홀한 데 있다.

둘째, 글짓기에 날래면 그 폐단이 들뜨는 데 있지.

셋째, 깨달음이 재빠르면 그 폐단은 거친 데 있다.

대저 둔한데도 들이 파는 사람은 그 구멍이 넓어진다. 막혔다가 터지면 그 흐름이 성대해지지. 답답한데도 연마하는 사람은 그 빛이 반짝반짝 빛나게 된다. 뚫는 것은 어떻게 해야 할까? 부지런히 해야 한다. 틔우는 것은 어찌하나? 부지런히 해야 한다. 연마하는 것은 어떻게 할까? 부지런히 해야 한다. 네가 어떻게 부지런히 해야 할까? 마음을 확고하게 다잡아야 한다.[8]

결국 다산은 제자 황상에게 삼근三勤, 즉 부지런하고, 부지런하고, 부지런하면 된다고 가르친다. 제자도 이를 지켜 60년간 학문에 열중한다. 평생 스승의 말을 믿고 실천한 황상의 우직함은 결국 빛을 발해 당대 최고의 문사인 추사 김정희 선생에게 인정을 받는 시인으로 등단한다. 후일 황상은 추사 김정희와 시로 교류하고, 당대 최고의 학자이며 영의정까지 지낸 권돈인과도 시를 나누는

---

[8] 정민, 『삶을 바꾼 만남 - 스승 정약용과 제자 황상』, 문학동네, 2011, 37쪽.

영광을 누린다. 이 모든 게 시골 아전 출신 황상에게는 믿기지 않는 일이었다. 그 후로 황상은 장안의 명사들 사이에서 존경받는 시인으로 커다란 명성을 얻었으며, 특히 스승인 다산 정약용을 끝까지 모시고 따른 인품은 그를 더욱 빛나게 했다. 이 모든 게 스승의 가르침을 끝까지 실천한 그의 성실함 때문임은 두말할 나위가 없다.

  모든 성취엔 노력이 따른다. 내가 아는 가장 성실한 노력은 매일 하는 것이다. 매일 그 일에 시간을 쓰고 집중하는데 깊어지지 않을 수 없다. 어찌 보면 당연한 이치다. 하지만 이것을 실천하는 사람은 이외로 많지 않다. 그만큼 정신적 고통을 감내할 강한 의지와 신념이 필요한 일이다. 그 지난한 일을 황상은 일흔이 넘은 나이에도 "몸으로 가르치고 말씀으로 이르시던 스승의 가르침이 오늘날까지도 어제 일처럼 또렷하다."라고 하며 평생을 두고 지켰다. 실로 본받을 바가 크다. 우리는 매일 무슨 노력을 기울이는가. 퇴근 후 무엇을 준비하는가. 아리스토텔레스는 현재의 우리는 우리가 반복적으로 하는 행동의 결과라고 말한다. 결국 매일 하는 일이 내 정체성을 결정한다. 마음이 열리는 순간, 그 떨림을 간직하고 자신과의 약속을 지킬 수 있는 인내심이 필요하다. 꾸준한 연습과 노력, 그 외에 다른 왕도는 없는 것이다.

실천에 기반을 둔 학습 – 실사구시

우리가 흔히 정약용을 문신으로 알고 있지만, 초계문신 시절 한강 배다리(주교)를 설계하고, 수원 화성을 건축할 때는 거중기를 비롯해 다양한 건설 기계를 발명하는 등 엔지니어로서 활약했다. 또한 그의 학문적 기틀은 실제 백성의 생활을 개선하는 실학에 토대를 두고 있다는 점에서 실용적 가치를 우선시하는 것이었다. 결국 그에게 실생활에 도움이 되지 않는 학문은 의미가 없는 것이었다.

> 모름지기 실용의 학문, 즉 실학에 마음을 두고 옛사람들이 나라를 다스리고 세상을 구했던 글들을 즐겨 읽도록 해야 한다. 마음에 항상 만백성에게 혜택을 주겠다는 생각과 만물을 자라게 해야겠다는 뜻을 가진 뒤에야만 바야흐로 참다운 독서를 한 군자라 할 수 있다.[9]

실사구시는 '사실을 바탕으로 진리를 찾는다'는 뜻으로 철저히 삶과 연관된 실천을 강조한다. 결국 백성의 삶과 유리된 학문은 의미가 없다. 이것이 다산의 철학이다. 이러한 정신은 한낱 닭을 기르는 데 있어서도 강조된다. 둘째 아들 정학유가 생계를 위해

---

9 정약용, 앞의 책, 42쪽.

양계를 한다고 할 때, 다산은 이왕 시작한 일이라면 체득한 이론을 정리해 닭에 대한 전문서인 계경鷄經을 써보라고 권하기도 한다. 또한 무릇 학문에 임하는 사람은 다양한 실험 정신을 지니며, 선비의 품위를 잃지 말아야 함을 당부한다.

네가 양계를 한다고 들었는데 양계란 참으로 좋은 일이긴 하지만 이것에도 품위 있는 것과 비천한 것, 깨끗한 것과 더러운 것의 차이가 있다. 농서를 잘 읽고 좋은 방법을 골라 시험해 보아라. 색깔을 나누어 길러도 보고, 닭이 앉는 홰를 다르게도 만들어보면서 다른 집의 닭보다 더 살찌고 알을 잘 낳을 수 있도록 길러야 한다. 또 때로는 닭의 정경을 시로 지어보면서 짐승들의 실태를 파악해보아야 하느니, 이것이야말로 책을 읽는 사람만이 할 수 있는 양계다. 만약 이익만 보고 의리를 보지 못하며 가축을 기를 줄만 알지 그 취미는 모르고, 애쓰고 억지 쓰면서 이웃의 채소 가꾸는 사람들과 아침저녁으로 다투기나 한다면 이것은 서너 집 사는 시골의 못난 사람들이나 하는 양계다. 너는 어떤 식으로 하고 있는지 모르겠구나. 이미 닭을 기르고 있으니 아무쪼록 앞으로 많은 책 중에서 닭 기르는 법에 관한 이론을 뽑아낸 뒤 차례로 정리하여 계경 같은 책을 하나 만든다면 좋은 책이 될 것이다.[10]

사회에 공헌하는 가장 확실한 길은 학습이다. 엔지니어는 자신의 기술을 연마해 세상에 공헌하고 작가는 새로운 시선으로 더 좋은 글을 써 기여하며, 학생은 배움을 통해 더 밝은 미래를 연다. 현장에서 충분히 연습할 수 있는 기회를 만들어라. 자신이 몸담은 현장에서 최선을 다해 배우는 것. 이것이 바로 우리가 할 수 있는 가장 실용적인 학습의 모습이다.

독학만이 차별적인 전문가를 만든다

세상에서 수익률이 가장 높은 투자는 무엇일까? 보통은 주식, 펀드, 부동산 등을 머릿속에 떠올릴 것이다. 하지만 이것은 정답이 아니다. 우리는 경제 위기 때마다 주가가 급락하고 부동산의 가치가 떨어지는 것을 수없이 봐왔다. 이런 투자는 때때로 좋은 수익을 안겨주기도 하지만, 상황이 나빠지면 우리를 궁지로 몰아넣는다. 금융자본은 위기에 봉착하면 가장 먼저 대출금을 회수하고, 자산의 가치는 급격히 하락해 팔 수조차 없게 된다. 언제나 주위 환경에 큰 영향을 받는 것은 좋은

---
10 같은 책, 96쪽.

투자처가 아니다. 그것은 우리의 불안을 조장해 자신들의 탐욕을 채우기 때문이다. 그래서 우리가 선택해야 할 투자처는 상황에 따라 변함없이 꾸준한 이득을 안겨주고 때때로 기대보다 좋은 수익을 주는 곳이어야 한다. 우리는 이런 투자처가 보이거든 망설이지 말고 전부를 걸어 인생의 전환을 이뤄내야 한다. 이것이야말로 말 그대로 대박이다. 그런데 이런 게 정말로 있기나 한 걸까?

부자들은 삶이 힘든 시기가 오면 무언가 배워야 할 필요가 있다는 것을 깨닫는다. 그들은 돈과 성공을 긍정하면서도 가장 훌륭한 투자처가 '자기 자신'이라는 것을 잘 알고 있다. 이들에게 위기는 언제나 투자의 적기였다. 모든 사람이 두려워할 때, 가장 확실한 곳에 투자함으로써 큰 이득을 얻는 이들의 성공 철학에서 우리는 삶의 지혜를 얻는다.

세계에서 가장 뛰어난 투자가로 꼽히는 워런 버핏은 책으로 투자법을 배웠다. 8살 때부터 아버지 서재에 있는 주식 관련 책을 읽었고 10살 때 오마하 도서관의 투자 관련 서적을 독파했다. 11살 때부터는 비로소 주식 투자를 시작했다. 그는 평소에 "책과 신문 속에 부가 있다."라고 말하며 자신의 경험을 나눴다. 스무 살 청년이 되어 네브래스카 대학을 조기에 졸업한 버핏은 평소 『현명한 투자자』를 읽으며 존경하던 벤저민 그레이엄이 교수로 있는 컬럼비아대학교 대학원에 지원한다. 이때가 그의

인생의 전환점이었다. 그레이엄의 가치투자 기법에 푹 빠져
있던 그는 누구보다 성실히 그의 수업에 임했고, 성적도 가장
좋은 학생이었다. 그렇게 자연스럽게 그레이엄의 눈에 띄었다.
그리고 이것은 수년 후 그레이엄이 세운 회사에서 함께 일하는
계기가 된다. 그의 책을 탐독했던 버핏이 이론을 넘어 실전에서도
스승의 지식을 전수받게 된 것이다. 2년 동안 스승과 함께 일하며
실무까지 터득한 버핏은 다른 한편으로는 독학을 하며 자기
고유의 투자 방식을 만들어 갔다. 그즈음 투자 세계에서 은퇴를
준비하던 그레이엄은 자신의 사업을 버핏이 맡아주길 원했지만,
새로운 시작을 하고 싶었던 버핏은 스승의 제안을 거절하고 다시
고향 오마하로 돌아와 투자 전문 회사를 차린다. 이것이 세계 최대
투자회사 버크셔 해서웨이의 시초였다.

  스스로 흥미를 갖고 공부하는 사람을 누가 이길 수 있을까?
나는 버핏의 삶을 들여다보며 그의 인생에 책이 얼마나 지대한
영향을 미쳤는지를 깨닫는다. 물론 그에게는 그레이엄이라는
훌륭한 스승이 있었지만, 그런 스승을 만나게 한 것 또한 한 권의
책이었다. 그리고 많은 독서를 통해 얻은 영감을 자기 생각과
결합해 자신만의 독자적인 길을 걷게 했다. 이렇듯 버핏은
스스로에게 투자하는 가장 확실한 방법을 택함으로써 '오마하의
현인'이라는 명예로운 칭호를 얻는다. 그리고 더욱 놀라운 사실은
그가 아직도 투자를 검토하는 기업의 발간 보고서와 투자에 관한

책을 읽으며 하루의 대부분 시간을 보내고 있다는 점이다. 그는 말한다. "당신의 인생을 가장 짧은 시간에, 가장 위대하게 바꿀 수 있는 방법은 무엇일까? 만약 당신이 독서보다 더 좋은 방법을 알고 있다면 그 방법을 따르기 바란다. 그러나 인류가 현재까지 발견한 방법 가운데서만 찾는다면 당신은 결코 독서보다 더 좋은 방법을 찾을 수 없을 것이다."

단연코 삶의 가치를 높이는 가장 훌륭한 투자는 자기 자신에게 투자하는 것이고 가장 확실한 방법은 책을 통해 학습하는 것이다. 나는 이것을 한 단어로 표현해 '독학'이라고 부른다. 그리고 엔지니어가 알아야 할 독학의 원칙을 아래와 같이 정의했다.

첫째, 독학은 철저히 나를 위한 공부다. 학창 시절과 같이 정해진 과목을 공부해야 할 의무감도 없고 시험을 위해 공부할 필요도 없다. 순수하게 내가 평소에 관심을 둔 분야를 공부하는 것이 오래 간다. 모든 것이 연결되는 시대에 내가 지금 공부하는 것이 미래에 어떻게 쓰일지는 아무도 모른다. 내 친구는 사진 찍는 것이 좋아 예전부터 틈틈이 공부해 두었는데, 지금은 주말마다 웨딩 촬영 일을 부업으로 한다. 현재 그는 더 큰 계획을 세우고 있다. 나는 철저하게 자신이 좋아하는 분야를 자발적으로 공부하는 것이 어떻게 인생에 득이 되는지 관심을 두고 지켜보고 있다.

둘째, 독학만이 차별적 전문가를 만들어 낸다. 독학은 기본적으로 혼자서 하는 공부가 맞으나, '독하게' 하라는 뜻이

아니라 '독실하게' 하라는 뜻이다. 다산 선생도 학문의 끝은
'독행篤行'이라 하여 '오직 진실하고 성실한 마음으로의 실천'을
강조했다. 그래서 배움은 자신만의 유일함을 찾는 과정이어야
한다. 대중에 묻히지 말자. 남들과 다르게 생각하고 독실하게 하자.
이것이 우리가 실천할 방식이다.

셋째, 독학은 삶의 활력을 준다. 무슨 일을 해도 무료하고 흥미를
느끼지 못하는 사람은 사는 것에도 재미를 느끼지 못한다. 재미를
좇아 공부하며, 공부에 흥미를 느끼는 사람들은 이 말의 의미를
이해할 것이다. 때때로 독학은 획기적인 돌파구가 되어준다. 평균
수명이 늘어나는 '100세 시대'에 내가 좋아하는 분야를 공부하고
깊어질 수 있다면 그것만으로도 큰 활력이 된다. 또한 그것으로
누군가에게 도움이 된다면 어떨까? 우리가 세상에 태어난 의미를
다시금 깨닫게 될 것이다.

넷째, 독학은 자신의 속도를 찾는 과정이다. 빠른 변화의
시대에도 자신만의 속도에 따르는 것이 독학이다. 우리는 무작정
변화의 속도에 따라가는 것이 능사는 아니라는 것을 알고 있다.
어느 순간이 오면 자신만의 방식으로 스스로 답을 찾아야 한다.
그것이 전문성이다. 오직 독학을 통해서만 지식은 지혜로 바뀐다.
독학은 다음 단계로 넘어가거나 현재 수준을 높이는 유일한
방법이다. 처음은 누군가에게 배워야 하겠지만, 결국 나만의
영역을 구축하는 좋은 방법이 필요하다. 내가 속도를 정의하는 것,

독자적인 길을 걷게 하는 것이 독학의 유용성이다.

우리는 언제나 인풋보다 더 큰 수익을 원한다. 그래서 우리는 많은 사람이 몰린 곳에서는 큰 수익이 없다는 점을 기억해야 한다. 독학이 이길 수밖에 없는 이유는 자신과의 경쟁이기 때문이다. 학창 시절 우리의 공부는 다른 사람과 실력을 겨루는 것이었고, 모두가 같은 방식으로 경쟁하는 것은 큰 실익이 없다는 것을 경험했다. 우리는 대학이라는 좁은 문을 지나기 위해 너무나 많은 출혈을 감내해야만 했다. 지나고 나니 허탈한 기분마저 든다. 우리 인생의 성패가 그깟 시험 하나로 판가름 날 정도로 가벼운 것인가 말이다.

그리고 스스로 학습하는 알파고를 보며 깨달은 것이 있다. 인간의 신경망을 본떠 만들었다는 인공지능의 기본적인 학습법도 스스로 학습하는 것이다. 처음엔 어느 정도 학습 가이드와 학습 시간이 필요하겠지만, 어느 시점이 지나면 스스로 학습을 강화하는 메커니즘을 따른다. 즉 인공지능의 시대는 주입한 대로 동작하는 '자동화'에서 스스로 판단해 행동하는 '자율화'로의 변모를 의미한다. 이것이 인간의 뇌 구조를 모방해 만든 인공 신경망, 즉 딥러닝$^{deep\ learning}$ 기초 이론이다. 나는 스스로 진화하는 이 기계가 놀랍고 무서우면서도, 이것을 보며 우리 뇌의 무한한 잠재력을 인식하게 된다. 알고 보면 알파고도 우리의 뇌 구조를 모방했다. 우리는 이것을 기계 학습$^{Machine\ Leaning}$이라고 부른다.

우리 인간의 학습 Human Learning 도 다르지 않다. 우리의 뇌는 스스로 학습하는 '독학'의 원리를 이미 탑재하고 있다. 훌륭한 엔지니어는 이 원리를 깨닫고 스스로 학습하는 능력을 키우기 위해 열중한다. 그들은 자신의 경쟁력을 키우며 보다 높은 곳을 바라보는 사람이다. 어려울수록 독학하라. 스스로에 대한 확신은 배움에서 나온다. 아인슈타인의 말처럼 '같은 방법을 반복하면서 다른 결과를 기대하는 것은 미친 짓이다.' 새로운 시대에는 새로운 방식이 요구된다. 그리고 독실하게 공부해서 남에게 줘라. 배움의 완성은 가르칠 때 나온다. 자신의 자리에서 배운 것을 사람들과 나누는 것. 그것으로 우리의 공부는 스스로 빛난다.

Human Engineer

5장

유희

遊戲

인간은 놀이를 즐기고 있을 때만이 완전한 인간이다.

- 프리드리히 실러 -

　　　　　　무거운 침묵이 흐르는 사무실. 간간이 대화 소리가 들리지만, 웃고 떠드는 왁자지껄한 분위기는 아니다. 다른 사람에게 방해될까, 사무실에서는 가급적 조용히 말해야 한다. 킥킥대며 웃는 것은 주위 사람의 눈총을 사기도 한다. 뭔가 조심스럽고 억제해야 하고 크게 발소리를 내며 걷는 것조차 주의해야 하는 분위기 속에서 우리는 자유롭지 못하다는 느낌을 받는다. 특히나 직책이 낮을수록 이런 자기 통제는 더욱 빡빡하게 다가오기 마련이다.

　직장에서의 생활은 편치 않다. 물론 공동체 생활이니 기본적으로 지켜야 할 규칙이 있고, 직장 내 위계질서에 따라 예의를 차려야 한다. 이런 분위기 속에서 주어진 일을 해야 하는 직장인들은 간혹 답답함을 느낀다. 그리고 빨리 퇴근 시간이 오기만을 기다린다. 집에 가서 텔레비전을 보며 편하게 누워 있고 싶은 생각이 머릿속에 가득 찰 때 우리는 현실에서 벗어나고 싶어진다. 때론 오랜 친구를 만나 술잔을 기울일 생각에 행복한 미소를 띨 수도 있다. 자신의 관심사에 따라 기타를 배우고, 당구를 치고, 댄스 동호회 활동을 하면서도 자유로움을 느낀다. 이런 취미 활동은 우리가 직장에서 받는 스트레스를 푸는 요소로 작용한다. 이것조차 없다면 우리의 일상은 더욱 각박하고 힘겨울 것이다.

  우리에게 일은 중요하다. 이는 경제적인 보상이 따르기 때문이다. 하지만 우리가 받는 돈만큼이나 많은 스트레스를 주는 것도 사실이다. 우리는 행복을 위해 돈을 벌지만, 돈을 버는 행위가 우리의 행복을 위협한다는 것 또한 아이러니하기는 하지만 사실이다. 그래서 우리는 이를 극복하기 위해 일에 나름의 의미를 부여하기도 한다. 내 존재 가치를 드러내는 방편으로 열심히 일해 자기만족을 얻는다. 그리고 내가 하는 일을 통해 세상에 공헌하고 있다는 보람은 우리가 하는 노동을 가볍게 한다.

  인생의 3분의 1은 일을 하며 보내야 하는데, 일 자체가 고달프고 힘겹기만 하다면 행복한 인생이라 보기 어려울 것이다. 직장이 단지 버티기만을 위한 공간이 될 때 우리는 불행해진다. 결국 휴식이 필요하다. 우리는 마음의 여유를 찾고 지친 영혼을 달래기 위해 여행을 떠난다. 중요한 직책을 맡게 되면서, 또는 직급이 높아지면서 받게 되는 압박감을 잠시 내려놓을 수 있는 여행은 현실을 벗어날 수 있는 좋은 수단이다. 하지만 문제는 다시 일상으로 돌아와야 한다는 데 있다. 주말을 보내고 맞는 월요일이 유독 힘든 건 내가 느끼는 자유와 속박의 간극이 그만큼 크기 때문이다.

  "뭐 재밌는 일 없어?" 우리가 동료들에게서 자주 듣는 이 말 속에는 일하면서도 끊임없이 삶의 활력을 찾고자 하는 우리의 간절한 바람이 담겨 있다. 무슨 일이든 즐겁지 않으면 고통스럽다. 직장이 단지 관성적으로 가야 하는 일터에 지나지 않을 때, 우리의 인생은 고달파진다. 어느 순간 정신을 차리고 보면 우리는 가지고 있는 능력 전부를 발휘하지 못하고 있다. 훨씬 적게 몰입하고 하기 싫은 일을 하면서 가진 에너지 전부를 소진한다. 더 큰 문제는 우리의 일상이 지배당한다는 데 있다. 하지만 사는 게 즐겁지 않은 건 세상에 즐거움이 부족해서가 아니다. 그것은 우리의 일상이 무미건조해졌기 때문이다. 소득 수준이 높아져 생활은 나아졌음에도 우리는 삶을 즐길 여유가 없다. 더 적게 웃고, 더 적게 삶을 즐기는 사람들은 막연히 앞으로의 미래는 나아질 것이라고 기대하며 오늘을 참는다. 하지만 기술이 발달하고 생활이 편리해진다고 우리가 더 행복해지지 않을 것이다. 행복은 외적인 가치로 얻어지는 것이 아니다. 이것은 아무리 시대가 변해도 달라지지 않는 사실이다.

그래서일까? 많은 석학은 삶에서 유희적 요소를 중요시한다. 이 부분은 인재의 덕목에서도 예외가 아니다. 미래학자 대니얼 핑크는 미래 인재의 6가지 조건에 유희를 포함함으로써 "인간은 유희를 즐길 때 우뇌가 활발히 움직여 창조적인 활동과 생산성을 높여 준다."라고 주장한다. 또한 창의적 사고와 몰입의 연관성에

---

1 대니얼 핑크, 「새로운 미래가 온다」, 김명철 옮김, 한국경제신문, 2012, 208쪽.

관한 연구로 유명한 칙센트미하이 역시 "유머를 좋아하는 명랑한 태도는 창조적인 사람의 특징"[2]이라며, 일이 즐거워야 완전히 집중할 수 있다고 강조한다. 결국 핵심은 즐길 수 있느냐는 것이다. 이들은 삶을 유지하기 위해 일할 수밖에 없는 우리에게 즐겁게 일하는 가치에 대해 설명하고 일 속에 숨겨진 놀이적 요소가 재능으로 발현될 수 있다고 독려한다.

아직도 내가 하는 일이 반복적이고 지루하게만 느껴지는가? 전문적인 일을 하는 엔지니어들에게 평범한 일이란 없다. 일이 권태롭다면 이는 매번 같은 방식으로 일을 처리하기 때문이기도 하다. 오늘 하루 내가 하는 일을 자세히 들여다보자. 정신적 촉각을 곤두세워 매일 하는 일 안에서도 내가 흥미를 갖고 대하는 일을 찾아보자. 여기가 노동이 놀이로 전환되는 시작점이다. 전문성은 따로 있는 게 아니다. 내가 진심으로 일을 대한다면 일은 슬며시 숨겨진 묘리를 드러낸다. 그 발견의 묘미가 바로 일의 즐거움이다.

결국 전통적인 방식이 파괴되는 4차 산업혁명의 시대에는 자신의 일을 가지고 잘 노는 사람이 생산성과 창조성 측면에서 두각을 나타낼 것이다. 조직에서도 지나치게 위계질서를 강조하고 통제하려 드는 엄격한 관리자는 자칫 조직의 분위기를 해칠 수 있으며, 이는 일터가 즐겁고 자유로운 공간이 돼야 한다는 시대적

---

[2] 같은 책, 216쪽.

요구에도 반하는 행동임을 인식할 필요가 있다. 나는 우리가 매일 일하는 일터가 즐거운 놀이의 장이 될 때 창조적인 발상이 샘솟는 것은 물론, 뛰어난 인재들이 자유롭게 재능을 펼칠 수 있다고 확신한다. 우리의 일터가 창조적 놀이터가 되게 하라. 이것이야말로 개인과 조직이 모두 윈윈$^{win-win}$ 할 수 있는 훌륭한 전략이다.

놀이는 차원을 바꾼다

혁명을 하려면 웃고 즐기며 하라.
소름끼치도록 심각하게는 하지 마라.
너무 진지하게도 하지 마라.
그저 재미로 하라.
(…)
노동은 이제껏 우리가 너무 많이 해온 것이 아닌가.
우리 노동을 폐지하자. 우리 일하는 것에서 종지부를 찍자.
일은 재미일 수 있다. 사람들은 일을 즐길 수 있다. 그러면 일은 노동이 아니다.
우리 노동을 그렇게 하자. 우리 재미를 위해 혁명을 하자.[3]

---

3   데이비드 허버트 로렌스, 『제대로 된 혁명』, 류점석 옮김, 아우라, 2008.

혁명은 모든 것을 전복하는 것이다. 그래서 때로는 피를 흘려야 하고, 억울한 누명을 뒤집어쓰기도 하고, 희생자를 필요로 하기도 한다. 그만큼 가혹한 것이 혁명인데, 이런 혁명을 할 때도 D. H. 로런스는 그의 시 「제대로 된 혁명」에서 즐기면서 하라고 한다. 혁명을 너무 진지하게 생각하지 말고 그저 재미있는 일처럼 가볍게 대하라고 한다.

실제 20세기 가장 위대한 혁명가 중 한 명으로 꼽히는 체 게바라 역시 거창한 목적을 가지고 혁명을 시작한 것은 아니었다. 그는 고국 아르헨티나 너머에 대한 단순한 호기심에 이끌려 친구와 오토바이 여행을 떠났다. 그리고 거기서 그는 인생이 뒤바뀌는 경험을 하게 된다. 우연히 칠레의 한 노동자 부부와 함께 보낸 하룻밤이 그로 하여금 혁명가의 길을 걷게 했다. 그는 추운 밤 담요 한 장 없이 부둥켜안고 자는 부부를 보며 현실을 깨닫는다. 그들에게 자신의 하나뿐인 담요를 건네고, 의사가 되기로 한 자신의 꿈을 접으며 생각한다. 병든 사람을 고칠 수 있는 사람은 많지만 병든 사회를 바꿀 사람은 없다는 것을 말이다. 그것이 시작이었다. 모든 시작이 그러하듯, 처음은 우스워 보일 정도로 작고 보잘것없는 것이었다.

전복의 철학자 니체도 놀이를 인간의 본성으로 보았다. 그는 맹목적인 노동이 주는 야만을 극복할 수 있는 탈출구로 놀이의 힘을 긍정했다. 그는 우리에게 시종일관 아이처럼 살 것을 주문하며 순수한 인간의 모습을 되찾기 바랐다. 아이처럼 산다는 것은 무엇인가? 그것은 아이의 눈으로 세상을 바라보고 아이가 놀이를 통해 세상을 배우듯 즐거운 마음으로 맞이하라는 것이다. 아이들이 놀이에 빠지면 아무런 사심이 없고 이기가 없으며 어떠한 제약도 두지 않는다. 즉 놀이를 통해 인간은 모든 것을 가능성으로 대하고 주어진 인생을 축복으로 여긴다. 그래서 니체는 우리가 어른이 되면서 잃어버린 것 중에서 가장 중요한 것이 놀이임을 지적하고 있다. "나는 위대한 과제를 대하는 방법으로 놀이보다 더 좋은 것을 알지 못한다. 놀이는 바로 위대함의 징표이자 본질적인 전제 조건이다."[4] 결국 모든 순간을 웃으면서 긍정할 수 있는 사람, 삶을 유희하듯 가볍게 살 수 있는 사람이 니체가 말하는 진정한 디오니소스다.

  이 모든 것이 가능한, 진정한 자유의지를 가진 사람을 생각할 때마다 나는 『그리스인 조르바』가 생각난다. 그는 내가 아는 어른 중에서 가장 천진한 사람이다. 천진난만함을 넘어 모태인 대지에서 아직 탯줄이 떨어지지 않은 사나이, 차마 말로 표현하지 못한 것을 멋진 춤사위로 보여주는 사람, 매일 모든 사물을 난생처음 보는 듯이 대하고, 밥을 먹을 땐 밥이 돼야 하고 탄광에서 일할 땐 갈탄이 돼야 한다고 주장하는 열정적인 사람, 그 사람이 바로

---

  4   정낙림, 「놀이하는 인간의 철학」, 책세상, 2017, 174쪽.

내일 죽을 것처럼 오늘을 사는 조르바. 책에서 주인공인 '나'는 결국 조르바와 함께 한 사업이 모두 망하는 바람에 모든 걸 잃지만 조르바에 경도된 주인공은 실망보다 이 말로써 자신의 기분을 나타낸다. "조르바, 내게 춤 좀 가르쳐줘요! 내 인생은 변했어요. 자, 놉시다!" 드디어 주인공은 짓눌려 있던 영혼을 해방하며 진정한 자유를 느낀다. 이것은 그동안 성공과 실패라는 틀에 매여 삶을 재단해 왔던 주인공의 통렬한 반성이자, 진실한 삶에 대한 깨달음이다. 인생은 그 자체로 아름답기에 죽음이 더욱 냉혹하게 느껴지는지도 모른다. 하지만 그 죽음 앞에서도 춤을 추며 멋진 희극이 되길 바라는 조르바에게 죽음은 삶과 구별되지 않는다. 이것이 이 책의 저자인 니코스 카잔차키스의 신념이다. 그는 자신의 묘비명에 멋진 말로 이 가치를 되새기게 한다. "나는 아무것도 바라지 않는다. 나는 아무것도 두렵지 않다. 나는 자유다."

놀이만큼 사람을 가볍게 만드는 것이 있을까? 무거운 혁명도, 철학도, 심지어 죽음까지도 별것 아니게 만드는 것이 놀이다. 그래서 뭔가 심각한 문제에 부딪혀 고민하는 사람이라면 잠시 그 문제에서 벗어나 놀 궁리를 하는 것이 이로울 수 있다. 그만큼 놀이는 무한한 가능성을 가진다. 놀이가 가진 가벼움은 전통적으로 동양 사상에서 말하는, 모든 것을 아우르는 궁극의 상태로 통한다. 도가는 무위無爲라 하여 본래 자연 그대로의 순진무구한 삶을 지향했고 불교는 비움의 가치를 추구했으며 유교는 인(仁)을 중시해 인간의 본질적인 성질, 즉 인간미에 중점을 두었다. 아무런 사심이 없고 인간 본연의 모습에 가까우며 한없이 가벼워 우리에게 해방감을 느끼게 하는 것이 놀이다. 그만큼 놀이의 자리는 낮아 보이지만 모든 것을 초월하는 자리이기도 하다.

 인간은 놀 때 진정으로 자유롭다. 우리가 하는 일이 즐겁지 않으면 성공이라고 할 수 없을 것이다. 이것은 비록 성공한 삶을 살았다고 자부하는 사람일지라도 예외가 아니다. 현재의 즐거움을 희생한 과도한 통제는 결국 더 큰 좌절감을 불러올 뿐이다. 우리는 놀이가 빠진 삶, 재미없는 인생이라는 수렁에서 그만 빠져나올 때가 됐다. 아직도 우리는 참 바쁘게 살고 있고 그러면서 많은 것을 놓치고 있지만, 누구나 인생의 어느 시점에는 새로운 차원의 문을 여는 도전이 필요하다. 자기 혁명을 할 때도 예외는 아니다. 그 무엇에도 얽매이지 않고 도전하는 것 자체로 아름다운 게 인생이 아니던가. 더불어 우리의 삶이 놀이가 될 수 있다면 얼마나 좋을까? 그만큼 가볍게 살아갈 수 있다면 얼마나 황홀할까? 나는 그 생각만으로도 뛸 듯이 기쁘다. 놀이는 무엇이든 가치가 배가될 수 있도록 도와주는 훌륭한 도구다. 그것은 맛의 차원을 높여주는 조미료처럼 일의 가치를 높여주는 동기이며, 우리가 사는 삶의 질을 한 단계 높여줄 활력소이다. 우리가 하는 모든 일이 놀이가 되게 하라. 어쩌면 이 말 속엔 모든 것을 가능케 하는 희망이 담겨 있다. 즐겁게 시도하고 실패를 두려워하지 않는 놀이의 문화를 우리 삶에 장착할 때, 맞이할 모든 상황에서 기대했던 것보다 더 큰 효과를 얻을 것이다.

사피엔스가 아닌 루덴스의 시대다

네덜란드의 역사학자 요한 하위징아는 인간을 놀이하는 인간인 '호모 루덴스 Homo Ludens'로 정의한다. 그동안 인류는 이성적 판단을 앞세운 '호모 사피엔스', 즉 생각하는 인간 중심이었다면, 앞으로는 유희적 본성을 지닌 '호모 루덴스'의 시대가 온다는 것이 그의 생각이다. 이런 주장은 데카르트가 "나는 생각한다. 고로 존재한다."라고 말한 이래 정설처럼 여겨지던, 모든 것을 합리성을 내세워 의심의 대상으로 봐야 한다는 기존의 실리 중심 사상에 반기를 든다. 실제 호모 루덴스는 산업화 이후 실용적이고 효율적인 가치에만 관심을 둔 노동 중심 체계에 비판적인 시각을 가진다. 특히나 하위징아를 둘러싼 현실이 나치 집권기였다는 점을 고려할 때 수용소 입구에 걸린 '노동이 너희를 자유롭게 만든다'는 슬로건은 현실의 모순을 안고 사는 사람들의 모습을 그대로 드러냈을 것이다.

어느 순간부터 우리는 경제적인 것과 무관한 것은 쓸모없는 것으로 여긴다. 우리가 하는 행위가 가치 있냐 없냐는 그 일로 돈을 벌 수 있는가 없는가로 판가름된다. 그런 면에서 돈을 벌지 못하는 놀이는 쓸데없는 시간 낭비이며, 일을 방해하는 천덕꾸러기 신세였다. 산업화 시대에 들어오면서 인류는 더 많은 것을 빨리 생산해야 했다. 개미와 베짱이 이야기에서 언제나 승자는 열심히 일한 개미 편이었고, 고대 사회에서는 죽어라 일만 하는 사람을 노예라 불렀지만, 근대에는 그들을 추켜세워 업적을 칭송했다. 성실히 일하고 이성적으로 판단해 큰 성과를 낼 수 있다면 다른 사람보다 잘살 수 있다고 부추기는 것이 산업화 시대의 논리였다. 우리는 그것을 믿었고 힘든 노동에서의 해방이 노동을 통해서 이뤄질 것이라고 여겼다. 하지만 우리에게 남겨진 건 높은 자살률, 노동은 단지 벗어나고 싶은 힘겨운 것이라는 인식, 그리고 서로를 경쟁의 대상으로 바라보는 차가운 시선이다. 사람들은 함께 웃고 떠들며, 타인의 실수를 따뜻하게 감싸주고, 아침에 일어나 즐겁게 일터에 나가는 모습을 갈망하기 시작한다.

다행히 시대가 변하고 있다. 이제는 3차 산업사회가 저물고 4차 산업사회로의 이행이 진행되는 중이다. 하지만 이런 변화에도 불구하고 이에 맞춰 준비하는 사람은 많지 않아 보인다. 대부분의 사람은 예전보다 더 열심히 일하고 더 많은 시간을 회사를 위해 쓴다. 이것이 불안을 잠재우는 유일한 방법이라고 알고 있기 때문이다. 우리는 시대의 변화에도 불구하고, 우리가 그토록 몸서리치며 하기 싫어하는 일 뒤로 숨는 것이 여전히 가장 안전한 방식이라고 믿는다. 하지만 이것은 문제를 회피하는 길이다. 모든 사람이 문제가 일어나는 것을 원치 않지만, 문제는 반드시 일어나게 되어 있다. 매번 피해갈 수는 없다. 갈등을 피하기만 한다면 문제는 안에서부터 곪는다. 그리고 언젠가 어떤 식으로든 더 큰 문제가 되어 돌아온다. 이번에도 예전 방식으로 대처한다면 더 큰 불행을 자처하는 길임을 우리는 인식할 수 있어야 한다.

  우리는 힘들고 무겁고 지겨운 일의 패러다임을 바꿔야 한다. 우리는 돈을 벌려고 세상에 태어난 것이 아니다. 인간은 본래 즐겁고 행복하기 위해 태어난다. 나는 아이들이 본능적으로 놀이를 즐기듯 인간은 평생 놀이를 갈망하는 존재가 아닌가 생각한다. 우리가 힘든 일을 견디는 것도 행복, 재미, 즐거움을 위해서가 아닐까? 기술도 인간을 행복하게 하지 못한다면 쓸모없는 것이다. 본능적인 것을 금기시할 때 인간은 불행하다. 그리고 내면에서 일어나는 갈증을 채우지 못하면 인간은 비참해진다. 그래서 생계를 위해 하루의 대부분을 직장에서 보내야 하는 직장인들이 불행하지 않기 위한 가장 좋은 방법은 일을 놀이처럼 즐기는 것이다. 우리가 하는 일을 가볍고 재미있는 놀이로 만드는 것이야말로 현재를 극복하는 가장 현실적인 방법이다.

  얼마 전, 가수보다 방송인, 예능인으로 더 잘 알려진 윤종신 씨가 1년간 고국을 떠나 자신이 좋아하는 음악에 몰두한다는 기사를 본 적이 있다. 올해로 가수 생활 30주년을 맞은 그의 행보를 내가 관심 있게 지켜본 건, 2010년부터 '월간 윤종신'이라는 프로젝트를 통해 꾸준히 창작 활동을 이어오고 있었기 때문이다. 그는 바쁜 방송 활동 중에도 한 달에 한 번은 새로운 곡을 낸다는 목표를 가졌고, 그 약속을 10년째 지켜오고 있다. 그리고 다시 음악을 위해 잘나가는 자리를 모두 내려놓고 방랑길에 오른다. 낯선 곳에서 이방인의 시선으로 새로운 음악을 하고 싶다는 그의 다짐은 결연하면서도 설레는 것처럼 보인다. 아래는 그가 인터뷰한 기사를 발췌한 내용이다.

> 나 역시 그동안 많은 시행착오를 겪었지만, 정말 중요한 건 먼 훗날의 내가 아니라 지금, 이 순간의 나인 것 같다. <좋니>가 잘되고 나서 사람들이 그런 노래를 계속 만들어보는 게 어떻겠냐고 했다. 나이도 있으니까 괜한 체력 낭비하지 말고 사람들이 좋아할 만한 걸 하라고 말이다. 하지만 난 그러고 싶지 않다. 남들이 좋다고 생각하는 게 아니라 내가 괜찮다고 생각하는 것, 내가 그때그때 가장 하고 싶은 걸 마음 껏 하고 싶다. 내가 사람들에게 하고 싶은 이야기는 "너는 너

대로 살고 나는 나대로 사는데, 네가 살아가는 모습이 참 보기 좋다"는 말이다.[5]

나는 그의 말을 보면서 노자의 도덕경 37장에 있는 이 말을 떠올렸다. "멋대로 하라. 그러면 안 되는 일이 없다." 노자는 욕망을 억제하지 않고 하고 싶은 것을 하면서 살아도 우리가 걱정하는 큰 문제는 일어나지 않는다고 본 것이다. 결국 우리는 자기 안에 잠든 본능적 자아를 깨울 수 있어야 한다. 좋아하는 일을 찾아 충실하게 하는 사람은 애써 찾은 욕망이 그리움으로 남지 않도록 돌본다. 문제는 항상 강제와 통제에서 온다. 억제된 욕망은 어떤 돌출된 모습으로 우리 앞에 설지 모른다. 미래를 위해 참기만 하는 사람은 현재의 희생이 미래의 행복을 보장해주지 않는다는 것을 깨닫게 될 것이다. 지금의 행복이 미래의 행복을 이루는 바탕이 되는 것이다. 바탕이 충실하지 못하면 막상 그날이 와도 서툴고 당황하게 마련이다. 행복도 경험이다. 행복을 아는 사람만이 행복을 이끄는 법이다. 그러니 미래의 행복을 원한다면 오늘 더 즐거운 일을 찾는 게 현명한 길이다. 이런 행복의 원칙은 놀이가 가진 속성을 통해 더욱 빛난다. 인간은 본래 자유롭게 놀 때

---

5 「윤종신, 노래로 이야기하는 사람」, 『채널예스』, 2018. 8. 30. http://ch.yes24.com/Article/View/36877

창조적이고, 놀면서 자기를 발견하며, 놀이를 통해 재능을 찾는다. 놀이가 될 수 있다면 즐기지 않을 수 없다. 누가 강요하지 않아도 자발적으로 시간을 내고 잠을 줄여가면서까지 그 일에 매달린다. 또한 놀이를 통한 다양한 시도는 우리를 고정된 사고의 틀에서 벗어나도록 돕는다.

우리가 겪는 수많은 문제는 잘 놀지 못해서 오는 경우가 많다. 현대인들이 흔히 경험하는 우울증과 대인기피, 무기력 등은 현재의 괴로움을 이겨낼 돌파구가 없을 때 찾아온다. 정신분석학자 알프레트 아들러가 말하는 인간의 정신적 결핍을 유발하는 가장 큰 요인은 "다른 사람과 더불어 사는 삶에 대한 결핍, 함께 즐기고 노는 것에 대한 결핍, 함께 일하는 것에 대한 결핍, 그리고 함께 사랑하는 것에 대한 결핍이다."[6] 인류는 본래 놀면서 주변과 상호작용한다. 우리 아이들은 놀이를 통해 규칙을 배우며 사회성을 함양하고, 청춘들은 자유롭게 토론하며 실력을 키우며, 다채로운 활동을 통해 타인과의 친밀한 관계를 형성한다. 그리고 노년의 인간은 자연과 더불어 사는 기쁨을 만끽하며 삶의 순수한 즐거움을 깨닫는다. 이 모든 게 놀이를 통해 자연스럽게 얻게 되는 혜택이다.

나는 거의 매일 글을 쓴다. 그리고 책을 읽는다. 본업도 아닌데

---

[6] 엘리자베스 루카스, 『기쁨 사용법』, 신동환 옮김, 가톨릭출판사, 2016, 138쪽.

지겹고 힘들기만 했다면 오래 하지 못했을 것이다. 일찌감치 접고 그 시간에 쉬는 게 더 경제적일 것이다. 하지만 나는 점점 더 이 일에 빠지는 내 모습을 발견하게 된다. 어쩌다 멋진 생각이 떠오르고 그럴듯한 문장이 만들어질 때 나는 환호한다. 가끔은 내 재주에 감탄하기도 한다. 그리고 누군가에게 내가 쓴 글이 도움이 된다고 생각하면 힘이 난다. 이 맛이 아니면 나는 진즉에 이 일을 그만뒀을 것이다. 또한 본업인 프로그래밍을 하면서도 놀이적 요소를 생각한다. 나는 내가 하는 일이 억지로 하는 일이 되지 않도록 노력한다. 그래서 가급적 즐기면서 할 방법을 찾는다. 때로는 일정에 치이고, 하던 일을 끝내지도 못했는데 또 다른 일을 받기도 한다. 그래도 가능한 한 내 의사를 표현하려 노력한다. 나는 시간에 치여 내가 하는 일이 힘든 노동이 되는 것을 극도로 경계한다. 간혹 어쩔 수 없이 하기 싫은 일을 맡게 되면 나는 되도록 빨리 처리해 버리는 편이다. 이때는 잘하려고 노력하지 않는다. 속도가 중요하다. 그 일이 내 하루를 완전히 점령하기 전에 빨리 그 일에서 빠져나오는 게 현명한 길이란 걸 경험적으로 알게 되었다.

끝으로 일을 즐기는 좋은 방법 중 하나는 일에 의미를 부여하는 것이다. 나는 미래 가치 지향적인 일을 하고 있다고 여긴다. 운이 좋아 4차 산업혁명의 중심에서 일하고 있고, 현재의 직업은 내가 미래에 하고 싶은 일과도 무관하지 않다. 나는 프로그램을 작성하면서 논리적으로 생각하는 일이 글을 쓸 때도 도움이 된다고 여긴다. 좋은 글은 흐름이 매끄럽고 글의 개연성이 높아야 한다. 그래서 잘 짜인 프로그램은 잘 쓰인 한 편의 글과 같다고 생각한다. 모든 게 억지로 짜 맞춘 나만의 논리일지 모르나, 나는 되도록 긍정적인 방향으로 생각하려고 노력한다. 그럼 내가 하는 일이 좀 더 편하게 다가오고 일을 하는 시간은 내 재능을 계발하는 시간이라는 생각에 좀 더 열중하게 된다. 이때야 비로소 일터는 내게 실험과 학습의 장으로 인식된다.

놀이는 강력한 내적 동기를 유발한다. 천재도 노력하는 자를 이길 수 없고, 노력하는 자는 즐기는 자를 이길 수 없다는 말은 진부하지만 진리를 담은 말이다. 재미와 성취는 별개가 아니다. 우리의 아이들에게는 놀이가 곧 일인 것이다. 생활과 놀이의 공간이 분리되어 있지 않고, 학습과 놀이 또한 별개가 아니다. 그런 의미에서 아이들에게 '그만 놀고 공부하라'는 말은 조심해서 써야 할 말이다. 아이가 정말 자발적으로 공부하길 원한다면 공부가 놀이가 될 방법을 생각하는 게 더 빠른 길일 것이다.

비단 아이들만 놀이가 필요한 게 아니다. 아이처럼 놀 수 있는 어른들이 세상을 바꾸는 시대가 왔다. 그 일을 하며 얼마나 창조적으로 놀 수 있냐가 성공을 좌우하고, 얼마나 신나게 놀 수 있냐가 그 일의 전문가로 만들어 준다. 자신이 좋아하는 일을 하면서 때론 바보처럼 순수하게 놀 줄 아는 사람들이 이 시대가 찾는 인재들이다. 나는 '놀면서 일한다'는 말이 보편화됐으면 한다. 우리가 행하는 모든 일이 놀이라는 인식이 널리 퍼졌으면 한다. 잘 노는 사람이 일에서도 삶에서도 열정적이다. 생각해보자. 나는 현재 무엇을 하며 놀고 있는가?

일과 놀이의 조화로운 삶

마크 트웨인은 미국의 성장을 우회적으로 소개한 소설을 쓴 작가로 유명하다. 현재의 미국인들은 어렸을 때 그가 쓴 『허클베리 핀의 모험』과 『톰 소여의 모험』을 읽고 자랐다. 그만큼 그의 작품은 당대 미국의 시대상과 현실을 잘 표현하고 있다. 미국의 대문호인 헤밍웨이가 마크 트웨인을 두고 현대 미국 문학의 시작은 그의 작품으로부터 시작되었다고 말한 것도 이런 연유에서다. 개구쟁이 소년들을 전면에 내세워 노예 제도는 물론 여성 차별, 각종 사회적 부조리 등의 민감한 문제를 해학적으로 그려낸 그의 작품은 당시 사람들에게 큰 사랑을 받았다. 특히 트웨인이 살던 시대는 청교도적 윤리관과 미국의 제국주의가 만연한 시점으로 그의 글은 자칫 개인의 신상에까지 악영향을 끼칠 수 있는 민감한 사안을 포함하고 있었다. 하지만 그는 특유의 유머와 위트로 포장해 그의 자전적 소설을 별 탈 없이 대중에 선보일 수 있었다.

『톰 소여의 모험』은 그의 대표적인 소설이다. 말썽꾸러기 톰의 모험을 다룬 이 책은 이런 에피소드로 시작한다. 어느 날 수업을 빼먹고 수영을 한 톰은 이모에게 들켜 울타리에 페인트를 칠해야 하는 벌을 받는다. 화창한 여름날 톰은 놀러 가고 싶은 마음에 죽을 지경이다. 그런데 아무리 생각해도 하루 안에 끝마치지 못할 것만 같다. 그러다 갑자기 번득이는 아이디어가 떠오른 톰은 콧노래를 부르며 페인트칠을 하기 시작한다. 너무나 신나 있는 톰의 모습에 친구들은 자기도 하고 싶다고 부탁을 하지만, 톰은 페인트칠이 재밌는 놀이라고 소개하며 친구들의 요청을 일부러 거절한다. 결국 자신의 소중한 보물까지 내놓으며 페인트칠을 하고 싶다는 친구들의 부탁을 어쩔 수 없다는 식으로 수락한 톰은 힘들이지 않고 페인트칠을 끝마친다.

이 이야기가 시사하는 바는 일과 놀이에 대한 관점이다. '일은 누가 됐든 반드시 해야 하는 것이고, 놀이는 꼭 하지 않아도 된다'는 마크 트웨인의 말처럼 놀이는 강제성이 없다. 그래서 같은 일이라도 놀이가 될 때 우리는 보다 즐겁게 그 일을 할 수 있다. 이것이 이 이야기가 주는 교훈일 것이다. 결국 우리에겐 일을 즐거운 놀이로 인식할 수 있는 긍정적인 태도가 필요하다. 처음부터 자신이 즐거워하는 일을 택할 수 있다면 좋겠지만, 살면서 그런 운 좋은 사람은 흔치 않다는 것을 깨닫게 된다. 대부분은 억지로 회사에 가고 자신의 선택이 아닌, 다른 사람들이 시키는 일을 하면서 산다. 주어진 인생을 마음대로 살아보지 못하고 생을 마감하는 것이 어쩌면 현대를 사는 대부분의 우리들이다. 우리에겐 마음껏 펼칠 나만의 세계가 없다. 자기 일을 주도적으로 즐기면서 할 수는 없는 걸까? 여기 소설 속 허구가 아닌, 실제 삶을 놀이처럼 살다간 네 사람의 일화는 그런 의미에서 많은 것을 생각하게 한다.

첫 번째 인물은 물리학자 리처드 파인만이다. 그는 뛰어난 연구 성과로 1965년에 노벨상을 받았고 아인슈타인과 함께 20세기 최고의 물리학자로 꼽힌다. 당대 최고의 학자 중 한 명이었지만, 그는 명예로부터 자유로웠다. 평소 농담과 장난을 즐겼고, 이런 그의 성향답게 그의 강의는 웃음으로 넘쳐났다. 어려운 물리학을 대중에게 쉽고 재미있게 전달한 그의 강의는 그래서 인기가 많았다. "과학은 즐거운 장난이다." 그는 농담처럼 이 말을 즐겨 했고 실제로 그는 그가 가르치는 코넬 대학의 구내식당에서 회전하는 접시를 보며 양자 전기역학 방정식의 아이디어를 떠올렸다. 그는 즐겁지 않은 연구는 하지 않았다. 비록 말년에는 10년 동안 암과 싸워야 했지만, 그는 죽는 순간까지 유머를 잃지 않았다. "죽는 건 두 번 못하겠어. 너무 지루해."라는 말은 그가 남긴 마지막 말이다. 웃음을 사랑한 과학자, 그가 장난스러운 모습으로 학생들에게 한 '형식에 얽매이지 말고 흥미로운 일을 찾으라'는 주문은 현재까지도 유효해 보인다.

두 번째는 미국의 전 대통령 로널드 레이건이다. 영화배우 출신인 그는 미국 역사상 가장 인기 있는 대통령으로 꼽힌다. 그리고 현재까지 많은 정치인이 닮고 싶어 하는 롤 모델이다. 레이건의 전기를 쓴 페기 누넌은 레이건의 성공 비결이 낙천적인 성격 때문이라고 말한다. 실제 그는 정치적 위기와 삶의 시련을 맞을 때마다 위트와 유머로 넘길 수 있는 여유로운 지도자였다. 1984년 미국 대선 당시 상황은 아직도 회자되는 유명한 일화다. 상대 당에서 경쟁하던 먼데일 후보는 레이건의 나이가 많다는 부분을 집요하게 공격했다. "대통령의 나이가 너무 많다고 생각하지 않습니까?" 자칫 곤란한 상황에 부닥칠 수 있었지만, 레이건은 담담하게 대답했다. "저는 이번 선거에서 나이를 이슈로 삼지 않겠습니다. 상대방이 너무 어리고 경험이 없다는 사실을 정치적으로 이용하지 않겠다는 것입니다." 이 위트 있는 답변은 사람들에게 자신감으로 비쳤고 그해 그는 대통령에 당선됐다.

또 다른 일화는 그가 저격을 당해 총을 맞아 쓰러지는 사건에서 있었다. 소식을 듣고 나타난 부인에게 레이건은 "여보, 내가 총알을 피하는 걸 깜박했어. 내가 예전처럼 영화배우였다면 총알을 피할 수 있었을 텐데."라고 말하며 걱정하는 부인을 안심시켰다. 이 유머가 사람들에게 알려지자 그의 지지율은 83퍼센트까지 치솟았다. 목숨이 오가는 상황 속에서도 유머를 잃지 않았던 그는 너그럽고 인간미 넘치는 리더로 사람들의 기억 속에 남아 있다.

세 번째는 레오나르도 다빈치이다. 화가, 과학자, 건축가이자 조각가인 그는 놀라운 능력의 소유자였다. 다방면에 걸친 재능만큼이나 그가 장난을 즐겼다는 것은 유명하다. 그는 다른 사람들을 웃게 하는 것을 좋아했고 다른 사람들의 농담을 듣고 웃는 것도 좋아했다. 특히 작품 속에서도 그의 특출한 장난기는 발휘됐다. 예수의 시신을 감쌌다는 '토리노의 수의'에 X-ray를 비치니 다빈치의 얼굴 형상이 나타난다고 하고, 그가 그린 대표작 〈최후의 만찬〉 속에서 40초간 연주할 수 있는 찬송가 악보가 발견된다. 또한 모나리자의 모델이 동성애자였던 다빈치의 연인이었다는 설이 있을 뿐만 아니라 그 근거가 모나리자의 눈동자에 적힌 이니셜이라는 추측까지 있을 정도로 그의 예술 속 장난들은 시간이 지나면서 슬슬 모습을 드러내고 있다. 사실이야 어찌 됐든 이 천재의 작품 속에 있는 장난스러운 장치들은 그의 작품에 신비감을 불어넣고, 결과적으로 예술적 가치를 높이는 효과를 주고 있다.

마지막으로 아인슈타인도 풍부한 유머의 소유자였다. 한번은 누군가가 상대성 이론의 정의에 대해 물어본 적이 있다. 그는 망설이지 않고 다음의 비유를 들어 설명했다.

"한 남자가 예쁜 여자와 한 시간 동안 나란히 앉아 있으면 그 한 시간은 1분으로 기억되겠지요. 하지만 그가 뜨거운 난로 옆에 1분 동안 앉아 있으면 그 1분은 한 시간 쯤으로 느껴질 겁니다. 이것이 바로 상대성 이론이오."

또 한번은 제자들이 아인슈타인에게 어떻게 학문에 성공했냐는 질문을 한 적이 있었다. 그는 종이에 'S = X + Y + Z'라고 쓰면서 설명했다. "S가 성공이라면, X는 일하는 것이고, Y는 노는 것이며, Z는 침묵하는 것이다."

그만큼 그는 놀이와 혼자 생각하는 시간을 성공의 중요한 요소로 보았다. 그의 사후에도 회자될 만큼 유명한 '혀 내미는 사진'을 남긴 그는, 왜 이런 포즈를 취했냐는 질문에도 "이 포즈는 내 행동을 잘 나타내준다. 권위를 받아들인다는 것이 나는 항상 힘들었다. 여기서 틀림없이 좀 더 근엄한 포즈를 기다렸을 기자를 향해 혀를 내민 것은 고정관념을 그냥 받아들이기를 거부한다는 것, 역할에 맞는 자아 이미지를 내어놓기를 거부한다는 것을 의미한다."라고 답했다. 그만큼 형식에 구애받지 않고 자유로운 사고를 지향한 그였기에 평소 자전거를 타고, 헌 옷을 입고 다녔으며, 길게 뻗친 백발을 그대로 내버려 두었던 것이다. "놀이를 통해 열정을 불러일으킴으로써 학생들을 사회의 중추로 이끄는 것이 교육이다."라고 강조한 그의 일침은 여전히 그의 우스꽝스러운 사진과 함께 우리들의 가슴에 남아 있다.

이들에게 삶과 일과 놀이는 분리된 것이 아니었다. 우리가 이들의 삶에서 배운 교훈은 놀이를 일상에 녹아들게 했다는 점이다. 그들의 삶을 들여다보면 놀이가 삶이고 삶이 바로 놀이였다. 일과 삶과 놀이의 절묘한 교차점에서 그들은 노동과 삶의 무게를 가볍게 했다. 이것이 바로 놀이의 힘이다. 스스로를 데리고 잘 놀 수 있는 사람이 인생은 물론, 자신의 일에서도 두각을 나타낸다. 그럼에도 여전히 어떻게 일이 놀이가 될 수 있냐고 되묻는 사람이 있겠지만, 우리 행동의 기준이 외적인 요소에만 머물고 놀이적 요소를 상실한다면 결국 우리의 삶은 피폐해지고 말 것이다. 더는 견디기만 하는 일이 성장의 동인이 될 수 없다. 그리고 자신이 하는 일에 재미가 없으면 최고의 경지에는 이르지 못할 것이다.

  자신의 일에 몰두하는 사람들은 우리와 많이 다른 것처럼 보이지만 사실은 간단하다. 그들은 알고 보면 모두 자기 일을 사랑한다. 그리고 즐긴다. 여기서 즐긴다는 것은 명예와 돈의 속박에서 자유롭고 일에 열정을 가진다는 뜻일 것이다. 자신의 내면에 품은 강렬한 욕망을 불태우는 사람을 누가 막을 수 있겠는가. 위 네 명의 행적을 따라가다 보면 그들이 이룬 업적은 어찌 보면 당연하다는 생각마저 하게 된다. 그들 모두에게 일은 다른 목적이 부가되지 않은 그 자체로서 순수한 의미였다. 물론 이들에게 재능이 있었을 것이다. 하지만 재능이 즐거움과 합쳐질 때 배가 된다는 것을 알았다. 누구든 즐겁지 않으면 그 일에 온전히 몰두할 수 없다. 이제 우린 선택할 수 있다. 영혼마저 바쁜 일꾼으로 남을 것인가? 아니면 즐겁게 일하는 사람이 되겠는가? 우리가 매일 하는 일에서 행복을 얻을 수 있을 때 우리의 삶은 풍요롭다. 가슴 뛰는 곳으로 가라. 가슴에 다가와 꽂히지 않는다면 그것은 사랑이 아니다. 오직 절실한 사랑만이 우리를 변화로 이끈다. 그래서 누구든 자신의 길을 갈 때는 삶의 기쁨이 흐르는 곳으로 가야 한다. 이것이야말로 자신을 한 단계 성장시켜 전문가의 길로 가는 최고의 지름길이다.

세상을 움직이는 조용한 힘

우리 주변엔 어찌 보면 소소해 보이지만, 제 몫을 톡톡히 해내는 것들이 있다. 이것은 오랫동안 사랑받는 맛집의 알고 나면 시시한 비법 같은 것이고, 성공한 사람들의 단순한 습관 같은 것이며, 인간관계에서 사랑받는 사람들의 근소한 차이며, 인생을 잘 사는 하나의 비결이다. 때론 별것 아닌 작은 것들이 결과에 큰 영향을 미친다. 이를 보여주는 감동적인 사례가 있어 소개한다.

내가 죽게 되리라는 것은 확실했다. 신경이 극도로 날카로웠고 고통은 참을 길이 없었다. 담배를 찾아 주머니를 뒤졌다. 몸수색 때 발각되지 않은 게 있을지도 모른다는 기대에서였다. 다행히 한 개비를 발견했다. 손이 떨려서 입으로 가져가는 것도 힘이 들었다. 그런데 성냥이 없었다. 모두 빼앗긴 것이다. 나는 창살 사이로 간수를 바라보았다. 그는 나와 눈을 마주치려고도 하지 않았다. 이미 죽은 거나 다름없는 자와 누구 눈을 마주치려고 할 것인가.

나는 그를 불러 물었다.

"혹시 불이 있으면 좀 빌려주겠소?"

간수는 나를 쳐다보더니 어깨를 으쓱하고는 내 담배에 불을 붙여주기 위해 걸어왔다. 그가 가까이 다가와 성냥을 켜는 사이에 무심결에 그의 시선이 내 시선과 마주쳤다. 바로 그 순간 나는 미소를 지었다. 왜 그랬는지는 나도 모른다. 어쩌면 신경이 곤두서서 그랬을 수도 있고, 어쩌면 둘 사이의 거리가 너무 가까우니까 미소를 안 지을 수가 없어서 그랬는지도 모른다. 아무튼 나는 미소를 지었다. 그 순간, 우리 두 사람의 가슴속에, 우리들 두 영혼 속에 하나의 불꽃이 점화됐다.

나는 그가 그것을 원하지 않았다는 것을 안다. 그러나 나의 미소는 창살을 넘어가 그의 입술에도 미소가 피어나게 했다. 그는 담배에 불을 붙여주고 나서도 자리를 떠나지 않고 내 눈을 바라보면서 미소를 지우지 않았다. 나 또한 그에게 미소를 보내면서 그가 단순히 간수가 아니라 살아 있는 인간이라는 사실을 깨달았다.

문득 그가 나에게 물었다.

"자식이 있소?"

"그럼요, 있고말고요."

나는 그렇게 대답을 하면서 얼른 지갑을 꺼내 허둥지둥 가족사진을 보여주었다. 그 사람 역시 아이들 사진을 꺼내 주면서 앞으로의 계획과 자식들에 대한 희망 같은 것을 얘기했다. 내 눈에 눈물이 가득 고였다. 나는 다시는 가족을 만나지 못하는 것이 두렵다고 고백했다. 자식들이 성장해 가는 것을 지켜보지 못하는 것이 두렵다고. 그의 눈에도 눈물이 어렸다. 갑자기 그가 아무런 말도 없이 일어나서 감옥 문을 열었다. 그러더니 나를 조용히 밖으로 나가게 하는 것이었다. 그는 소리없이 감옥을 빠져나가 뒷길로 해서 마을 밖까지 나를 안내했다.

마을 끝에 이르러 그는 나를 풀어주었다. 그런 다음, 그는 한마디 말도 없이 뒤돌아서서 마을로 걸어갔다. 그렇게 한 번의 미소가 내 목숨을 구해 주었다.

이 이야기는 어린 왕자로 유명한 생텍쥐페리의 〈미소〉라는 글의 일부이다. 실제 그는 소설가이기 전에 비행사였으며, 전쟁에도 두 차례 참전했다. 이 글은 제2차 세계대전 참전 당시 적에게 포로가 된 그가 체험을 바탕으로 쓴 자전적 이야기다. 실제로 그의 생존이 미소 때문이었는지, 소설적 효과를 극대화하기 위한 과장된 이야기인지는 알 수 없으나, 미소로 목숨을 구한 극적인 반전 스토리는 내 가슴을 울렸고, 내가 그동안 가지고 있던 작고 사소한 것에 대한 관념을 무너트렸다.

나는 미소나 웃음으로 목숨을 구한 적은 없다. 다만 죽어가는 분위기를 살린 적은 있다. 회의 중 자칫 심각해질 뻔한 순간에 가벼운 말 한마디로 웃음을 유도한 적이 있고, 긴 침묵이 흐르는 어색한 분위기를 유머로 전환한 적도 있다. 처음 보는 사람에게는 밝은 미소로 대하면 상대방도 미소로 화답한다는 건 많은 경험을 통해 알게 된 진리다. 나는 점점 나처럼 숫기 없는 사람도 손쉽게 할 수 있는 이 작고 부담 없는 것에서 큰 매력을 느낀다.

21세기는 웃음이 더 큰 효과를 발휘할 것 같다. 대니얼 핑크는 유머가 21세기 우리 사회를 지배할 새로운 힘으로 대두할 거라 예견한다. "유머의 힘은 뭔가를 새롭게 바라보게 한다. 유머 자체가 고정관념의 틀을 바꾸는 것이다. 새로운 도전이 따르는 21세기에는 유머가 매우 중요한 힘으로 작용할 것이다."[7] 또한 2016년 잡코리아 조사에 따르면 기업이 꼽은 최고의

---

7 〈유머의 힘〉, SBS 스페셜, 2009년 1월 4일, 11일 방송.

신입사원으로 힘든 일을 묵묵히 해내는 돌쇠형보다는 재치와 유머 감각으로 조직에 활력을 불어넣는 사람을 더 선호하는 것으로 파악된다. 기업은 그동안 실제 가치보다 낮게 평가됐던 유머에 새로운 시선을 던지고 있다. 유머러스한 리더가 더 많은 사람의 호감을 사며, 부드러운 이미지로 사람들을 자신의 편으로 끌어들이는 리더십이 뛰어나다고 한다. 또한 잘 웃고 농담을 잘하는 사람은 겉으로 볼 때 긍정적이고 여유로워 보이는 것에 그치지 않고 우뇌적 사고가 발달해 창의적인 생각을 더 많이 하는 것으로 조사되었다.

유머의 가치를 실천하는 대표적인 회사가 미국의 항공사인 사우스웨스트다. 2001년 9월 11일, 여객기 두 대가 미국 맨해튼에 있는 110층짜리 세계무역센터 건물을 들이받았을 때, 전 세계는 충격에 빠졌다. 당시 사람들은 테러에 대한 공포로 비행기 타는 것을 극도로 꺼렸다. 이것은 항공사들의 감원의 공포로 이어졌다. 9.11 테러 이후 불과 일주일 만에 미국 항공사들이 해고한 근로자 수는 무려 7만 명에 달했다. 이때 유일하게 승무원과 조종사를 늘린 항공사가 바로 사우스웨스트다. '펀^{fun} 경영'으로 유명한 이 회사는 9.11 테러가 발생한 해를 포함해 미국에서 유일하게 지난 45년간 연속적인 흑자를 내고 있다. 당시 CEO였던 허브 켈러 회장은 웃음과 유머가 넘치는 조직이야말로 직원들의 만족도를 높이고 자발적인 참여와 창의력을 높일 수 있다고 생각했다. 그는 입버릇처럼 '회사가 직원을 최우선으로 대하면 그들이 행복해지고 고객을 정성스럽게 응대할 것'이라고 말했다. 결국 그의 경영 신념대로 직원과 고객의 만족도와 함께 회사의 생산성도 높아졌다. 현재 이 회사는 미국인들이 가장 입사하고 싶어 하는 회사 중 하나가 됐다. 하지만 여전히 유머 감각이 없으면 들어가기 어려운 회사이기도 하다.

웃음은 효과적인 마케팅 수단이기도 하다. 기업은 제품에 긍정적인 이미지를 심어주기 위해 유머를 적극적으로 활용한다. 물건을 산다는 다소 무거운 행위를 유머로 포장함으로써 소비를 즐거운 놀이로 인식하게 하고 거부감을 없애 소비자로 하여금 마음과 지갑을 열게 한다. 이는 요즘의 소프트웨어가 기능 수행의 차원을 넘어 사용자의 경험 UX, User Experience 을 접목해 참여를 유도하고 만족도를 높이는 점과 유사한 맥락이며, 즐거운 경험이 경제적인 가치로 창출된다는 조지프 파인과 제임스 길모어의 '경험 경제' 논리와도 상통한다.

그런 점에서 훌륭한 엔지니어는 좋은 기술을 만드는 사람인 동시에 제품에 감동을 주는 사람이어야 한다. 단순히 제품을 개발한다는 인식에서 벗어나 재밌는 스토리를 입히고 사용자의 경험을 적극적으로 수용할 때 비로소 사용자와 교감할 수 있는 제품이 탄생한다. 나는 이런 능력이 더 발달한 사람은 평소 잘 웃고 유쾌한 농담을 잘 던지는 사람일 거란 점을 의심하지 않는다.

바야흐로 유머가 경쟁력인 시대다. 아무리 능력이 뛰어나도 다른 사람의 공감을 얻을 수 없다면 성장은 제한적이다. 모든 것이 연결되는 시대에는 인터넷을 통해 지식을 공유하고 함께 성장하는 즐거움을 나누는 미묘한 차이에서 승패가 결정된다.

다른 사람과의 상호 작용이 중요한 시대, 우리는 다른 사람의 유머에 웃어줄 준비가 되어 있는가? 우리는 하루에 얼마나 웃고 있는가? 웃음의 진실은 웃을 일이 많아서 웃는 것이 아니라는 점이다. 우리가 웃기 때문에 웃을 일이 찾아온다. 심리학자이자 철학자인 윌리엄 제임스는, 행동이 감정에 따르는 것 같지만 실제로 행동과 감정은 병행한다는 점을 지적한다. 그러니 먼저 크게 웃어야 한다. 얼굴에 미소를 띠어야 한다. 삶이 팍팍한가. 유머로 한번 포장해 보자. 오늘 내가 주어진 행복은 내가 타인에게 전달한 웃음의 양으로 판가름 난다고 여겨보자. 그럼 마음의 여유가 찾아오고 행복한 감정이 따라온다. 모든 것이 전복되는 격변의 시대에도 사람들을 연결하는 쉬운 방법이 의외로 사소한 것에서 온다는 것을 잊지 말자. 엔지니어여, 당신의 유머 지수 HQ, Humor Quotient 는 얼마나 될까? 유머의 달인이 되어 보지 않겠는가?

Human Engineer

6장

창의

創意

우리는 성공하기 위해 이 세상에 온 것이 아니다.
우리는 세상을 창조하는 일을 돕기 위해 이곳에 있다.

- 우파니샤드 -

　　　　　　주변에 창의적인 생각을 잘하는 사람이 있는가? 그렇다. 아니, 그런 것 같다. 내가 확신을 갖고 대답하지 못하는 이유는 창의성의 모호함 때문이다. 어디까지가 창의적인 생각이고 어떤 생각을 할 때 우리가 창의적이라고 말하는지 명확하지 않다. 그래서 우리는 누군가 정말로 창의적인지를 말할 때 의문을 품는다.

　질문을 바꿔보자. 창의성은 타고난 것인가? 그건 아니다. 머리가 좋지 않아도 창의적일 수 있다. 우리는 수많은 위인들의 삶에서 이를 봐왔다. 어려서 둔재라 불리던 사람들이 얼마나 위대한 일을 해냈는가. 창의성이 타고난 것이라면 설명할 수 없는 부분이다. 그럼 왜 우리는 천부적으로 타고나지 않아도 위대한 생각을 할 수 있다는 걸 알면서도 창의적인 생각을 하지 못하는 걸까? 왜 우리는 창의적인 생각을 어려워하는가?

　자, 이제 마지막 질문이다. 그럼 어떻게 하면 창의적일 수 있을까? 다가올 미래는 창의성의 시대라 불릴 만큼 창의적 사고가 중요하다. 창의성을 발휘하지 못하는 단순 반복적인 직업은 사라지고 조직 내에서도 창의성이 부족한 사람은 경쟁에서 뒤처져 도태될 것이다. 창의적인 사람은 새롭고 독창적인 것을 만들어

낼 수 있으니 이는 전혀 근거 없는 얘기가 아니다. 그래서 우리는 창의성을 계발하기 위해 무슨 노력을 해야 하는지 생각해 볼 필요가 있다.

    나는 위에서 서로 연결되는 세 가지 질문을 했다. 첫 번째는 창의성의 모호함에 대해, 두 번째는 창의성의 어려움에 대해, 마지막은 창의성을 키우는 방법에 관한 것이다. 각각을 면밀히 살펴보면 모호하다는 건 창의적 기준에 관한 것이다. 사람마다 바라보는 기준이 다르고 해석이 분분해 명확히 정의하기 힘든 것. 그것이 바로 창의성의 애매모호함이다. 하지만 실상을 보면 이 모호하고 추상적인 개념이 창의성의 기반이기도 하다. 언제나 상상 속에 존재해 실재하기 전에는 추상적이고, 눈에 보이지 않아 명확히 설명할 수 없으니 모호한 것이다. 그러하니 피카소가 자신의 그림을 눈이 아닌 마음으로 그렸다는 표현은 믿을 만하며, 우리는 창의성을 마음속 상상의 영역으로 이해하는 게 맞다. 결국 눈으로 보려고만 하지 않고 생각하는 것이 창의성의 시작이다. 겉으로 드러나지 않은 심연의 속성을 발견하는 능력, 이것이 우리가 주목해야 할 생각하는 힘이다. 나는 이 부분에서 아직 실체가 없는 대상을 그리기 위해 끊임없이 마음속으로 심상을 만드는 피카소를 상상한다.

    우리는 왜 창의성을 어렵게 느낄까? 나는 사람들이 생각하는 창의성이 내가 깨달은 것과 다소 차이가 있다는 것을 발견한다.

사람들은 창의성을 세상에 없던 것을 창조해내는 것으로 착각한다. 그러나 세상에 완전히 새로운 것은 없다. 그건 신만이 할 수 있는 일이다. 실상을 보면 창의성은 이미 존재하던 대상을 연결하는 능력이다. 아예 세상에 존재하지 않던 것을 만드는 일과 눈에 보이는 걸 조합해 새로운 것을 만들어 내는 것에는 큰 차이가 있다. 당장 이 시대의 혁신의 아이콘으로 불리는 애플의 아이폰만 보더라도 휴대폰, MP3, PDA를 합친 것에 불가하다. 스티브 잡스도 이를 인정하며 "어떤 무엇인가와 다른 무언가를 연결하는 것이 창의성이고 경험과 경험을 연결해 새로운 것을 만들어내는 사람이 창조인이다."라고 말했다. 결국 잡스는 각각을 결합해 하나로 볼 수 있는 눈을 가지고 있었다. 그에게 있어 위대한 혁신은 평범한 생각의 확장이었다. 이 작은 인식의 차이가 나도 창조적인 생각을 할 수 있다는 자신감을 부여한다.

    그럼 창의성은 어떻게 키울 수 있을까? 창의성의 모호함을 인정하고 할 수 있다는 자신감을 갖췄다면, 다음으로 창의성을 가능하게 만드는 체계를 이해해야 한다. 나는 이 부분에서 『생각의 탄생』이라는 책을 추천한다. 로버트 루트번스타인과 미셸 루트번스타인이 공저한 이 책은 창조성을 빛낸 사람들의 인생을 통해 창의적인 생각이 어떻게 탄생하는지를 소개한다. 책 속에 등장하는 인물들이 누구나 한 번쯤 들어보았음 직한 역사 속 위대한 위인이란 점에서 그들의 발상법은 설득력 있다. 실제로 살아온 사람들의 삶만큼 훌륭한 증거는 없다. 그런 점에서 나는 이 책이 제시한 13가지 창조적 접근법에 동의한다.

창의적 엔지니어를 위한 13가지 기술

창조적 사고를 이끄는 도구들이 있다. 이는 역사상 인류가 도구를 이용해 한계를 극복해왔다는 점에서 재밌는 연관성이다. 여기서 새로운 도구의 제작은 인류가 변화된 환경에 적응하기 위해 했던 일이다. 원시 시대의 손도끼, 농사를 짓기 시작하면서 만든 농기구, 산업화를 이끈 기계, 지식 정보화 사회를 위한 컴퓨터 등의 각종 도구와 기계가 도구의 범주에 포함된다. 각각의 중요한 기점마다 도구가 주었던 유용성을 생각한다면 우리는 도구 없이 인류의 진화를 논할 수 없을 것 같다. 다가오는 4차 산업혁명의 시대는 도구의 발전으로 인한 변화의 파급력이 클 것으로 예상한다. 특히 4차 산업혁명의 대표적 기술인 인공지능은 기계가 인간의 지능을 대신할 수 있음을 암시한다. 알파고와의 바둑 대결은 인간이 지능으로 기계와 경쟁해야 함을 알리는 상징적인 신호였다. 과거의 경험과 지식이 더 이상 통용되지 않는 불확실성의 시대에 우리가 가져야 할 자세가 창의성과 감성지능이라는 말은 이제 더 이상 새롭지 않다. 그런 점에서 유독 창의성에 취약한 모습을 보이는 인류에게 도구가 있다는

것은 반가운 일이다. 이것은 창조성을 불러오는 유용한 연장이
될 것이다. 곁에 두고 사용법을 미리 익혀둔다면 필요할 때 꺼내
쓸 수 있다. 우린 더 이상 맨손이 아니다. 이젠 한번 해볼 만하다.
나는 루트번스타인이 제시한 13가지 도구를 엔지니어 관점에서
해석해봤다. 창의적 엔지니어의 유용한 생각의 기술이 됐으면 하는
바람에서 말이다.

첫 번째 기술 – 관찰

관찰하라. 그저 보지만 말고 집중해서
관찰해야 한다. '보기'와 '관찰'의 차이를 인식할 수 있을 때 대상을
대하는 깊이가 달라진다. 다행히 관찰력은 훈련을 통해 습득할
수 있으니 평소 주의력을 집중해 세밀하게 보는 연습을 해두자.
'친구가 되려면 시간이 필요한 것처럼 보라'고 표현한 화가 조지아
오키프의 말을 기억할 필요가 있다. 이 말에서는 관찰이 지극한
인내와 참을성의 산물임이 드러난다. 매일 일어나는 우리의 일상을
관찰하라. 평범한 일상에 장엄한 세계가 펼쳐져 있음을 인식할
수 있을 때 세상은 신비로움과 경탄의 대상이 된다. 비로소 눈에
보이는 것이 전부가 아님을, 관찰은 보물찾기와 같아 숨겨진
의미를 찾으며 더 넓은 세계로 눈을 뜨는 것임을 깨닫게 될 것이다.
  나는 사소한 관찰의 힘을 믿는다. 아니, 때로는 사소함이
전부라고 여긴다. 인류의 삶을 발전시킨, 우리의 생활을

혁신적으로 개선한 발명들은 모두 사소한 것에서 시작되었다. 굳이 사례를 들어야 한다면 나는 뉴턴의 연구가 떨어지는 사과를 보고 완성되었고, 아르키메데스의 왕관의 진위가 일상적 행위인 목욕에서 해결되었다는 것을 예로 들기 좋아한다. 물론 그들은 어떤 문제에 골몰해 있었고 잠시 문제에서 떨어져 생각한 것이 주효했을 것이다. 하지만 아무리 이론적으로 완벽한 법칙이라도 일상에서 검증되지 않으면 설득력이 떨어진다. 결국 "위대한 성공은 사소한 것에서 온다"는 경영학 구루 톰 피터스의 말은 근거 없는 소리가 아니다. 우리가 매일 만나는 일상적인 사건을 낯설게 보기 시작할 때 같은 상황도 전혀 다르게 펼쳐진다. 현재 겪는 사건이 마치 처음 맞는 상황인 것처럼 대해보자. 세상의 모든 대상을 호기심 많은 아이처럼 볼 수 있다면 가장 좋다. 단연코 관찰력은 시인이나 화가들의 특출한 재능의 영역이 아니다. 관찰력도 키울 수 있다. 작은 것부터 세밀하게 관찰하려는 태도가 깊이 보게 하고 남들이 보지 못한 것을 보게 함으로써 통찰력을 갖게 한다. 매일 맞는 일상이지만, 내 주변의 무엇이 어제와 달라졌는지, 함께 일하는 동료의 외모에 변화는 없는지, 산책하는 길에 만난 이름 모를 꽃은 어떻게 생겼는지 눈을 떼지 말고 오랫동안 관찰해 보자. 관찰은 항상 그 작은 관심에서 시작한다. 엔지니어는 사소한 것들 속에서 경이로움을 발견하는 일상의 예리한 관찰자가 돼야 한다. 나는 이 글을 쓰며 내 주변에 일어나는 일상의 작은 사건들이 창의력의 발판이 됨을 깨닫는다. 인내를 갖고 대하는 모든 일은 겉으로 보이지 않는 속살을 볼 기회를 준다. 눈에 보이지 않는 숨겨진 너머를 보자. 보려고 하는 순간부터 세상은 다르게 펼쳐질 것이다. 이것은 엔지니어로서 가져야 할 기본적인 자세이기도 하다.

두 번째 기술 – 형상화

머릿속으로 이미지를 형상화하라. 예술가와 과학자들은 사물의 모습을 머릿속에 그리는 일에 능숙하다. 그들은 작품을 만들기 전에 머릿속 심상으로 다양한 실험을 한다. 그래서 그들은 대부분 시간을 머릿속 그림을 좀 더 구체화 시키는 데 쓴다. 그리고 마지막으로 하는 일이 말, 글, 음악, 동작, 그림처럼 사람들이 이해할 수 있는 전달 매체로 표현하는 것이다. 유명한 테너 가수 루치아노 파바로티는 "나는 피아노 앞에서 실제 노래를 부르는 것보다 더 많이 머릿속으로 음악 연습을 한다. 가수라면 음악을 볼 수 있어야 한다."라고 말했다. 무용가 마사 그레이엄도 "침묵 속에서 음악을 들을 때, 나는 마음으로 들을 뿐만 아니라 몸으로도 느낀다."라고 했다. 결국 우리가 보는 것은 이들이 수없이 머릿속으로 연습한 음악과 동작의 결과물인 셈이다.

창의성은 생각의 영역이다. 그래서 눈에 보이는 것만 믿으려는 사람에게 잘 보일 리가 없다. 그래서 심상을 위해서는 눈을 감고

하는 것이 좋다. 그러고 나서 자신의 머릿속에 그렸던 방법들이 현실에서 의도한 대로 잘 작동하는지 실험해 보는 것이다. 엔지니어의 최고 장점은 현장이 있다는 점이다. 매일 만나는 현장은 실험의 장이니, 그동안 해보지 않았던 일들을 다양하게 시도해보자. 머릿속 상상이 구체화하여 결과물이 되는 것을 실패를 통해 배울 수 있으니 이보다 좋은 환경은 없다. 우리가 기억할 점은 머릿속에서 미리 그려보지 못한 건 실체가 될 수 없다는 것이다.

우리의 미래 모습도 마찬가지다. 머리로 먼저 그려볼 수 없다면 현실이 될 수 없으니, 내가 꿈꾸는 미래의 풍광 10가지를 떠올려 보자. 나는 이것을 간단하게 정리해서 노트에 기록해 놓았다. 때론 이것을 들여다보며 상상하는 것만으로도 즐거운 일이니 잠시 시간을 내어 해볼 만하다. 때때로 그 일을 떠올리며 자연스럽게 내 삶의 방향이 그쪽으로 흘러가는 것을 지켜보는 것은 또 어떤가. 미래에 일어날 일들을 이미 이뤄진 것처럼 생각할 수 있다면 머릿속에만 머물던 일들이 작은 실천과 함께 현실의 모습으로 탈바꿈한다. 그러하니 우리의 머릿속에서 일어나는 무수한 생각의 씨앗들을 아름드리나무로 키워내는 일을 멈추지 말자. 엔지니어여, 한계가 없는 것처럼 상상하라. 우리가 현재 사용하는 기술도 현실로 구체화하기 전까지 상상의 영역에만 머물렀음을 간과해서는 안 된다.

세 번째 기술 – 추상화

그저 보지 말고, 마음으로 추상화하라. 핵심적인 의미를 발견해 단순화하라. 모든 것을 담아내려 하면 본질이 감춰지니, 핵심만 담아라. 피카소의 그림을 보면 우리는 다소 난해하다고 느낀다. 그동안 눈으로 보는 것에만 익숙한 사람들은 그의 그림을 이해하기 어렵다. 그는 무엇을 말하고 싶었던 걸까? 이는 피카소가 추상화를 그리는 목적을 설명한 말에서 찾을 수 있다. "나는 누드를 말하고 싶다. 누드를 위한 누드는 그리고 싶지 않다. 오직 나는 가슴을, 발을, 손을, 배를 말하고 싶은 것이다." 그는 전하고자 하는 논점을 위해 배후의 다른 것들은 과감히 삭제했다. 그래서 추상화는 단순하다. 하지만 그 단순성은 중요한 통찰을 품고 있다. 이것을 파악하는 것이 추상화의 핵심이다. 5분짜리 얘깃거리를 가지고 종일 떠들 수는 있지만, 시간이 5분밖에 주어지지 않으면 그것을 위해 하루 종일 준비해야 한다는 윈스턴 처칠의 말은 추상화의 어려움을 나타낸다. 그만큼 있는 그대로 표현하는 것보다 불필요한 것을 덜어내 본질이 드러나게 하는 건 어렵다. 하지만 어렵기 때문에 더 가치 있는 것들이 있다. 우리의 인생도 잘 꾸며진 현상에 가려진 본질을 볼 수 있다면 얼마나 행복할까?

나는 본질이라는 두 글자를 생각할 때면 '견지망월 見指忘月'이란 사자성어가 떠오른다. '달을 보라고 손가락으로 가리키는데 정작 보라는 달은 보지 않고 손가락 끝만 쳐다본다'는 뜻인데, 형식적이고 지엽적인 것에 가려 본질을 놓치는 경우에 사용된다. 실제 우리는 세상의 중심에 무엇을 놓고 보느냐에 따라 본질인 달을 볼 수도 있고, 현상인 손가락만 보며 살아갈 수도 있다. 내가 몸담은 IT 환경만 봐도 그렇다. 아무리 기술이 급격한 변화를 겪고 있다 해도 근간이 되는 기초 이론들은 여전히 중요하다. 빅데이터가 뜨고 있지만 데이터 구조에 대한 지식은 아직 유효하고, 인공지능 기술이 발전한다고 하지만 기초 이론인 수학적 개념이나 공학 개론을 익혀야 할 이유는 충분해 보인다.

나는 회사에 다니면서도 '본질'에 대해서 생각하게 된다. 기본적으로 우리는 돈을 벌기 위해 회사에 다닌다. 이때 우리에게 남보다 빠른 진급과 많은 연봉을 위해 내 귀중한 시간을 파는 것은 당연한 일이 된다. 그러나 문제는 돈과 명예를 신처럼 신봉하는 사회는 직장인을 돈으로 위협한다는 데 있다. 그들은 어려운 경영 환경을 들먹이며 당장에 월급을 끊어버리겠다고 협박한다. 그럼 돈을 회사의 본질로 삼는 사람들은 자신의 생명 줄이 끊긴 것 같은 심적 압박을 받는다. 물론 나도 이 부분에서 자유롭지 못하다. 그러나 현상에 가려진 본질이 있다는 것을 인식한 뒤로, 본질적 가치에 더욱 집중하려고 노력한다. 요즘 내가 생각하는 회사의 본질은 '기술을 익혀 이 분야의 전문가로 나를 도약시키는 곳'이다. 이렇게 생각하자 나는 회사를 좀 더 잘 이용할 방법을

궁리하게 되었다. 후배들이 힘들어하고 고민할 때, 내가 자주
하는 말이 있다. "대학에서는 돈을 내고 배웠지만, 회사에서는 돈
받고 배운다고 생각해보자." 생각을 바꾸면 말 그대로 일석이조가
따로 없다. 회사를 최대한 활용하고 그 안에서 나를 키울 수 있는
발판을 마련하겠다고 생각하니, 회사에서 한 가지라도 더 느끼고
배우고 깨우치기 위해서 노력하게 됐다. 지금 내가 쓰고 있는 이 책
역시 회사에서 겪은 소중한 경험과 느낌을 엮은 결과물이니, 나는
정말 회사를 톡톡히 이용하고 있는 셈이다. 이렇듯 살면서 본질적
가치에 집중하는 태도는 보다 핵심에 근접한 삶을 살 기회를 준다.

네 번째 기술 – 패턴 인식

무질서한 것에서 패턴을 찾아라. 패턴은
일종의 연관성이다. 기존의 정보를 활용해 특징을 분석하고
그다음에 이어질 규칙을 예측한다. 그래서 이 기술은 체스를
잘 두는 고수들에게 발달해 있다. 그들은 주어진 규칙을 파악해
다음 패를 예상하는 탁월한 능력을 지닌다. 또한 다빈치와 같은
사람은 다양한 대상 속에서 하나의 유사성을 찾아낼 수 있었다.
그는 벽에 생긴 얼룩이나 종류가 다른 돌의 문양 속에서 하나의
장면을 떠올렸다. 이런 패턴 인식은 보통 사람들이 쉽게 따라 할
수 없는 것처럼 보인다. 하지만 새로운 패턴을 만들어내는 몇 가지
기법만 기억한다면 불가능한 일도 아니다. 우선 거꾸로 뒤집어

보라. 아무리 복잡해 보여도 밑바탕에는 단순하면서도 대칭적인
패턴이 깔려 있음을 알게 될 것이다. 보통 작곡가들은 음의 배열을
거꾸로 뒤집어 보고 역방향으로 보며 음의 순서를 재구성하기도
한다. 이런 방법은 수학자들도 자주 사용하는데, 위대한 수학자
가우스는 0에서 100까지 수를 더할 때 연속되는 숫자와 역순의
수를 더하면 항상 100이 된다는 패턴을 발견해 냈다. 100 + 0 = 100,
99 + 1 = 100, 98 + 2 = 100 … 이런 식으로 반복하다 보면 더해서
100이 되는 50쌍의 숫자와 마지막 남은 50을 더해 5,050을 구할
수 있다. 이렇듯 수학은 패턴만 발견해도 쉽게 접근할 수 있다.
그리고 기존의 패턴을 흔드는 일이 주목해야 한다. 이때 우리는
기존의 패턴에 변형을 가하거나 재구성해 새로운 패턴을 발견한다.
시인의 예를 들어보자. 시인의 시상은 도처에 있다. 길을 걷다가,
책을 읽다가, 신문 기사를 보다가 시적인 글귀를 찾아내고 또
우연히 듣기도 한다. 그러면 이를 재구성하거나 약간의 변경을
가해 전혀 다른 느낌의 시를 창작해 내는 것이다. 작가나 시인들은
같은 단어라도 배열을 다르게 할 때 전혀 다른 느낌의 패턴이
드러난다는 것을 잘 알고 있다.

엔지니어들은 패턴 인식을 어떻게 활용할 수 있을까? 우리는
여기서 노벨 물리학상 수상자인 아이작 라비의 말을 기억할
필요가 있다. "과학에서 가장 흥미로운 분야는 자신이 무엇을
말하고 있는지 본인도 잘 모르는 곳에 자리한다." 결국 모든 창조는

무지의 영역에서 시작된다. '내가 알지 못하는 부분이 있는가?' 인정하고 싶지 않은 것을 인정하는 낮은 자세가 새로운 것을 발견하는 초석이다. 사람들은 자신이 성장한 환경이나 문화에 따라 학습된 것만 인식하는 경향이 있다. 내가 지금 눈으로 보는 것은 대부분 자라면서 관념화된 것들이다. 그래서 새로운 패턴을 인식하는 것은 그동안 믿었던 기존의 패러다임을 깨는 행위와 연관된다. 우리가 현재 세상에서 보는 것들이 얼마나 미비한가를 인정하고 자신의 마음속에 자리 잡은 고정관념을 부수려는 태도를 지닐 때 세상을 보는 눈은 확장된다. 마침내 우리는 세계의 모든 원리가 입체적으로 동작함을 이해하게 될 것이다.

다섯 번째 기술 - 패턴 형성

단순한 것을 결합해 복잡한 패턴을 형성한다. 둘을 합치면 항상 기대했던 것 이상의 효과를 가져오는 법이다. 이는 역으로 복잡해 보이는 결과가 뜻밖에 단순한 과정을 통해 만들어진다는 것을 의미하기도 한다. 이것은 뜨개질하는 모습을 보면 쉽게 이해할 수 있다. 뜨개질은 단순한 안뜨기와 겉뜨기, 두 개의 뜨개질 방법을 조합해서 수천 가지의 패턴을 만들어 낸다. 컴퓨터 프로그래밍은 어떤가. 그 복잡해 보이는 코드들도 결국 0과 1의 단순한 조합이 아닌가 말이다. 패턴 형성의 결과는 항상 예상을 뛰어넘는 경이로움 그 자체다. 아이들이 레고 블록 몇 개만으로 무언가 새로운 것을 만들어 내는 모습에서 나는 패턴 형성의 무한한 가능성을 본다.

"모든 복잡한 기계들은 레버, 바퀴, 나사, 톱니 등 단순한 기계들로 조립한 것이다. 발명은 이런 부품들을 새로운 방법으로 조립하는 과정이다."[1] 항상 새로운 것을 만들어야 하는 엔지니어들에게 이 말은 희망처럼 들린다. 창조는 무수한 기존의 생각을 조합해 혁신적인 아이디어에 도달하는 과정이다. 마찬가지로 위대한 성공은 작은 성취의 합이다. 우리가 하는 일 중에 한 번에 이뤄질 수 있는 것이 있을까? 장석주 시인이 「대추 한 알」이라는 시에서 말하는 것처럼 "저게 저절로 붉어질 리가 없다. 저 안에 태풍 몇 개, 천둥 몇 개, 벼락 몇 개"가 쌓여 비로소 대추 한 알이 영근다. 패턴을 형성하는 기본적인 과정이 반복이듯, 한 개인은 반복이라는 지난한 과정을 거쳐 탁월함에 도달한다. 그러니 항상 너무나 큰 목표에 좌절해왔던 엔지니어라면 우선 그 일을 실행 단위로 잘게 나눠볼 일이다. 그 부담 없는 작은 일들을 달성해갈 때 뜻하지 않은 성공이 그 뒤를 조용히 따른다. 기억하자. 창조는 위대한 결합이다.

---

[1] 로버트 루트번스타인, 미셸 루트번스타인, 『생각의 탄생』, 박종성 옮김, 에코의 서재, 2007, 183쪽.

여섯 번째 기술 - 유추

유추하라. 유추할 수 없다면 창조할 수 없다. 서로 닮지 않은 사물 사이에서 유사성을 발견하는 능력이 창조성이다. 완전히 달라 보이는 것 속에서도 공명하는 부분이 있으니 이를 잘 발견하는 사람이 창조적인 인물이다. 자, 그럼 오늘 들은 음악과 어울리는 음식을 떠올려 보자. 산책길에서 본 풍경과 어울리는 재미있는 이야기 하나를 만들어 보자. 하나의 단어로 연상되는 모든 이미지를 적어보는 건 어떤가. 이 시도로 인해 그동안 생각하지 못한 영상이 떠오른다면 그것이 바로 유추를 통해 창조해낸 세계다.

이 기술을 잘 사용한 사람이 보지도 듣지도 못한 헬렌 켈러였다. 그는 '보이지 않는 것'에서 '보이는 것'의 특징을 유추해 냄으로써 세상을 인식했다. "나는 관찰한다. 나는 느낀다. 나는 상상한다. 나는 셀 수 없을 만큼 다양한 인상과 경험, 개념을 결합한다. 이 가공의 재료를 가지고 머릿속에서 하나의 이미지를 만들어낸다."[2] 관찰은 눈과 귀로만 국한된 게 아니다. 어쩌면 우리는 보이는 현상에 사로잡혀 보다 소중한 것을 놓치고 있는지도 모른다. 아무리 시력이 좋아도 느낌은 누구나 향유할 수 없는 영역이다. 그런 의미에서 유추는 지금껏 잘 사용하지 않은 감각을 활용해서

---
2 같은 책, 196쪽.

얻은 결과물일지 모른다. 앞이 보이지 않는 헬렌 켈러에게 보이지 않는 것을 인식하는 것이 창조의 영역이었다면, 눈으로 사물을 인식할 수 있는 사람은 보이지 않는 것을 느끼는 게 창조의 영역이다. 그래서 대상을 대할 때는 전혀 다른 감각을 사용하는 시도를 해보는 것이 좋다. 마음의 눈으로 사물을 연상해 보려는 행위는 이제껏 우리가 경험하지 못한 세계에 발을 들여놓는 일이다. 우리는 세상을 얼마나 인식하고 있는가? 어쩌면 드러나지 않은 면이 겉으로 보이는 부분보다 더 진실할지도 모른다.

일곱 번째 기술 – 몸으로 생각하기

몸의 움직임이 생각이다. 어려서 몸으로 배운 수영과 자전거 타기는 커서도 잊히지 않는다. 피아니스트들은 손가락이 음표와 소나타를 기억한다고 한다. 그만큼 몸이 기억하는 느낌은 우리가 의식하지 않아도 그 일을 할 수 있을 정도로 강력하다. 그래서 '몸의 상상력'은 근육의 움직임과 긴장, 촉감을 활용하는 일이다. 무용가 마사 그레이엄은 몸의 움직임이 어떻게 생각이 되는지를 완전히 이해했다. "안무가라면 반드시 몸을 통해 작품을 만들어야 한다." 이것이 그의 생각이었다. 또한 조각가 로댕은 자신의 몸으로 이해하지 못한 작품은 창작하지 않았다. 그의 대작 〈생각하는 사람〉은 작가 자신의 몸에 대한 통찰의 결과물이다. 직접 체감하지 않으면 정확히 알 수 없는 것들이 있다.

그리고 생각만으로 온전히 느낄 수 없는 것들이 있다. 이 둘을 적절히 조합할 때 뜻하지 않은 창조적 결과물이 탄생한다.

 이 기법의 강력함을 엔지니어도 익히 알고 있다.『엔지니어링과 마음의 눈』을 쓴 유진 S. 퍼거슨은 "엔지니어가 구조물을 설계하거나 기계를 조립할 때는 기계학 교과서에서 배운 지식보다 물질에 대한 근육 감각이나 촉각에 더 많이 의지하게 된다."라고 말한다. 나사를 얼마나 조여야 하는지, 철을 잇기 위해 납땜은 얼마나 지속해야 하는지는 몸이 안다. 손가락으로 키보드를 빠르게 치는 행위는 또 어떤가. 이 모든 것들이 책을 통하지 않고 몸으로 직접 경험하며 체득한 것이다. 그들은 몸이 가장 오래 기억되는 저장소라는 것을 알고 이를 활용한다. 그리고 말로는 설명할 수 없는 '감'의 영역이 근육 지식에 숨어 있음을 이해한다. 몸의 느낌은 사고와 연결되기에 때때로 복잡한 문제가 논리적 사고나 수식이 아닌 느낌에 의해 풀리는 것을 경험할 때도 있다. 그래서 우리는 몸이 보내는 신호를 외면할 수 없다. 만약 당신의 머릿속이 복잡하고 생각이 떠오르지 않는다면 당장 자리를 박차고 일어나 산책을 가보자. 막힌 문제가 풀리고 있다는 것을 느끼게 될 것이다. 언제나 그렇듯 몸은 답을 이끈다.

여덟 번째 기술 - 감정 이입

      대상에 감정을 이입하라. 훌륭한 사냥꾼은

사냥감처럼 생각하는 사람이다. 철학자 칼 포퍼는 "문제 속으로 들어가 그 문제의 일부가 되는 것이야말로 문제를 해결하는 좋은 방법"이라고 설명한다. 그만큼 '스스로 이해하고 싶은 대상'이 될 때 가장 완벽한 이해가 가능하다. 항상 해결해야 할 문제를 안고 사는 엔지니어들에게 이 기법은 문제를 정확히 파악하는 데 도움을 준다. 만약 풀리지 않는 문제가 있다면 문제의 모든 상황을 느낄 수 있어야 한다. 이것은 마치 훌륭한 춤꾼이 춤과 하나가 되고, 위대한 성악가가 음악과 하나가 되고, 배우가 배역 속 인물과 혼연일체가 되는 것과 같다. 이들은 모두 자신을 대상에 전이시켜 그 자체가 되기 위해 노력한다.

감정 이입은 단순히 사실을 아는 것 이상을 가능하게 한다. 대상과 자신이 이어져 있다는 느낌은 대상에 대한 깊은 공감과 이해를 가능케 한다. 훌륭한 엔지니어는 이 원리를 잘 알고 있다. 뛰어난 창조물이 탄생하는 바탕은 대상에 대한 지극한 관심과 사랑이다. 자신이 하는 일을 좋아하지 않으면 온전히 집중할 수 없다. 그래서 이것은 감정 이입을 위한 선결 조건이다. 현장에서 뛰어난 능력을 발휘하는 엔지니어들은 작품에 생명을 불어넣는 예술가처럼 자신이 만든 제품에 영혼을 담는다. 그만큼 자신이 만든 제품을 완벽히 이해하고 제품에서 보내는 미세한 신호도 정확히 감지해 낸다. 엔지니어가 감정 이입을 사용하는 또 한

가지 에는 우리가 자주 사용하는 도구를 다룰 때다.[3] 화가가 붓을 사용하고 연주자에게 악기가 필요한 것처럼 연장을 사용해야 하는 엔지니어라면 자신이 사용하는 도구와 교감할 수 있어야 한다. 물론 엔지니어의 도구란, 엔지니어가 사용하는 시스템과 툴을 포함한다. 무릇 엔지니어라면 자신의 손에 익어 애용하는 도구 하나쯤은 있기 마련인데, 그 도구가 자신과 함께 세월을 먹을 때 솜씨는 숙달되고 기량은 높아지며 기술은 발전한다. 그만큼 장인의 반열에 가까워지는 것이다.

아홉 번째 기술 – 차원적 사고

차원을 달리해 생각하라. 평면 위에는 표현할 수 없는 것들이 있다. 그런데도 입체적인 대상을 보고 평면으로 그려내는 화가들은 표현의 한계를 어떻게 극복해낼까? 화가 조지아 오키프의 말대로, 꽃을 실제 크기대로 작게 그렸다면 오키프는 사람들에게 자신이 본 꽃의 느낌 전부를 전달할 수 없었을 것이다. 예술가들은 차원의 변형을 통해 자신의 작품을 표현한다. 한 차원에만 머무르지 않고 시선을 여러 차원으로

---

3   엔지니어의 기술은 도구를 사용하고 그 도구와 함께 보낸 세월을 통해 숙련된다. 화가가 사용하는 붓이 휘어지고 연주자의 악기에 때가 묻듯, 엔지니어 역시 사용하는 도구에 익숙해질수록 장인의 대열에 더 가까이 설 수 있는 것이다. 여기서 말하는 감정 이입은 '교감'의 영역이기에 엔지니어가 도구와 교감하는 것 역시 감정 이입의 예가 될 수 있다.

자유롭게 옮길 수 있는 사람은 그만큼 표현의 자유를 얻은 것이다. 조각가 헨리 무어는 "색맹보다 3차원을 지각하지 못하는 형태맹 form blind 인 사람이 훨씬 많다."라고 말한다. 이 말은 우리의 좁은 시야를 생각하게 한다.

우리는 얼마나 보이는 것이 전부라 믿으며 살고 있는가? 어찌 보면 단편적인 사고에 갇혀 평생을 살아가는 게 우리들이다. 생각의 한계를 벗어나려는 노력은 예술가에게만 필요한 것은 아니다. 생각의 자유에 대한 열망은 엔지니어들에게도 있다. 도면을 입체적으로 표현하기 위해 캐드 CAD 를 활용하고, 대상의 특징을 발견해 작은 모형을 제작하고, 설계도를 보며 건축물을 만들고, 엑스레이로 사람의 몸을 찍어 진단하는 일은 대표적인 차원 파괴의 사례들이다. 그들은 2차원과 3차원을 넘나들면서 자신의 아이디어를 구체화한다. 결국 하나의 관점에 얽매이지 않을 때 새로운 생각을 하게 된다. 그리고 언제나 그렇듯 차원의 한계가 극복될 때 혁신적인 제품이 탄생한다. 공간을 평면으로, 느낌을 글로, 생각을 형체가 있는 물체로 바꾸는 일은 모두 비슷한 과정을 거치며, 이들 모두는 의심의 여지없이 창조적인 작업이다. 그런 면에서 평면의 재료를 구부리고 잘라 붙여 입체적인 제품을 만들어 내는 엔지니어들은 얼마나 창조적인가. 한 분야의 대가는 다른 사람이 갖지 못한 시야를 확보한 사람이다. 이는 바로 다른 차원을 볼 수 있는 안목이 생긴다는 뜻이다. 그들은 스스로

그어놓은 한계를 극복함으로써 새로운 차원에 도달한다. 어제보다 높은 위치에서 현재를 조망하는 사람은 차원의 문을 여는 방법을 안다. 언젠가 우리는 깨닫게 될 것이다. 같은 세상을 살고 있지만, 우리 모두 다른 차원에서 살아왔다는 것을 말이다.

열 번째 기술 – 모형 만들기

모형으로 새로운 발상을 떠올린다. 모형은 실제를 염두에 두고 만든 시뮬레이션이다. 주로 가상 상황을 설정해 만드는 전쟁 게임^{war game} 같은 것에 사용되는 기법으로 실제 경험하기 어려운 것에 접근할 수 있는 효과적인 방법이다. 또한 교육적인 목적으로 제작된 다양한 모형들이 복잡한 개념을 쉽게 이해할 수 있도록 돕는다. 이는 단지 말로 설명을 듣는 것보다 효과적인 학습 수단인 것이다. 모형은 실제의 축소판이다. 모형을 설계하고 제작하면서, 그리고 만들어진 모형을 만져보고 고쳐보면서 우리는 다양한 경험을 쌓는다. 또한 모형 제작 과정에서 얻는 재미는 우리가 부가적으로 갖는 혜택이다.

 최종 결과물을 미리 볼 수 있다면 얼마나 큰 혜택이 되는지 엔지니어들은 잘 알고 있다. 개발 초기에 제작하는 시제품^{prototype} 형태의 모형은 결과물의 완성도를 높이고 위험을 최소화한다. 우리는 모형을 보며 설계를 변경하고, 예상되는 문제점을 보완하며, 고객의 반응을 살필 수 있다. 이 일련의 과정에서 제품에

대해 보다 잘 이해할 기회를 얻게 된다. 로댕 역시 조각품의
모형을 곧잘 만들곤 했는데, 그것의 목적은 '빠른 시간 안에
작품을 파악'하는 것이었다고 한다. 결국 이런 이해 과정은 새로운
아이디어가 탄생하는 배경이 된다.

   따지고 보면 모든 창조적 진화가 유사한 과정을 거친다. 많은
시행착오를 거쳐 점차 명료한 윤곽을 가지는 것 말이다. 한 번에
완벽하게 되는 것은 없다. 아니, 완벽이란 본래 존재하지 않는
것일지도 모른다. 그래서 우리는 끊임없이 모형을 변형해 가며
생각을 발전시킨다. 모형이 가지는 가장 큰 가치는 이 과정에
있다. 완벽함을 목표로 하는 것이 아니라 모형을 만드는 행위
자체에 집중할 때, 우리는 모형이 진화할수록 자신의 창조성도 더
커진다는 것을 알게 된다. 진정 창조적인 사람은 자신을 가지고
실험한다. 자신이 가진 소질을 현장에서 강화하고 다양한 훈련
과정을 거쳐 자신의 재능을 숙련시킨다. 우리는 이렇게 매일
자신에게 적합한 방법을 적용해가며 창조된다. 자신에게 물어보자.
우리는 현재 어떤 노력을 기울이고 있는가. 그리고 잊지 말자.
모든 창조적 결과물이 처음엔 불완전한 요소를 가득 안은 미완의
모형이었음을 말이다.

열한 번째 기술 – 놀이

모든 일이 놀이가 되어야 한다. 내가 하는 일이 놀이가 될 수 있으면 즐겁다. 놀이는 그런 것이다. 의무도 없고 목적도 없으며 그 자체만으로도 이미 충분하다. 규칙에 따르지 않고 자유롭게 시도할 수 있을 때 우리는 쉽게 창의적인 사고를 할 수 있다. 세계적인 석학들이 자신의 일을 가지고 논다는 표현을 자주 하는 것도 즐거워야 계속하고 싶고 깊어지는 원리를 잘 알고 있기 때문이다. 우리가 하는 행위가 단지 힘들기만 하다면 우리는 금방 지치고 말 것이다.

뛰어난 엔지니어는 자기 일을 즐겁게 받아들인다. 한 분야의 장인은 자기 일을 즐겁게 여기며 평생을 할 수 있는 사람이다. 자기 일에서 두각을 나타내는 사람과 그렇지 않은 사람의 차이는 그들이 일하는 모습을 보면 알 수 있다. 비범한 엔지니어는 자신의 일을 가지고 신나게 놀 방법을 찾는다. 그래서 쉽게 몰입할 수 있다. 이런 엔지니어들이 무언가 완성품을 만드는 모습을 보면 그들이 얼마나 흥분해 있는지 알 수 있다. 그들은 일하고 싶어 빨리 회사에 가고 그 일과 관련해서 스스로 학습한다.

그럼 어떻게 하면 잘 노는 것인가? 그건 아이들을 보면 잘 알 수 있다. 아이들처럼 남의 시선을 의식하지 않고 마음 가는 대로, 하고 싶은 것은 모두 해가며 놀 수 있다면 잘 노는 것이다. 언젠가 아이들과 물놀이를 간 적이 있다. 나는 그때 깨달았다.

내가 물놀이에 몰입할 때는 아이처럼 천진난만하게 첨벙첨벙
몸을 던지며 뛰논다는 걸 말이다. 당시 나는 순수하게 놀이에
빠져들었고 내가 기억하는 최근 모습 중 가장 크게 웃고 있었다.

　오직 놀이가 될 때만 자신의 일이 즐겁다. 예술가는 놀면서
작품을 만들고 엔지니어는 놀면서 세상을 변혁한다. 그래서 나는
우리가 하는 일이 즐거운 창조 놀이가 될 수 있길 희망한다. 우리는
놀이를, 일을 대하는 유일한 방식으로 여겨야 한다. 그리고 때론
놀이처럼 가볍게 살자. 살면서 내가 드는 의문은 우리의 인생이
그토록 심각한 것인가 하는 것이다. 어쩌면 자기 삶을 가지고 놀
수 있을 때 가장 잘 사는 것은 아닐까? 평생 호스피스 병동에서
죽음을 연구한 정신과 의사 엘리자베스 퀴블러 로스는 그의 저서
『인생 수업』에 이런 말을 남겼다. "죽음을 앞둔 사람들이 가장
후회하는 것은 삶을 그렇게 심각하게 살지 말았어야 했다는
것이다." 그렇다. 어찌 인생이 그토록 무거운 것이기만 하겠는가.
나는 놀이처럼 가볍게 살고 싶다. 그러하니 엔지니어여, 재미를
쫓아라. 우리가 하는 일은 즐거운 창조적 놀이가 아니던가(놀이에
관해서는 5장에 상세히 기술하였으니 이 부분을 참고하길 바란다).

열두 번째 기술 – 변형

　　　　　　　　변형하라. 우리는 자기 생각을 전달할 때 다른
사람이 이해할 수 있는 형태로 변형할 수 있어야 한다. 또한 한

가지 생각이나 자료를 변형시킴으로써 다른 특성과 용도를 파악할 수 있다. 여기서 변형은 우리가 앞서 익힌 다양한 생각 도구를 통해 일어난다. 창조적인 사람은 여러 생각 도구를 복합적으로 사용해 분야의 경계를 넘나든다. 이는 생각 도구들 간의 자유로운 전환과 연결을 뜻한다. 조각가 나움 가보의 말처럼 "미술도 수학적으로 접근할 수 있을 때 발전 가능성"이 있다. 점차 이런 변형 작업은 흔한 일이 되어가고 있다. 모든 수치 자료들은 가시성이 좋은 그래프나 여타의 시각적 이미지로 표현되고, 눈으로 보는 것보다 빠르게 청각으로 인지할 수 있다는 것이 증명되면서 다양한 실험들이 진행된다. 이런 변형적 사고는 수많은 앎의 방식을 다양한 의사 전달의 형태로 연결해준다. 그리고 추상적 영역에 머물던 생각을 현실로 끌어내린다.

하지만 여전히 정답만 요구하는 환경에 익숙한 우리에게 새로운 것을 창조하는 일은 어렵다. 창의적 사고는 하나의 정답을 찾는 것이 아니라, 다양한 방식을 시도하고 변형할 때 길러진다. 『생각의 탄생』에서는 이스라엘 예술과학 아카데미에서 배우는 학생들의 사례가 소개되는데, 그들은 기초 공학을 학습할 때 연날리기를 적용해 공기 역학 이론을 배운다고 한다. 어떤 연을 만들 것인지 아이디어를 떠올리고, 스케치하고, 그려낸 디자인으로 부품을 만들어 조립하고, 연날리기에 적합한 감각 기술을 익히고, 최종적으로 머릿속 심상으로 옮기는 모든 과정은 다양한 생각

도구들을 연속적으로 사용하는 실험 과정이라고 할 수 있다. 결국 변형은 학생들이 배워야 할 지식을 다양하게 경험할 기회를 준다. 엔지니어는 어떤가. 우리는 한 가지 방법만 고집해야 할까? 그렇지 않다. 창의적인 엔지니어는 현재의 방식에 만족하지 않는다. 다양하게 시도하고 끊임없이 변용해 새로운 가치를 만들어낸다. 모든 작품의 탄생 과정은 같다. 한 가지 생각에 매이지 않고 방향을 바꿀 때 뜻하지 않은 결과가 찾아온다. 스스로 변화하지 않으면 창조적 진화는 찾아오지 않으니 '변화' 자체를 창조의 기본 원리로 삼으면 좋겠다. 우리의 삶도 끊임없이 변모하지 않으면 발전하지 않으니 말이다.

열세 번째 기술 – 통합

통합하라. '우주적 동시성'의 세계에서 모든 것들은 상호 작용한다. 엔지니어인 동시에 시인이 돼라. 모든 것이 되지 못하면 아무것도 아닌 시대가 우리가 살아야 할 시대다. 결국 하나만 잘해서는 살아남지 못한다. 통섭형 인간, 전인적인 능력을 갖춘 사람이 인정받는 시대가 온다. 실제로 뛰어난 능력을 인정받은 사람들은 다양한 분야에 관심을 가진다. 물리학자 리처드 파인만은 '진정한 과학자는 세계에 관해 생각만 하지 않고 느낀다'고 믿었으며, 건축가 발터 그로피우스는 "뛰어난 화가라면 세계를 단지 느끼기만 하는 것에 그치지 않고 그것을 알고자 한다."라고 말했다. 이들이 추구하는 것은 대상에 대한 깊은 이해다. 그리고 이로 말미암아 자신의 분야에서 깊어지길 바랐다.

    우리는 여기서 스티브 잡스가 왜 인문학과 기술의 통합을 강조했었는지를 생각해 볼 필요가 있다. 혁신적인 제품은 기술로만 달성되는 것이 아니다. 사람의 감정을 이해하고 인간적인 정서가 녹아날 때 대중의 사랑을 받는다. 이 관심과 사랑이 제품을 널리 쓰이게 하고 생존케 한다. 결국 모든 것이 통합적인 이해가 없다면 불가능할 것이다. 예술과 결합한 과학, 인문과 결합한 기술, 인식과 감각의 융합, 이성과 감성의 조화 등의 통합적 사고가 여기에 포함된다. 결국 서로 다른 것이 맞물려 그동안 생각하지 못한 것을 만들어 낸다. 그래서 창조는 연결이다. 최근 들어 내게 드는 의문은 본래부터 학문의 경계가 나뉘어 있었는가 하는 것이다. 철학, 종교, 물리, 수학, 역사, 미술, 음악, 문학 그리고 공학 등을 면밀히 들여다보면 근원은 같다는 생각이 든다. 실제로 문과와 이과의 분화는 우리가 필요에 의해 구분한 것이 아니던가. 대상 간의 경계가 사라지고 융합될 때 넓은 시야를 가진 전인(全人)이 탄생한다. 새로운 시대는 이런 다중 감각을 갖춘 사람, 통합적 사고 능력을 갖춘 사람을 요구한다.

    단연코 우리가 겪는 문제 중에서 한 가지 접근방식으로 해결할 수 있는 것은 하나도 없다. 그리고 자신의 분야 밖에서는 소통할 수 없는 전문가는 자신의 분야에 고립된다. 결국 얼마나 다양한 감각으로 이해할 수 있는지가 그 사람의 창조성을 결정한다. 탄탄한 실무 경험을 바탕으로 예리한 직관을 갖추고 제품에 따뜻한 감성을 불어넣을 수 있는 사람, 때론 세상을 시인의 시선으로 볼 수 있는 인간적인 엔지니어가 이 시대가 바라는 사람이다. 물론, 이런 사람 모두가 성공할 수는 없을 것이다. 그러나 최소한 이들은 자신의 삶을 긍정한다. 다른 사람이 볼 수 없는 것을 본다는 것은 삶의 풍요를 결정한다.

부디 이 시대의 엔지니어가 단편적인 시야에서 벗어나 다채로운 삶의 향연을 맛보길 희망한다. 떨어지는 빗소리에 감동하고 자연의 변화에 민감한 자극을 느낄 수 있는 감성을 갖추길 원한다. 나는 이것이 개인의 삶에서 볼 때 창의성의 가장 큰 쓸모가 아닌가 싶다.

지금까지 다룬 13개의 생각 도구를 활용해 우리의 일상에 창의적으로 접근할 수 있을 때, 우리는 기존의 틀에서 벗어날 수 있다. 결국 얼마나 새로운 일상을 맞이하는가는 우리가 느끼는 정도에 달려 있다. 생각 도구 중 내게 적합해 보이는 몇 개를 선택해 일상에서 시도해 보면 좋겠다. 나는 '창조'라는 키워드를 중심으로 이 생각 도구들을 제안하고, 우리도 충분히 창의적일 수 있다는 것을 이야기하고 싶었다. 그동안 잠들어 있던 감각을 깨워 자신을 창조적 궤도에 끌어들일 수 있을 때 우리는 깨닫게 될 것이다. 우리가 사는 세상의 경이로움을 말이다. 그런 의미에서 깨어난다는 것은 다시 태어나는 것이다. 창조는 탄생이니, 우리는 매일 어제와 다른 모습으로 세상에 모습을 드러낸다. 부디 생각의 자유를 얻은 엔지니어가 세상을 무한한 가능성을 인식할 수 있게 되기를 바란다.

일상을 예술로 만드는 창조적 습관

한동안 나의 관심사는 오로지 '일상'이었다. 어찌나 시간이 빨리 지나가는지, 돌이켜 보면 한 주가 숨 가쁘게 흘러가 있고, 이것이 모여 한 달, 한 해가 쏜살같이 지나가 있었다. 무엇 하나 이룬 것 없이 나이만 든다는 자책감의 중심에는 오늘 내가 쉽게 보낸 '하루'가 자리 잡고 있었으니, 당장에 바로잡지 않으면 인생의 말미에 후회할 것이 분명했다. 나는 관성적으로 흐르는 하루를 재편해 인생에 활력을 불어넣고 싶었다. 아니, 이왕이면 오늘 하루가 불꽃처럼 뜨거웠으면 한다. 오늘이 괴롭고 힘들든, 어제와 똑같이 지루하게 지나가든 상관없이 언제나 변하지 않는 건 오늘 주어진 하루는 분명 사라져 없어질 것이란 점이었다.

『창의성의 즐거움』에서 미하이 칙센트미하이는 "창의성은 흥미롭고 생산적인 인생을 사는 방법을 배우게 하고 이는 우리에게 가장 활기차고 행복한 삶의 모델을 제공한다."라고 말한다. 어떻게 하면 하루를 지루하지 않게 하고 경이와 흥미로 채워갈 수 있을지를 고민하는 사람들에게, 그는 일상의 새로운 발견을 강조한다. 매일 당연하게 주어지는 것처럼 인식되는 일상을 새로운 눈으로 바라볼 수 있다면 우리 인생에 새로운 관점이 생겨나고 삶의 활력도 일어난다. 이때 우리에게 나이는 제약이 되지 않는다. 오직 어제와 똑같은 하루를 아무런 감정 없이 맞이할 때 우리의 삶은 욕망을 잃는다. 무언가를 깊이 관통하고 싶다는 열정은 욕망에서 솟아나니, 우리 삶에서 욕망이 사라질 때 삶도 함께 시든다.

세상에는 창조성을 삶의 중요한 목표로 삼는 사람들이 있다. 그들은 '어떻게 살아갈 것인가?'라는 질문에 창조적 경험을 강조한다. 이들은 우리가 매일 맞는 일상을 창조적으로 재편하는 것이야말로 삶을 특별하게 만드는 좋은 전략이라는 점을 알고 있다. 소설가 안톤 체호프가 인식한 것처럼 "위기는 바보들에게도 닥쳐온다. 우리를 정말로 괴롭히는 것은 바로 일상이다." 그래서 창조적인 사람들은 적극적으로 하루를 경영하려 노력한다. 이들의 고민은 어떻게 하면 하루를 그저 버티고 흘려보내는 대상이 아닌, 발견의 대상으로 볼까 하는 것이다. 스스로 만든 인식의 한계를 넘어 일상의 작고 사소한 것들을 다르게 볼 수 있을 때 우리의 삶은 특별해진다. 물론 이것은 창의성을 필요로 하는 직업에 국한하지 않으며, 특별한 인생을 꿈꾸는 모든 이들에게 통용되는 말이다.

현재 창의성을 발휘해야 하는 일을 하면서 스트레스를

받고 있는가, 매일 반복되는 일상에서 지루하고 무료한가.
여기 우리가 하는 일이 창조성과 별개가 아니라고 주장하는 사람이 있다. 우리의 작고 사소한 일상을 창조적으로 경영하는 것이야말로 창조적인 삶의 원동력이라는 것이다. 에릭 메이젤은 심리치료사이자 자타가 공인하는 창의력 전문가다. 특히 그는 창의력과 씨름하는 작가, 미술가, 음악가와 같은 예술가들을 주로 상담하며 그들의 정신적 불안을 잠재우고 재능과 잠재력을 일깨우는 데 탁월하다. 창작자들의 정신적 위안자 역할을 자처하는 그가 펴낸 책 『일상 예술화 전략』은 분주하게 사는데도 항상 어딘가 허전하고, 무언가를 잃어버린 채 살고 있다고 느끼는 사람들에게 추천할 만하다. 작가의 말대로 창의력이야말로 우리의 영혼을 살찌우고 삶을 풍요롭게 하는 촉매이기 때문이다. 우리 자신의 진정한 잠재력을 발휘하기 시작할 때 채워지지 않던 내면의 갈증도 해소될 수 있는 것이다. 현실의 변용을 불러올 수 있을 때 내가 있는 이곳은 그 자체로 새로운 세상이다. 이것은 세상이 바뀌었기 때문이 아니다. 내가 변했기 때문이다.

 이 책은 우리가 일상에서 실천할 수 있는 예술적인 삶의 방법을 88가지로 소개한다. 어떤 것은 우리가 이미 알고 있으면서도 실천하지 못하는 것일 수 있고 어떤 것은 워낙 기발해 무릎을 '탁' 치게 하는 것들도 있다. 우리는 이 중에서 자신이 실천할 수 있다고 여기는 매력적인 것을 몇 개 골라 일상 속으로 끌어들이면 된다. 이 책에서 전부를 나열할 수는 없지만 엔지니어가 반드시 실천했으면 하는 키워드들을 중심으로 나의 의견을 더해 소개해 보겠다.

우선 하루를 창의적으로 보내기 위해서는 '시간을 만드는 것'에 초점을 맞춰야 한다. 대부분의 사람은 시간이 그저 알아서 흘러가거나 흘려보내는 것이라 여긴다. 그래서 항상 시간에 쫓기고 뭔가를 할 시간이 없다고 불평한다. 하지만 창의적인 사람은 자신이 원하는 일을 하기 위한 시간을 따로 마련한다. 그들에게 하루는 24시간이 아닌, 23시간 혹은 22시간이다. 하루 한두 시간은 자신이 가장 집중할 수 있는 시간에 좋아하는 일을 한다. 에릭 메이젤 역시 매일 아침에 일어나면 글쓰기로 하루를 시작한다고 한다. 십 년 동안 매일 2시간씩 할애해 10권의 책을 씀으로써 그는 시간을 정복하고 창작자가 될 수 있었다. 결국 시간에 대한 관점을 바꾸고 자투리 시간이라도 활용하려는 의지를 가진 사람들은 이미 창의적인 작업을 시작할 준비가 된 사람이다. 내가 좋아하는 일에 시간을 들이는 것, 이것은 언제나 성공을 위한 가장 기본적인 전제 조건이다.

신은 우리에게 채찍을 들지 않고 시간으로 벌을 준다는 말이 있다. 그만큼 시간은 바람과 같다. 무심코 내버려두면 흩어져 버린다. 하지만 시간의 낭비를 막을 방법이 있으니, 매일 같은 시간에 같은 양의 시간을 투자하는 것이다. 하루 2시간 정도 개인 프로젝트를 진행할 수 있다면 더할 나위 없다. 이 시간을 만들어 낼 수 있는 사람은 자신의 세계를 창조할 수 있다. 이들에게 시간은 소모가 아닌 축적의 대상이다. 1년 정도 꾸준히 축적된 시간은 작은 성취 하나를 만들어 낼 것이다. 만약 5년, 10년을 꾸준히 지속한다면 이들의 미래가 어떻게 될지 상상할 수 있는가. 그 일의 대가의 경지에 올라 위대한 성취를 이룬 모습을 쉽게 떠올릴 수 있는 건 투여된 시간의 양이 땀의 결실과 비례한다는 창의력의 정체와도 일치한다. 나 역시 내 기질에 맞는 일을 정해 오래 할 수 있는 여건을 만들려고 노력한다. 내 모든 시간을 다른 사람을 위해 팔지 않기로 다짐한 순간부터 하루 2시간은 나를 위해서 쓴다. 물론 바쁜 일상에서 시간을 내기도, 지속하기도 쉽지 않았다. 그러나 습관이 된 뒤로는 그렇게 하지 않으면 허전한 기분마저 든다. 무엇보다 이 시간이 내 재능을 계발하고 미래를 준비하는 시간이라 생각하면 허투루 보낼 수 없다. 더욱이 시간의 개념을 이해한 뒤로는 더욱더 이 시간에 몰두하게 된다. 나는 언젠가 내가 좋아하는 일들로 내 시간을 가득 채울 날을 기대한다.

또한 창의적인 사람은 '실패'를 두려워하지 않는다. 이들은 실패를 용서하고 끌어안는다. 성공한 사람들의 공통점은 실패를 과정으로 여기고 실패를 통해 배운다는 점이다. 반면에 실패에 머무는 사람들은 실패가 두려워 다른 시도를 하지 못한다. 이것은 큰 차이를 만든다. 성공이 수많은 실패 위에 만들어진다는 것을 이해하지 못한다면 몇 번의 실패에만 집중하게 되고 그 자리에

주저앉고 말 것이다. 특히 차별화된 제품을 만들어야 하는 엔지니어들에게 실패는 끊임없이 오류를 보정하는 과정이다. 라이트 형제가 하늘을 날 수 있었던 이유는 실패를 통해 학습했기 때문이다. 뼈아픈 실패를 통해 얻은 교훈은 골수에 각인된다. 이것은 실패를 단순히 반복하지 않기 위해 변화를 주고 창의적으로 진화되게 한다. 이들에게 실패는 없고 수많은 도전이 있을 뿐이다. 토머스 에디슨의 말을 기억해 두자. "그건 실패가 아니었다. 동작하지 않는 만 가지 방법을 발견해낸 것뿐이다." 위대한 성공에 도달해 본 사람들은 알고 있다. 실패를 통해 배우지 못하면 빛나는 성공도 없다는 것을, 가장 완벽한 실패는 시도하지 않는 것임을 말이다.

    나는 소프트웨어 엔지니어로 일하며 실패를 학습 방식으로 적극 활용한다. 프로그램을 개발하다 보면 사람마다 스타일이 다르다는 걸 알 수 있다. 한 번에 모든 경우를 고려해 완벽하게 준비해서 시작하는 사람이 있는 반면, 나처럼 중간에 다양한 오류를 발생시키면서 개발하는 사람도 있다. 사실 나는 빠른 실패가 오히려 좋은 결과로 이어진다는 것을 프로그램을 개발하면서 배웠다. 가능한 빨리 틀리고 신속하게 다시 학습할 기회를 갖는다. 이것이 내 방식이다. 내게 있어 준비는 언제나 부족해 보였기에 완벽히 준비해서 시작하려고 하면 한 발자국도 내딛지 못할 거라는 사실을 잘 알고 있다. 이 깨달음은 살면서 많은 부분에 적용된다. 시험을 준비하더라도 한 번에 합격할 수 없을 가능성을 열어 두고, 등산을 가서 길을 잘못 들어도 자책하지 않는다. 이번 기회에 그 길이 어디와 연결되어 있는지 알아 두면 된다. 내가 현재 쓰고 있는 글은 어떤가. 처음부터 완벽하게 준비해서 술술 쓴 글이 절대 아니다. 내가 이 글을 몇 번이나 고쳐 썼는지를 알면 독자들은 좀 더 내 글을 좋아해 줄 텐데 말이다. 그렇다. 오히려 실패는 경험에 가깝다. 실패를 경험하지 않으면 훨씬 더 나쁜 실수를 저지를 수 있다. 직업적으로 봐도 우리가 인식하지 못한 오류를 시스템에 배포하는 게 더 큰 문제로 돌아오지 않던가. 사실 나는 완전히 잘못된 길로 빠지는 것이 더 두렵다. 그래서 중간중간 가는 길을 점검하기 위해서라도 실패는 반드시 필요하다.

창조적인 사람은 일을 '사랑'하는 사람이기도 하다. 창의력은 기본적으로 사랑에 뿌리를 둔다. 오늘 하루 이 일을 하지 않고는 참을 수 없는 지경에 이르렀다면 그 일을 지독히 사랑하는 것이다. 사랑의 다른 말은 '헌신'이다. 누가 시키지 않아도 뜨거운 열정을 가지고 무작정 그 일에 덤벼드는 것. 그 지독한 상사병이 자나 깨나 그 일을 생각하게 하고 미친 듯 빠져들게 한다. 이렇게 이뤄진 사랑은 둘이 하나가 됨으로써 결실을 맺는다. 일은 사라지고 내가 그 일을 하는 행위 자체가 된다. 마사 그레이엄은 가장 뛰어난 춤꾼으로 기억된다. 그리고 피카소는 세기의 화가로, 베토벤은 작곡가로, 아인슈타인은 위대한 과학자로 남아 있다. 이들 모두에게 일은 떼려야 뗄 수 없는 것이다. 내가 바로 일이고 일이 바로 나를 정의한다. 그래서 나는 내가 '창작하는 엔지니어'로 기억되길 원한다. 내가 쓴 글을 읽고 한 가닥 위안과 할 수 있다는 자신감을 얻어가는 사람들을 보며 나는 내가 한 일이 무의미하지 않다는 걸 깨닫게 될 것이다. 그 신성한 사명감이 나를 움직이게 한다. 잠을 줄이고 늦게까지 깨어 있게 하며 이 일을 위해 다른 일을 포기하게 한다. 누군가는 이 일을 할 것이고 그게 내가 아닐 수 있다는 걸 알고 있었지만, 결국 나는 내가 '해야 할 일'을 받아들이기로 했다. 그건 내가 이 일을 사랑하고 내 주위 엔지니어들에게 애정이 있기 때문이다.

당신은 무엇으로 기억되길 바라는가? 슈퍼컴퓨터를 세상에 출시하기 위해 깨어 있는 모든 순간을 헌신한 엔지니어들의 치열한 일상을 다룬 책 『새로운 기계의 영혼』에서 저자인 트레이시 키더는 "기술은 기술 제작자의 영혼이 만들어 낸 결과물에 불과하다."라고 말한다. 이와 비슷한 말을 스티브 잡스도 한 바 있다. "디자인이란 창작물의 밑바탕을 이루는 영혼으로서 제품이나 서비스의 외관에 드러난다." 나는 이들이 말하는 '영혼'이 바로 엔지니어의 지극한 사랑이라고 생각한다. 눈으로 보이거나 수치로 설명할 수 없는 순수한 동기이자 뜨거운 열정 말이다. 그래서 나는 우리가 하는 일에 영혼이 있냐 없냐로 그 일의 의미를 판단하는 걸 좋아한다. 결국 어떤 일을 하는가보다 일을 어떻게 대하느냐가 중요하다. 어떤 경우에도 일의 하찮음은 누구도 아닌 자신이 만든다. 또한 우리가 하는 일에 영혼이 없으면 재능도 발휘될 수 없다. 내가 하는 일 중 어떤 일이 영혼을 풍요롭게 하는가? 나는 언제까지나 엔지니어가 자신의 일에 대한 사랑을 잃지 않고 자신의 직업을 정의하게 되길 바란다.

    마지막으로 덧붙이고 싶은 이야기는 '휴식'에 관한 것이다. 내면이 소란스러우면 새로운 것이 깃들기 어렵다. 마찬가지로 분주하고 바쁜 것은 창의성을 저하시킨다. 선불교에서 '주방을 깨끗이 하는 것이 정신을 맑게 하는 일과 연관된다'고 말할 때, 우리는 정신을 쉬게 하는 것이 새로운 것을 채우기 위한 여백의 공간을 만드는 과정이란 걸 깨닫는다. 칙센트미하이는 '힘의 분배'를 이야기하면서 창의적인 에너지를 비축하기 위해 성찰과 휴식을 가져야 하며, 그러기 위해서는 시간을 확보하고 집중할 수 있는 환경을 만들어야 한다고 말한다. 그가 『창의성의 즐거움』에서 제시한 창의적인 사람들의 10가지 복합적인 성향 중 첫 번째는 '창의적인 사람들은 대단한 활력을 갖고 있으면서 동시에 조용히 휴식을 취한다'는 것이다. 여기서는 '버림'의 미학이 자리한다. 일에서 스트레스를 받고 있다면 잠시 일에서 벗어나야 한다. 우리가 자유로운 시간과 휴식 없이 무엇을 만들어 낼 수 있을까? 무거운 일이 짓누를 때 우리는 다른 일을 생각할 여유를 잃는다. 지친 사람들이 생각하는 것은 기껏해야 '하루만 푹 쉬었으면 좋겠다'는 푸념뿐이다. 휴식을 창조성이 부화하는 시간으로, 여백이야말로 창조성이 들어서는 공간으로 생각할 수 있어야 한다.

특히 하루 종일 머리를 써야 하는 엔지니어들에겐 특별한 휴식법이 필요하다. 신경의학 전문의 구가야 아키라는 그의 저서 『최고의 휴식』에서 '뇌의 피로'에 대해 소개하고 그에 맞는 휴식법을 제시한다. 그에 따르면 뇌의 피로를 푸는 방법은 육체적 피로 해소 방법과는 다르다. 즉, 뇌의 피로는 TV를 보는 것과 게임을 하는 것으로 풀리지 않는다. 우리의 잘못된 인식으로 뇌의 피로를 방치하면 주의가 산만해지고 매사에 무기력하고 짜증스러운 상태로 남게 된다. 특히 이런 상태는 우리의 생각이 현재가 아닌, 과거와 미래에 머물면서 지나간 일에 연연하고 다가올 일에 불안을 느낄 때 심해지는데, 이를 방지하기 위해서는 구가야의 주장대로 우리의 의식은 평가나 판단이 더해지지 않은 '지금 이 순간'에 머물러야 한다. 그런 의미에서 명상은 현재 숨을 쉬는 행위를 자각함으로써 우리의 의식을 지금 이 순간으로 끌어내린다. 지금 들이쉬는 숨, 내쉬는 숨 한 모금이 없다면 우리는 연명하지 못한다. 그 자각이 우리를 깊은 호흡과 함께 깨어 있게 한다. 그리고 하루 10분 정도의 들숨과 날숨을 의식한 호흡법이 병행될 때 잡념은 사라지고 뇌의 스트레스가 경감돼 자연스레 집중력과 기억력이 향상된다. 간단해 보이는 이 방법으로 뇌의 피로를 줄일 수 있다면 한번 해볼 만하다. 실제

'마음챙김 Mindfulness'이라고 불리는 이 명상법은 스티브 잡스도 실천했던 것으로 유명한데, 의자에 편안히 앉은 후 손은 허벅지에 올리고 눈을 감은 상태에서 자연스러운 호흡에 주의를 집중하는 것으로 잡념을 줄여 뇌의 피로를 푸는 방법이다. 나는 이 방법을 엔지니어들에게 강력히 추천한다. 앉은 자리에서 업무 틈틈이 5분 정도만 따라 하면 되니 머리를 쉬게 하는 방법으로 효과적이다. 이렇듯 휴식이 긴장과 이완, 들숨과 날숨처럼 자연스러운 충전의 시간으로 인식될 때 이것은 우리에게 창조적 휴식이 된다.

나는 이 책을 읽고 청소를 하고 설거지를 하면서도 충분히 창조적일 수 있다는 것을 배웠다. 창조적인 사람들은 일상이라는 무대에서 실험한다. 시간의 강력한 힘을 믿고 이용할 수 있는 사람은 매일 조금씩 성장한다. 저자가 말하는 '일상이 창의적인 사람'이 되는 법은 매일 주어지는 일상을 예술적으로 사는 방식을 발견하는 것이다. 누구나 마음속 깊은 곳에는 예술가적인 창조성이 숨어 있다. 결국 이것을 발현하느냐 마느냐는 자신의 몫이다. 나 역시 의지보다 강한 것이 습관이란 걸 깨닫는다. 태산처럼 커다란 일도 매일 조금씩 공을 들이다 보면 '작은 물방울이 바위를 뚫듯' 진행될 것이다. 그러므로 우리가 진정으로 변화시켜야 할 것은 우리의 일상적인 삶이다. 잊지 말자. 매일 맞는 하루를 바꾸는 것이야 말로 인생을 바꾸는 유일한 길이다. 오늘 하루는 항상 우리의 것이었다.

삶의 창조성을 회복하라

공상 과학 영화를 좋아했었다. 어려서 나는 타임머신을 타고 과거로 여행을 떠나는 주인공을 동경했고, 우주선을 타고 평화롭게 우주를 유영하는 모습에서 나도 한번 우주에 가 보고 싶다는 생각을 했었다. 그리고 로봇이 등장하는 전쟁 장면에서는 두 주먹을 꽉 쥐고 빨리 주인공이 로봇을 처치하길 바랐던 것 같다. 아직 가보지 못한 미지의 세계를 상상으로 경험하게 하고, 우리에게 꿈과 희망, 경각심을 불러일으킨다.

하지만 영화 속 장면이 실제 우리 삶의 모습이 된다면 어떨까? 자유롭게 우주여행을 하고 로봇과 생활하는 인간의 모습이 멀게만 느껴지는가? 우리는 이 질문의 답을 『80일간의 세계 일주』로 잘 알려진 프랑스 소설가 쥘 베른의 상상력 속에서 찾을 수 있다. 그는 『해저 2만 리』, 『달세계 일주』, 『20세기 파리』 등 수많은 공상 과학 소설을 쓴 이 분야의 선구자다. 그의 소설에 등장하는 원자력 잠수함을 이용한 해저 여행, 우주선을 타고 떠나는 달나라 여행은 그가 살던 1800년대에는 도저히 상상할 수 없는 것들이었다. 그러나 그가 소설에서 사용한 소재들은 다음 세기에 그의 소설을 보며 자란 아이들에 의해 실제로 발명되었다.

아직도 아무짝에도 쓸모없는 상상이 있다고 생각하는가? 우리가 현재 상상하는 것들이 미래에 어떻게 쓰일지 장담할 수 있는가?

노벨 물리학상 수상자인 로버트 윌슨은 "미래는 우선 상상 속에 존재하고, 다음은 의지 속에, 그다음에는 현실 속에 존재한다."라고 말한다. 이 말을 가만히 들여다보면 미래란 우리가 현실이 되길 바라는 상상 속 세상이다. 우리가 상상한 모든 것들이 현실이 되진 않지만, 상상하지 않은 것은 현실이 되지 못한다. 결국 우리는 그 생각이 허무맹랑할수록 위대한 상상으로 남는다는 것을 알아야 한다. 1975년 마이크로소프트를 설립한 빌 게이츠가 "모든 가정의 모든 책상에 PC 한 대씩을 보급되는 날이 올 것"이라고 했을 때 사람들이 그를 비웃었다는 사실을 기억하자.

결국 우리의 생각이 머물다 간 자리에서 모든 것은 시작한다. 우리가 상상력을 훈련해야 하는 이유도 이런 연유에서다. 이것은 우리의 삶에서도 예외는 아니다. 우리가 상상력을 잃어갈 때 우리의 삶에서 새로움은 피어나지 않는다. 삶에서 창조성이 왜 중요한지에 대해서는 알랜 B. 치넨의 저서 『인생으로의 두 번째 여행』에서 그 힌트를 찾을 수 있다. 책에서는 창조성을 중년이 위기를 극복하는 매개로 소개한다. 나이를 먹고 현실에 순응하며 점점 작아진 그들은 전형적으로 중년의 위기를 경험하지만, 보다 깊어진 창조성을 지닌 사람들은 위기를 슬기롭게 극복한다. 책에서는 많은 이야기를 전면에 내세워 중년의 위기에 대처하는 주인공들의 모습을 보여주는데, 그들은 두 번째 여행에서 지금까지와는 전혀 다른 방법으로 전환에 성공해야 한다. 이 새로운 모험의 본질은 자기 내면의 어두운 부분을 끌어안는 화해와 긍정을 통한 성장이다. 이는 젊은이들이 자발적이면서 순수한 도전에서 시작한 영웅 여정과 본질적으로 다르다. 중년은 좀 더 현실적이고 타협적이며 자기 성찰적이다. 그래서 그들이 모험에 걸어야 했던 것은 다른 무엇도 아닌 자기 자신이었다. 중년의 주인공은 필연적으로 창조적으로 변모해야 하는 도전 과제 앞에 서게 되고, 여행을 마치고 돌아왔을 땐 돈과 명예보다 값진 지혜라는 보물을 안고 귀환한다. 이렇게 얻은 창조적 지혜는 중년의 내면을 치유하고 성숙시킨다.

가슴 떨리는 창의적 긴장감, 그것은 우리의 삶에서도 필요하다. 실제 삶에서 느껴지는 떨림이 없다면 우리 삶은 무미건조할 것이다. 넘쳐나야 할 상상력과 창의력이 얼어붙고 잠들어 있어 우리의 삶이 이토록 각박하게 느껴지는 것은 아닌지, 나는 최근 들어 더 많이 생각하게 된다. 우리 모두의 내면에는 창조의 불씨를 간직하고 있다. 그래서 저마다 자신의 끼를 자유롭게 발산하는 일은 어쩌면 숨 쉬는 것만큼이나 자연스러운 일이지만, 우리는 자신을 제약하는 수많은 주문을 외우며 스스로 함정에 빠지는 우를 범한다. 결국 우리가 무언가를 진심으로 얻고자 한다면 어느 정도의 용기가 필요하다. 내가 쏟은 노력이 헛되지 않을 거라는 믿음을 가지고 그 일에 깊숙이 빠져들 수 있는 사람들이 자신이 추구하는 삶을 살아간다. 이 부분에 대해서는 스티브 잡스의 유명한 스탠퍼드 대학 졸업 연설문을 봐도 잘 드러난다.

> 지금 이 순간 여러분은 새로움 그 자체입니다. 그러나 머지않은 미래에는 여러분의 무대를 새로운 세대에게 물려줘야 합니다. 죄송합니다만, 사실이 그렇습니다. 여러분의 시간은 한정되어 있습니다. 그러니 다른 사람의 인생을 사느라 시간을 허비하지 마십시오. 다른 사람의 관점에서 비롯된 잡음에 빠져 자기 마음에서 들려오는 소리를 놓치는 실수를 하지 마십시오. 가장 중요한 것은 자신의 마음과 직관을 따라가는 용기입니다. 당신이 진정으로 되고자 하는 것이 무엇인지 이미 알고 있을 것입니다. 다른 것들은 모두 부차적입니다.

그럼 엔지니어는 어떻게 자신의 삶에서 창조적일 수 있을까? 나는 여기서 평소 자신에게 흥미로운 일을 찾으라고 권한다. 그림 그리기를 좋아한다면 미술에서 찾고, 춤이나 노래를 좋아한다면 작곡이나 연주를 할 수도 있겠다. 그리고 어떤 사람은 여행을 다니며 사진을 찍고 사진 속 풍경에 간단한 느낌을 적어 놓을 수도 있다. 그 밖에 목공 일을 좋아해 가구를 제작하고 일상의 느낌을 짧은 시로 표현해 보는 것도 좋은 방법이다. 한 가지 주의할 점은 우리가 이 일을 자기 안에서 발견해야 한다는 것이다. 다른 사람의 모습을 보고 단지 좋아 보여서 따라 한다면 오래 지속하지 못할 것이기 때문이다.

물론 나는 이 방법을 경험을 통해 느끼고 있었지만, 어느 날 세계적인 경영 컨설턴트이자 1인 기업 개념을 최초로 만들어 낸 찰스 핸디의 책을 읽다가 그도 비슷한 견해를 밝힌 것을 보고 좀 더 확신을 갖게 되었다.

> 나는 새로운 통찰과 새로운 아이디이를 얻으려면 자신의 전문지식 분야에서 과감히 탈피해야 한다는 것을 알았다. 내가 회사들을 상대로 종종 지적하듯이, 진정한 혁신은 해당 산업 혹은 회사 바깥에서 온다. (...) 우리는 사물을 새롭게 보기 위해서 때때로 낯선 세계를 거닐어야 한다." [4]

결국 창의적인 시야는 우리가 본업에서 벗어나 새로운 일에 얼마나 주의력을 기울이느냐에 따라서 확대된다. 생존의 문제에만 급급한 상황에서 창의성은 사치라고 여겨질 것이다. 영역의 한계는 전혀 어울릴 것 같지 않은 분야와 결합해 초월되는 것이니, 이 과정에서 얻게 되는 혜택은 우리가 자신만의 창조적인 시선을 갖게 된다는 점이다. 나는 여기서 내 경험을 더해 소개하고자 한다.

---

[4] 찰스 핸디, 『코끼리와 벼룩』, 이종인 옮김, 모멘텀, 2016, 273쪽.

나는 글을 쓰는 엔지니어다. 나 역시 처음부터 내가 이 길로 갈 거라고 예견하지 못했다. 아마도 작은 씨앗 정도를 품고 있었을 것이다. 어느 순간 나는 이것을 받아들이기로 했다. 나는 새로운 생각을 품는 것이 좋았고, 창작하는 과정이 즐거웠으며, 한 편의 글이 완성되는 순간을 보는 것이 좋았다. 나는 글을 쓰는 일에 소프트웨어 엔지니어로서 느끼지 못한 또 다른 희열이 있음을 깨닫게 되었다. 프로그램을 만드는 것도 창조적인 활동에 포함되었지만, 동일한 일만 반복하다 보면 창조적인 생각이 들지 않는 것이 사실이다. 주어진 명세를 벗어나지 못하고 일정을 맞추는 것에 급급하다면 누군가 짜놓은 코드를 복사해서 붙여넣는 단순한 작업에만 머물 수 있다. 자칫 내가 하는 일에 실망감이 들 수도 있었을 때쯤 글쓰기는 내 일에 대한 생각을 전환할 기회를 가져다주었다. 나는 글쓰기가 내 본업에 도움이 된다는 것을 깨닫기 시작한 것이다. 직접적으로는 설계를 하거나 제안서를 쓰고 사람들과 관계를 맺을 때 책에서 배운 지식을 활용하면서 나는 이전보다 좋은 성과를 냈고, 프로그램을 짜면서도 뭔가 새로운 시도를 하는 자신을 발견하기도 했다. 특히 이 책을 쓰면서는 인공지능 프로그래밍의 기반이 되는 데이터 분석과 머신러닝을 공부하기 시작했다. 새로운 시도를 하는 것에 막연한 두려움을 갖고 있던 내게 독서와 글을 쓰면서 얻은 자극은 더 이상 내게 멈춰 있지 말라고 부추기는 내면의 소리였다. 나는 점점 글쓰기가 내 전문 분야에 예상치 못한 도움이 된다는 것을 느낀다. 그래서 나는 소프트웨어 엔지니어로서 일하며 발달한 꼼꼼함과 논리적 사고를 글쓰기에도 활용하며 글을 쓰는 일을 멈추지 않는다.

 창작 활동의 또 다른 유익한 점은 내 삶에까지 긍정적인 영향을 준다는 점이다. 나는 매일 맞는 하루를 어떤 시선으로 바라보는지에 따라 내 영혼의 풍요와 삶의 즐거움이 달라지는 것을 느낀다. 이때 내가 느끼는 감정을 한마디로 정의할 수는 없지만, "삶이 좀 더 깊게 다가온다."라고 해야 할까? 삶에서 마주치는 사소한 사건에서 글감을 찾고 내가 하는 모든 일과 연계해 새롭게 생각하는 과정은 말로 표현할 수 없는 황홀감을 준다. 차츰 시간이 쌓이면서 나는 이 일이 점점 내 일이 되고 있다는 것을 느낀다. 누가 강요하지 않아도 이 일을 하면서 위안받고, 이 일로 인해 행복감을 느낄 수 있다는 것에 감사하다.

 창조자는 생산자가 되는 것이다. 글을 쓰고 콘텐츠를 만들고 곡을 쓰고 제품을 만드는 일은 모두 기존에 있던 것을 해석해서 자기만의 옷을 입히는 작업이다. 예전부터 이런 사람들은 특별한 대우를 받아왔지만, 우리가 살아야 할 시대는 이 사람들이 좀 더 큰 성공을 보장받게 될 것이다. 그리고 그렇지 않은 사람과의 격차는 더 커질 것이다. 창의성 연구 분야의 최고 권위자인 로버트 스턴버그는 "창의적인 사람은 최선의 해결 방법, 혹은 그와 비슷한 해결책을 찾을 때까지 그 과정에서 수반되는 불안감을 기꺼이 참아내는 사람"이라고 말한다. 누구나 할 수 있다면 창조적인 작업이 특별할 리가 없다. 그 과정에서 수반되는 외로움을 이겨낼 수 있는 사람만이 달콤한 열매를 맛본다. 우리는 노력과 끈기라는 보편적 가치가 창조성을 위해서도 여전히 유효하다는 것을 인식할 필요가 있다. 이 부분은 맹자가 말한 '불영과불행^{不盈科不行}'이란 말로도 설명된다. 물이 흐르다 구덩이를 만나면 그 구덩이를 다 채운 다음에야 앞으로 나아간다는 뜻이다. 물길을 가로막는 구덩이 앞에서 돌아가거나 멈춰 서지 않는 물의 성질처럼 우리도 시련 앞에서 회피하지 않고 당당히 맞서는 자세가 필요하다. 실제 창의성은 우연히 주어진 산물이라기보다 오랜 끈기와 노력, 그리고 실패를 두려워하지 않는 마음가짐에 가깝다. 내가 바라는 삶을 위해 오늘 조금 더 용기를 낼 수 있는 사람들이 반복된 일상을 견뎌내고 의미와 보람으로 삶을 채운다.

그저 그런 인생으로 삶이 지기를 바라는 사람은 없을 것이다. 사람은 누구나 자신의 작품 하나를 만들고 싶어 한다. 뭔가 생산적인 일을 할 때 떨림을 느끼는 엔지니어도 예외는 아니다. 우리가 창의적인 사람들의 삶에서 배워야 할 건 그들이 창조의 과정을 즐겼고 행복감을 느꼈다는 점이다. 이 부분에서 그들은 어린아이처럼 세상에 대한 호기심을 잃지 말라고 주문한다. 그들에게 노화는 늙는 것이 아니다. 늙는다는 것은 새로운 생각을 하지 못하게 되는 것이다. 우리가 자유로운 생각을 갖지 못할 때 우리의 삶은 쇠락하기 시작한다. 그래서 우리는 열정이 피어나지 않는 삶을 전복하고 새로운 도전을 나서야 한다. 우리는 자신이 바라는 삶을 스스로에게 선물할 수 있다. 창조성은 천재들의 전유물이 아니다. 오히려 보통 사람들의 평범한 노력에 가깝다. 내가 좋아하는 철학자 니체는 이렇게 말한다. "삶의 예술가가 되어라. 그것이 최고의 행복이다." 당신은 어떤 선택을 할 것인가? 나는 오늘도 자신의 길 위에 한 걸음 보태며 최선을 다하는 이 시대의 엔지니어들이 자신을 닮은 작품 하나를 만들 수 있길 희망한다.

7장

사색

思索

당신이 할 수 있다고 생각하든
할 수 없다고 생각하든
생각하는 대로 될 것이다.

- 헨리 포드 -

"현재 담배를 피우고 있는 학생이 있다면 내가 들이마시는 담배 연기 한 모금이 폐에 들어가 어떤 영향을 끼치는지를 생각해 보십시오. 연기가 폐포 속에 파고들고 가득 들어찬 연기가 폐를 돌아 다시 밖으로 배출되는 모습을 머릿속에 떠올려 보시기 바랍니다. 그리고 이때 내 기분을 가만히 들여다보세요."

대학 시절 교양과목 첫 수업 시간에 교수는 간단한 인사와 함께 이 말로 수업을 시작했다. 당시 담배를 피우고 있던 나는 으레 금연에 대한 경각심을 일깨우기 위한 훈계쯤으로 여겼으나, 다음에 이어진 교수의 설명은 내 예상을 넘어서는 것이었다.

"우리의 현재 모습은 내가 무심코 하는 행동의 결과물입니다. 아무 의미 없는 행동은 없다고 봐도 됩니다. 이런 우리의 행동은 생각으로부터 나옵니다. 그러니 항상 내가 현재 하는 행동을 유심히 들여다보고 생각하는 습관을 들여보세요. 인생은 그렇게 바뀝니다."

당시에는 담배를 크게 한 모금 들이마시면서 연기가 내 몸속에 퍼지는 모습을 상상해볼 정도로 인상 깊은 말이었지만, 대학을 졸업하고 나서는 오랫동안 그분의 말을 잊고 지냈다.

바쁜 현실 속에서 우리는 생각할 시간이 줄어들고 있다. 언젠가부터 우리에게 바쁘다는 말은 잘살고 있다는 안부인 시대가 됐다. 사회는 부지런히 사는 것을 장려하고, 회사에서 바쁘지 않은 사람은 일을 썩 잘하지 못하는 사람으로 치부하기도 한다. 이런 풍조는 자연스럽게 고착되어 다른 사람과 비교하는 잣대로 쓰인다. 우리는 마치 바쁜 것을 서로 경쟁하듯 숨 가쁘게 하루를 보낸다. 어느 순간 '이게 맞나?' 하는 생각이 들었다. 바쁘게 생활하는 사람들 속에 묻혀 뒤처질까 불안한 마음에 부지런히 뒤를 쫓고 있지만, 소중한 무언가를 놓치고 있는 기분이었다. 다들 이렇게 사는데 내 인생이라고 특별하겠냐마는 가끔은 이런 생각이 나를 깊은 회한에 잠기게 한다.

지금 이대로 괜찮은 걸까? 앞으로 엔지니어는 더욱 바빠질 것이다. 경이로운 기술의 발전 속에서 엔지니어가 해야 할 일이 많다. 4차 산업혁명으로 일자리가 줄어들 직군을 생각하면 자칫 배부른 소리로 들릴 수도 있겠지만, 바쁜 것이 항상 좋은 것만은 아니다. 특히 우리가 의도하지 않았음에도 사회가 그것을 강요하는 것이라면 이런 변화가 달갑지만은 않을 것이다. 하루가 멀다 하고 나오는 신기술은 어떤가? 자신이 가진 기술로 평가되는 경쟁 구도 속에서 우리는 항상 새로운 기술을 습득해야 한다. 나만 가만히 있을 수 없다. 뒤처지는 것은 지금의 자리가 위태롭다는 것을 의미한다. 어쩌면 이 시대의 엔지니어들은 위기에 놓인 사람들이다. 치열하게 경쟁해서 현재의 자리를 지키는 것만으로는 부족한 게 우리가 사는 기술의 시대다. 나는 지금도 엄습하는 불안감을 숨기기 위해 바쁜 일상에 숨는 엔지니어들을 많이 보게 된다.

 무엇이 우리를 궁지로 몰아넣는가? 기술의 발전으로 예전과 비교할 수 없을 만큼 생활이 편리해졌다. 그럼에도 우리 삶이 각박하고 어려워졌다는 건 무언가를 간과하고 있는 것이다. 이것을 인식하지 못하면 시간이 지나도 같은 방식으로 살아갈 수밖에 없다. 오늘은 어제보다 나아져야 한다. 사실 과거와 현재 그리고 미래를 비교하는 것은 과학이 지닌 속성이다. 과학은 언제나 과거보다 발전된 미래를 꿈꾼다. '인류의 편리한 삶을 도모하라', '혁신적인 기술을 개발해 미래 사회에 기여하라' 이것이 바로 엔지니어가 받는 시대적 요구이며 짊어져야 할 책무다. 이 가치를 위해 엔지니어들은 항상 새로운 것에 도전하고 대처하도록 훈련해왔다. 그런 면에서 아직 현재로 끌어들이지 못한 공상을 현실화하는 것, 이것이 바로 엔지니어가 꿈꾸는 미래다. 하늘을 나는 자동차, 집안일을 돕는 로봇, 우주선을 타고 우주여행을 떠나고 미지의 세계를 개척하는 모습은 우리가 끝없이 상상해 오던 장면이다. 언젠가는 현실화되리라. 이 작은 기대가 엔지니어가 놓지 않는 공상 속에 존재한다. 하지만 언제나 문제는 현재에 있다. 공상은 마음속에서 일어나는 생각만으로 멋진 일이

될 수 있지만, 우리가 살아야 할 현재는 가능성보단 구체적인
실체다. 결국 우리는 현재를 다루는 보다 실질적인 대안이
필요하다.

현재를 사색하고 미래를 공상하라

어릴 적 나는 공상하기를 좋아했다. 그래서
자연스럽게도 내 꿈은 과학자가 되는 것이었다. 내가 만든
우주선을 타고 미지의 세계로 향하고, 작은 부품을 조립해 만든
로봇 강아지와 뛰어놀고, 하얀 실험복을 입고 여러 물질을 섞어
보는 모습이 어린 시절 내가 꿈꾸던 모습이다. 하지만 시간은 내
꿈을 지켜주지 않았다. 선생님이 칠판에 적은 글을 공책에 옮겨
적고, 토씨 하나도 놓치지 않고 교과서 한구석에 빼곡히 필기하는
일이 학창 시절 내가 가장 잘하는 일이었다. 내가 이 방식을 고수한
것은 이렇게 하면 대체로 좋은 시험 성적이 나왔기 때문이다.
하지만 말 잘 듣는 학생이 미래에 꼭 행복한 인생을 살지는
않는다는 것을 어른이 되고 나서야 알게 됐으니, 누가 내 어린
시절을 보상해 줄까? 나는 이제서야 그 시간을 되돌릴 수 없다는
것을 깨닫는다.

그때 그 경쟁이 회사에 들어와서도 이어진다. 나는 가끔 우리가
앞만 보는 경주마 같다는 생각이 들 때가 있다. 남보다 많은 연봉과

높은 자리를 위해 우리는 인생을 치열하게 살아간다. 당장 눈앞에 보이는 가치를 좇으며 내 처지를 동료들과 비교하는 것은 우리가 흔히 하는 일이다. 내 인생은 옆 사람의 인생과 비교할 수 없는 성질의 것인데, 나는 왜 이 고집스러운 집착에서 벗어나지 못하는 걸까? 그래, 나는 세상을 바라보는 나만의 눈을 가지지 못했다. 나만의 관점이 없으니 비판할 수 없었고 누군가 정한 대로 내 삶이 흘러가게 내버려 둘 수밖에 없었다. 이런 현실 인식이 도움이 됐을까? 나는 지금도 '생각하는 대로 살지 않으면 사는 대로 생각하게 된다'고 한 어느 프랑스 시인의 말을 '생각없이 살면 사는 대로 생각한다'로 기억하며 내 의식이 깨어 있길 바란다. 그리고 지금도 끊임없이 내가 되고 싶은 모습을 그리며 하루하루를 살아간다.

이런 생각의 힘을 잘 활용한 사람이 빌 게이츠다. 그는 1년에 두 차례 '생각 주간 Think Week'을 가지러 숲속 별장에 은둔한다. 이땐 마이크로소프트의 직원은 물론 가족도 만나지 않는다. 오직 하루 2번 음식을 가져다주는 관리인만 출입할 수 있는 외딴 별장에서 그는 아무에게도 방해받지 않고 자신만의 생각에 몰두한다. 그는 이 시간 동안 수많은 아이디어를 만들었고 미래를 위한 전략을 세워 회사가 성장하는 발판을 마련한다. 또한 게이츠는 아버지로서 자녀들에게도 생각하는 힘을 강조한다. 자신이 IT 산업으로 부자가 되었음에도 자녀들에게는 14세 이전에는 스마트폰을 사용하지 못하게 했으며, 아이들에게 책 읽는 습관과 사색하는 능력을 키워주려 애썼다. 세계적인 투자가인 워런 버핏도 자신만의 성공 비결을 묻자 "1년에 50주는 사색하고 남은 2주만 일한다."라고 답했다. 또한 소프트뱅크 손정희 회장은 "하루에 10분 이상은 반드시 생각하는 시간으로 쓴다."라고 말한다. 그 밖에 애플의 창업자 스티브 잡스, 페이스북의 마크 저커버그도 사색에 몰두한 사람으로 유명하다. 최근에는 구글이 업무 시간의 20퍼센트를 자신의 시간으로 활용하도록 직원들을 배려하고 있으며, 이 시간에 내면을 챙기는 명상 수업에 참여하도록 권한다. 이것이 무엇을 의미하는가? 왜 세계적으로 인정받는 사람들이 사색을 삶의 중심에 두고 있는가? 아마도 이들은 사색의 힘을 알고 있기 때문일 것이다. 그들은 성공에 사색이 큰 도움이 되었음을 부인하지 않는다.

반면에 우리들은 어떤가? 현대 경영학의 아버지 피터 드러커는 "현대 인류의 99퍼센트는 사색하지 않는다."라며 우리의 현실을 꼬집었다. 사색은 생각하는 힘인데, 어느 순간부터 우리는 혼자 있는 시간을 기피하고 사색하는 시간을 갖지 않는다. 이런 모습은 주변에서 흔히 발견된다. 출퇴근길 지하철을 타서 보면 사람들은 저마다 손바닥 위에 놓인 스마트폰을 뚫어지게 쳐다보고 있다. 수많은 사람이 한자리에 모여 있지만, 그 모습은 흡사 집단 속에서 고립된 개인 같은 모습이다. 각자의 가상 세계에 빠져 사생활을 즐기는 그들의 모습에서는 뭔가 깊이 몰두해 사색하는 흔적은 찾기 어렵다. 또한 스마트폰을 통한 검색은 우리가 고민하기도 전에 결과를 보여준다는 점에서 생각에 방해가 된다. 우린 언제나 마음만 먹으면 손쉽게 답을 얻을 수 있다. 이것이 세계 스마트폰 보급률은 1위, OECD 국가 중 1인당 독서량은 가장 적은 나라인 대한민국의 현주소다. 허울뿐인 IT 강국이란 타이틀 안에는 생각이 싹틀 자리가 없다. 더욱 불편한 사실은 우리의 아이들에게까지 이런 불명예를 넘겨주고 있다는 점이다. 유아기 때부터 책보다 스마트폰을 더 쉽게 접하는 아이들은 어른들의 모습을 보고 자란다.

언젠가 EBS 기획 프로그램에서 재미있는 실험을 본 적이 있다. 실험에서는 실험자들의 스마트폰을 회수하고 종이에 부모와 형제, 그리고 친한 친구 전화번호를 적으라고 요청했다. 결과는 생각보다 처참했다. 대부분이 자신을 낳아준 부모님 전화번호도 기억하지 못하고 있었다. 비슷한 결과는 잡코리아가 직장인을 대상으로 한 설문조사에서도 발견되는데, 현재 자신이 기억하고 있는 전화번호가 4~6개라고 답한 응답자가 41.8퍼센트로 가장 많았다. 이 밖에도 내비게이션 없이 길을 찾기 어렵게 됐고 일정 관리 앱 없이는 해야 할 일을 모두 챙기기 어렵다. 우리는 언젠가부터 세상의 모든 정보를 디지털 기기로부터 얻으려 한다. 하지만 우리는 '남의 힘을 빌리면 내 힘은 사라진다'는 단순한 사실을 기억해야 한다. 디지털 기기에 의지할수록 우리의 기억력과 계산 능력이 떨어지는 '디지털 치매 증상'은 심화될 것이다. 실제로 영국의 과학 전문지 『뉴사이언티스트』가 2014년도 발표한 보고서에 따르면 컴퓨터와 스마트폰 등 정보통신기기가 발달해온 것과 나란히 인간의 지능은 계속해서 낮아졌다고 한다. 이는 과학기술의 발달과 함께 인류의 지능이 향상된다는 일반적인 믿음과 상반된 결과란 점에서 큰 충격을 준다. 결국, 아무리 편리한 기술도 어떻게 사용하느냐에 따라서 그것이 가져오는 결과는 달라진다. 과학의 진보가 인류에게 항상 이롭지만은 않다는 것은 우리에게 현명한 판단이 필요함을 시사한다. 도구를 사용하는 사람에 따라 용도가 정해지듯, 아무리 훌륭한 기술도 잘못된 주인을 만나면 제 기능을 다하지 못한다. 행동주의 심리학자 B. F. 스키너의 말대로 "정말 중요한 것은 로봇의 사고 능력이 아니라 인간의 사고 능력이다." 기술을 사용하는 인류의 사고가 올바를 때, 혁신적인 기술이 제대로 된 빛을 발한다.

    그러면 생각한다는 것은 무엇인가? 그것은 사과가 떨어지는 것을 보고 "왜?"라고 물을 수 있는 것이다. 그동안 당연시하던 것에 의심을 품고 질문하는 것, 이것이 바로 제대로 생각하는 것이다. 여기서 질문은 반드시 정답을 요구하지 않는다. 중요한 것은 기존에 가진 사고의 틀에 도전하고 현재를 극복하려는 시도 자체다. 가만히 있으면 아무것도 바뀌지 않는다. 데카르트의 주장처럼 인간은 사유함으로써 주체적인 자아를 인식하는 존재다. 모든 생각하는 것들은 존재하고, 존재하기 때문에 우린 이 순간의 기쁨을 누린다. 그런 의미에서 보자면 우리가 자라나는 아이들에게 한 가장 큰 잘못은 상상하는 즐거움을 빼앗은 것이다. 정답만을 요구하는 현실에서 질문할 수 있는 호기심과 생각할 자유를 빼앗음으로써 우리는 아이들을 우리의 과거 속에 머물게 했다. 검색은 앨범 속 사진처럼 과거의 추억을 들여다보는 것이기에 현재를 사는 아이들에게 지루한 일이 될 수 있다. 추억은 언제나 추억으로 남을 때 아름다운 법이다.

마찬가지로 우리의 삶도 지나간 추억보다 앞으로 펼쳐질 미래의 희망을 품고 나아간다. 실제 미래에 대한 밝은 꿈 없이 어떻게 우리가 더 나아질 수 있겠는가? 꿈은 꿈 이상의 것이다. 이는 미래를 통해 현재의 어려움을 극복하게 하기 때문이다. 꿈을 가진 사람은 절망적인 상황 속에서도 스스로를 변화시킴으로써 현실을 바꿀 수 있다고 믿는다. 그래서 위기는 언제나 새로운 미래에 대한 호기심과 도전이 부족할 때 찾아온다. 조직이 명확한 비전을 갖지 못할 때 혼란을 겪듯, 개인도 현재를 이겨낼 꿈이 없다면 어려움을 겪는다. 우리에게 꿈은 그만큼 소중한 것이다.

하지만 여전히 우리는 과거에 갇혀 미래를 꿈꾸지 못한다. 매일 굴러떨어지는 바위를 다음날 다시 밀어 올려야 하는 시시포스의 저주는 단순한 신화가 아닌 우리들의 이야기가 되어 버렸다.

너무도 많은 사람이 나비가 되어보지도 못하고 애벌레로 사는 데 만족한다. 우리는 점점 불확실한 것을 싫어하고 도전을 두려워한다. 검색하는 데만 너무 익숙해져 과거를 벗어나지 못하는 헛똑똑이가 바로 우리들이다. 지금 이대로 괜찮은가? 우리는 인생을 만족스럽게 살고 있는가? 나는 미래를 위한 꿈을 갖고 있는가? 질문이 중요한 것은 건강한 질문 자체가 과거에 대한 저항이기 때문이다. 건강한 질문은 자신의 삶에 대한 새로운 시각에서 바라보게 하고 훌륭한 시작이 되어 준다. 그럼 한번 생각해 보자. 엔지니어가 품어야 할 질문은 무엇인가? 앞으로도 소수의 사람만이 현재 우리가 가진 문제에 대해 의문을 품고 세상을 바꿔나갈 것이다. 새로운 미래는 언제나 그렇게 열린다.

마음의 감옥에서 탈출하는 법

우리는 현실이 암담할 때 상황과 환경을 탓하는 것에 익숙하다. 사색 역시 마찬가지다. 바쁜데 사색이 밥을 먹여 주는 건 아니다. 나 역시 도무지 조용히 생각할 여유가 없었다. 당시에는 바쁜 것에서 인생을 잘 살고 있다는 위로를 받고 있었기에 사색이 사치처럼 느껴졌다. 돌이켜보면 상황이라는 이유를 들며 너무 많은 것을 포기하면서 살아왔다. 정작 무엇이 중요한지도 모른 채 말이다. 하지만 어느 순간 바쁜 게 숨이

막히고 뭔가 중요한 것을 놓치고 있다는 생각이 들었다. 나는 지금 행복한가? 나는 이 질문에 답을 할 수 없었다. 나는 언제까지나 상황의 희생자로 남고 싶지 않았다. 그래, 어쩌면 변하지 않는 환경보다 나를 바꾸는 게 더 빠를 수 있다. 그건 선택의 문제였다. 이런 내 생각은 이분을 가슴에 품고 나서 더 큰 확신으로 다가왔다.

『감옥으로부터의 사색』의 저자인 신영복 선생은 1968년 통일혁명당 사건에 연루되어 무기 징역을 선고받고 1988년 광복절 특별 가석방으로 출소하기까지 20여 년을 감옥에서 보냈다. 복역은 20대 후반부터 시작되었으니 다시 세상에 나왔을 땐 이미 그의 젊음이 저문 뒤였다. 이 책이 내 시선을 사로잡은 건 감옥이라는 특수한 환경 속에서 그가 보여준 삶을 향한 진한 애정 때문이었다. 서간문 형식의 글은 대체로 담담하게 적혀 있었지만, 안에 담긴 의미를 헤아리기 위해서는 중간중간 읽기를 멈추고 깊이 숙고해야만 했다. 자칫 무기수로서 평생을 수인囚人으로 살아야 한다는 처지를 비관할 수도 있었지만, 삶에 있어 선생이 보여준 열정은 많은 것을 생각하게 한다. 과연 무엇이 그 힘든 시기를 견디게 했을까? 그의 옥중 생활 20년과 비교해 우리의 20년은 어떠한가? 공교롭게도 선생의 수인 생활 20년은 보통의 직장인이 사회 활동을 하는 20대 후반부터 40대 후반까지였다는 점에서 우리에게 많은 것을 시사한다.

자칫 억울하고 분할 수도 있었다. 당시 사상은 그만큼 민감한 사안이었다. 과연 감옥에 있는 무기수에게 어떤 희망이 남았을까? 하지만 선생의 글 속에는 절망, 분노, 체념의 흔적은 보이지 않는다. 선생은 묵묵히 현실을 받아들였다. 선생의 육체는 속박되었으나 정신은 날갯짓하고 있었다. 누구도 선생의 정신을 가둘 수는 없었다. 어쩌면 세상의 가장 낮은 곳으로 여겨지는 곳에서도 삶은 살아지고 피어나는 것이다. 나는 선생의 글을 읽으며 그 어떤 상황도 개인에 따라 다르게 받아들여질 수 있다고 생각하게 된다. 결국 20여 년의 수감 생활은 그에게 성찰의 시간을 가져다주었다. 무엇이 그것을 가능케 했을까? 무엇이 선생의 정신을 깨울 도끼로 작용했을까? 그것은 바로 책이었다. 여름철 동료의 체온마저 증오의 대상이 될 수 있는 가혹한 환경 속에서도 선생은 책을 손에서 놓지 않았다. 선생에게 독서는 삶의 위안인 동시에 뜻을 세우는 방편이었다. 수인은 많은 책을 소지할 수 없다. 선생은 가족에게 여러 권을 묶어서 한 권으로 철해서 보내 달라고 부탁할 만큼 독서를 사랑했다. 하지만 선생은 그렇게 좋아하는 독서도 사색의 반려일 뿐이라며, 생각하는 시간을 더 높이 평가했다. 이런 선생의 생각은 책 곳곳에서 쉽게 찾아볼 수 있다.

> 독서는 타인의 사고를 반복함에 그칠 것이 아니라 생각거리를 얻는다는 데에 보다 참된 의의가 있다. (24쪽)

> 이제 더위도 지나가고 결실과 수확의 가을입니다. 저는 물론 씨를 뿌리지 않았기 때문에 또한 거둬들일 것도 없습니다. 그러나 높아져 가는 하늘 밑에서 묵묵히 사색의 결실은 가능하리라 생각해봅니다. (82쪽)
>
> 입추에 이은 어제 오늘의 비 뒤끝은 흡사 가을 기색입니다. 그동안 더위를 피하느라고 책을 피해왔습니다. 이를테면 피서(避書)로 피서(避暑)해온 셈입니다. 하기는 평소에도 독서보다는 사색에 더 맘을 두고 지식을 넓히는 공부보다는 생각을 높이는 노력에 더 힘쓰고 있습니다. (76쪽)
>
> 일체의 실천이 배제된 조건하에서는 책을 읽는 시간보다 차라리 책을 덮고 읽은 바를 되새기듯 생각하는 시간을 더 많이 가질 필요가 있다 싶습니다. (85쪽)[1]

결국 선생에게 독서는 깊은 사고를 위한 촉매였다. 감옥이라는 한정된 공간을 선생은 내적 공간을 확장하며 극복했다. 그런 면에서 사색할 공간이 부족하다는 우리의 투정은 핑곗거리가 된다. 우리는 늘 반복되는 일상 속에서 방황하지만, 옥중 생활에 비할 바는 아니다. 사방이 벽으로 둘러싸인 감옥 안의 단조로움에 비하면 우리의 활동 반경은 광범위하다. 결국 우리의 행동을

---

1   신영복, 『감옥으로부터의 사색』, 돌베개, 2016, 85쪽.

한정하는 건 정신적 제약일 것이다. 선생은 옥중의 좁은 공간의 한계를 독서를 통해 넓힌다. 사유는 공간의 제한을 받지 않기에 부단히 사고의 벽을 허문다. 선생에게 독서는 다른 공간으로 옮겨가는 차원의 문이었던 셈이다.

이것은 비단 신영복 선생만의 생각은 아니다. 유한양행을 설립한 유일한 박사는 "어느 정도 아느냐, 그것이 문제가 아니다. 아는 것을 어떻게 이용하느냐, 이것이 문제다. 때문에 사색하고 관찰하는 습관은 인간의 지적 성장을 위한 촉진제 역할을 한다."라고 말하며 평소 사색하는 시간을 즐겼고, 영국의 철학자 존 로크 역시 "독서는 다만 지식의 재료를 줄 뿐, 그것을 자신의 것으로 만드는 것은 사색의 힘이다."라고 말한다. 또한 빅터 프랭클 박사는 "만 권을 읽는 게 중요한 것이 아니라, 독서를 통해 만 가지 생각을 불러일으켜야 한다."라고 하며 직접적으로 독서와 사색의 관계를 정의한다. 결국 책을 통한 학습은 사색으로 이어질 때야 비로소 생명을 얻는다. 어찌 보면 학습은 누군가 이미 체계화한 이론을 공부하는 것에 불과하다. 즉, 과거의 산물인 셈이다. 그러므로 단순한 지식 습득은 미래지향적인 엔지니어의 학습법이 아니다. 무릇 기존의 이론을 나만의 사고로 체화할 때, 자신의 고유한 시선을 얻게 되고 사고의 틀을 확장할 수 있다. 학창 시절부터 학습을 암기의 대상으로 분류하고 있는 눈에는 사색이 어려운 숙제처럼 비칠 수 있다. 그러나 제대로 이치를 깨닫기 위해서는 숙성의 시간이 필요한 것이다.

  나는 책을 통해 내가 현재 당면한 문제를 풀 힌트를 얻곤 한다. 실제 독서를 하면서 기적처럼 영감이 떠오른 기억이 많다. 아마도 내가 그 문제로 골몰한 상태였기에 책 속의 문장이 운명처럼 내 사고와 연결됐을 것이다. 우연히 읽은 책에서 풀리지 않는 문제의 실마리를 얻었을 때의 기쁨이란 말로 형용하기 어렵다. 누군가 내 생각과 같다는 동질감은 또 어떤가. 살면서 겪게 되는 크고 작은 고민을 누군가 지지해 주는 기분은 큰 위안이 된다. 이러한 경험을 나만 하는 것은 아닌 듯하다. 스티브 잡스는 인문학의 가치를 높이 평가한 기술자 중 한 명이다. 그는 평소에 소크라테스와 점심 식사를 할 수만 있다면 애플의 모든 기술을 내놓겠다고 공언하기도 했고, 비즈니스의 아이디어를 시나 문학을 통해 얻었다고 알려져 있다. 아래는 실제 스티브 잡스가 자서전을 통해 밝힌 내용이다.

> 리드 대학에서 진행되던 독서 프로그램을 통해 나는 성장할 수 있었다. 그곳에서 플라톤과 호머를 읽었고 수많은 동양 고전 철학을 접했다. 이를 통해 나는 새롭게 생각하는 법을 배웠고, 그것이 애플 컴퓨터를 만든 원동력이 됐다.[2]

---

2   월터 아이작슨, 『스티브 잡스』, 안진환 옮김, 민음사, 2011.

이렇듯 잡스는 본인이 책을 통해 성장했으며 독서 덕분에 창의적 사고를 할 수 있었다고 회고한다.

결국 독서는 수없이 떠오르는 영감의 씨앗이며, 사색은 영감을 현실로 불러오는 전령이다. 생각하는 것에는 힘이 있다. 사색하는 독서는 읽은 내용에 질문을 던지고 그 답을 찾아가는 과정에서 사고력을 길러준다. 이때 우리는 독자적으로 세상을 해석할 힘을 갖추게 된다. 이 자연스러운 훈련 과정이 엔지니어의 사고를 자극하는 창조성과도 연관된다. 기존에 없던 새로운 체계는 깊은 생각에서 비롯되니, 이 생각을 촉진할 방법을 고민하는 것이 창의성의 시작이다. 우리가 습득한 지식이 사색이라는 프리즘을 통과할 때 전혀 다른 모습으로 굴절된다. 그러하니 훌륭한 엔지니어는 지식을 구하는 것에서 멈추지 말고 사색을 통해 한 단계 더 나아가야 한다. 그때야 우리는 비로소 마음의 감옥에서 탈출할 수 있다.

사색이 능력이다

길 위의 철학자로 유명한 에릭 호퍼는 평생을 길 위에서 일하며 사색한 사회철학자로 유명하다. 하지만 호퍼의 유년 시절은 그리 평탄하지 않았다. 다섯 살 때 어머니와 함께 계단에서 떨어지는 사고를 겪고 그 여파로 2년 뒤 어머니를 잃은 후 자신은 실명 상태에 이른다. 앞을 보지 못하게 된 얼마 뒤에는 기억마저 잃었다. 그러자 그의 아버지는 호퍼를 '백치 자식'이라 부르기도 했다. 그리고 열다섯에 돌연 시력이 회복되었는데, 호퍼는 이를 일시적인 현상으로 보고 그동안 하지 못한 독서에 집착했다. 당시 그는 다시 눈이 멀기 전에 읽을 수 있는 모든 것을 읽고 싶었다. 우연이었을까? 집에서 그리 멀지 않은 헌책방에서 그의 눈에 띈 책은 러시아의 대문호 도스토옙스키가 쓴 『백치』였다. 가슴속 상처를 위로받고 싶었는지, 그는 평생 이 책을 곁에 두고 여러 차례 읽었다. 호퍼가 17세가 되던 해 아버지마저 돌아가시자 그는 캘리포니아로 넘어가 새로운 삶을 시작한다. 세상에 홀로 남은 호퍼는 레스토랑 웨이터, 오렌지 행상, 사금 채취공, 부두 노동자 등을 전전하며 빈곤한 삶을 살았지만, 로스앤젤레스의 시립도서관 근처에 싸구려 방을 하나 빌려 책을 읽고 사색하며 글을 쓰는 일을 멈추지 않았다. 그렇게 해서 49세에 첫 책 『맹신자들』을 시작으로 모두 11권의 책을 썼던 것이다.

그는 제대로 된 교육을 받은 적 없이 스스로 길 위에서 배운 경험을 토대로 독자적인 사상을 정립했으며, 가난한 생활임에도 독서와 깊은 사색을 포기하지 않았다. 언제 다시 시력이 사라질지 모른다는 불안감과 40세를 넘기지 못하고 생을 마감하는 집안 내력은 그가 인생을 어떻게 살아야 할지를 결정하게 했다. 그는 많은 것을 소유하지 않았고 평생 산책, 독서, 사색을 삶의 위안으로 삼았다. 어찌 보면 이것이 그의 삶 전부였다. 그래서였을까? 그의 노동은 단지 생존에 머무르지 않았다. 다양한 노동을 통해 얻은 경험과 다독, 사색을 통해 '노동과 철학'이라는, 다소 어울릴 것 같지 않은 두 가지가 결합된 새로운 개념을 개척해 냈다. 평생 자신을 방랑자라 칭하며 철저히 길 위에서의 삶을 지향한 호퍼의 철학에서는 그래서 땀 냄새가 난다. 그리고 삶과 철학이 서로 유리된 것이 아님을 깨닫게 한다. 그래서 그의 철학을 알기 위해서는 그의 삶에서 노동이 가지는 의미를 이해해야만 한다.

처음 로스앤젤레스로 넘어왔을 때 그는 생존을 위해 일을 해야 했다. 단지 굶지 않기 위한 수단으로서의 노동이 최초의 시작이었다. 그럼에도 노동에 대한 그의 태도는 남달랐다. 매일같이 직업소개소를 찾아가 자신이 호명되길 기다리는 순간에도 어떻게 하면 담당자의 눈에 잘 띨지를 고민했다.

> 나는 여러 가지 시도를 해보았다. 그러다가 담당자의 눈이 앞의 다섯 줄은 지나치고 여섯 번째의 중간에 머무는 때가 많다는 것과 붉은 종이로 싼 책이 담당자의 주의를 끈다는 사실을 발견했다. 또 여러 가지 다른 얼굴 표정을 짓는 일도 시도해 보았다. 그리고 손을 들 때는 세상에 아무 걱정도 없는 것처럼 보여야 한다는 것도 알았다. 명랑한 모습이 담당자의

주의를 끌었던 것이다. 그런 요령으로 나는 하루에도 일자리를 여러 번 구할 수 있는 자신이 생겼다.[3]

그 밖에도 그의 예리한 관찰력과 탁월한 식견이 그의 생존을 도운 일화는 많다. 야적장 주인 샤피로와 친분을 쌓고 안정된 일자리와 이스라엘 지혜문학을 탐독할 기회를 얻게 된 것도 그런 연유에서였다. 어찌 보면 다소 사소해 보이는 것도 허투루 대하지 않는 일에 대한 그의 태도는 우리에게 시사하는 바가 크다.

하고 싶은 일을 하는 사람이 많지 않은 것은 사실이다. 대부분 사람이 억지로 일어나 생계를 위해 마지못해 일터로 나선다. 적은 품삯을 벌기 위해 주어진 모든 시간을 파는 것이 일반적인 우리들의 모습이다. 그래서일까? 밥벌이는 역겨움이라고 표현하는 사람들이 많다. 지겨움을 참아야 하고 때론 참기 힘든 모욕을 이겨내야 하니 응당 이해 가는 말이다. 그러나 일을 생계를 위해 어쩔 수 없이 하는 것이라고만 생각한다면 이 또한 슬픈 일일 것이다. 밥벌이는 그 이상의 것이다. 때론 우리 존재를 대변하고 성취감과 삶의 의미를 준다. 비교신화학자 조지프 캠벨은 "삶은 죽여서 먹음으로써 남을 죽이고, 자신을 달처럼 거듭나게 함으로써 살아지는 것"이라고 했다. 그만큼 우리가 먹는 밥은 다른 살아

---

3 에릭 호퍼, 『길 위의 철학자』, 방대수 옮김, 이다미디어, 2014, 31쪽.

있는 것을 죽여서 식탁에 오르는 것이니 그 밥을 구하는 밥벌이가 비장하지 않을 수 없다. 또한 다른 생명을 죽여 내 삶을 유지하는 것이니 우리의 삶이 고귀하지 않을 수 없다. 이러할진대 밥벌이를 소홀히 대할 수 있겠는가? 단지 지겨움으로만 여길 수 있는가 말이다.

나도 가족과 함께 먹을 밥을 벌기 위해 오늘도 아침 일찍 일어나 회사에 간다. 지난날을 돌아보면 때론 힘겨움에 눈물겨운 밥을 먹은 적도 있고 목구멍에 차오르는 메스꺼움을 참으며 울분에 찬 밥을 먹기도 했으며 목이 메어 밥을 삼키려고 찬물에 말아 먹기도 했다. 그때마다 밥맛은 달랐지만, 한 가지 공통된 사실은 그래도 나는 꾹 참으며 한 끼도 거르지 않고 꾸역꾸역 밥을 삼켰다는 점이다. 우리에게 밥은 그런 것이다. 상황이야 어떻든 죽을 때까지 먹어야 하는 게 밥이다. 하지만 그럼에도 우리 인생의 목적은 밥벌이가 될 수는 없다. 단순한 밥벌이를 벗어나지 못할 때 우리의 인생은 초라해진다. 일은 스스로 정의하는 것이다. 내가 내 밥벌이를 모독하는데 누가 자신의 밥벌이를 인정해주겠는가. 우리가 밥을 버는 일에는 좋은 것과 나쁜 것이 따로 있지 않다. 오직 일을 대하는 태도만 다를 뿐이다.

호퍼는 평생 노동을 숭고하게 여겼다. 노동자의 자부심에 대한 통찰력 있는 말을 많이 남기기도 하고, 자신의 일을 통해 얻은 지혜를 나누며 일터를 사유의 장으로 활용하는 방법에 대한 생각을 전하기도 했다. 그래서 그의 말에서는 장인 정신이 느껴진다. 현장에서 얻는 경험을 소중히 여기고 평생 노동의 필요성을 주창한 그는 길 위의 철학자 모습 그대로다. 나는 그의 말 중에서 아래의 말이 가장 인상 깊다.

> 한평생 나는 모든 사색을 분주히 돌아다니면서 해왔다. 번쩍이는 모든 생각들은 일을 하던 중에 떠오른 것들이다. 나는 따분하고 반복적인 일터에서 일하는 경험을 즐기곤 했는데, 이는 파트너에게 이야기를 하면서도 머리 뒤쪽에서는 문장을 짜 맞추는 방식이었다. 그러다가 은퇴를 하고 나서 나는 세상의 모든 시간을 내가 다 차지했어도 뭘 할 수 없다는 걸 깨닫게 되었다. 아마 머리는 아래로, 엉덩이를 위로 하는 것이 사유의 가장 좋은 자세일 것이다. 동시에 두 방향으로 끌어당기는 것은 영혼의 스트레칭이라고 할 수 있는데, 이 방법은 아주 생산적이다.[4]

그에게도 일은 반복된 작업의 연속이었을 것이다. 하지만 우리와 차이가 있다면 일을 통해 만난 사람들의 다양한 삶의 모습을 발견하고 그 안에서 사유를 통한 즐거움을 모색했다는

---

[4] 같은 책, 91-92쪽.

점이다. 그는 반복된 일을 탓하지 않았다. 일에서 의미를 찾기보단
스스로 일에서 즐거움을 발견해 나갔다. 주어진 인생을 통해
삶의 다양성을 체험하고 이를 통해 깨달은 바를 책을 쓰며 다른
사람과 나눴다. 은퇴에 대한 그의 생각도 번뜩이는데, 대부분의
사람들은 은퇴가 우리 삶의 최종 목적지라 여기며 현재를 참는다.
그러나 그가 말한 은퇴는 자신이 좋아하는 일에 좀 더 많은 시간을
쓸 수 있게 되는 것일 뿐, 다른 특별한 의미가 있는 건 아니다.
실제로 준비되지 않은 자유는 또 다른 시련일 뿐이다. 이는 우리가
현역에 있을 때 무엇을 준비해야 할지를 생각하게 한다. 현역에
있을 때 은퇴 후에 할 일에 다리를 놓는 일을 우리는 무엇보다
중요한 과업으로 삼아야 한다. 그의 말대로 "인간이 스스로 어떤
것을 만들어 낼 수 있는 재능을 갖고 있지 못할 때 자유는 성가신
부담이다." 끝으로 그가 말한 '머리를 아래로 엉덩이를 위로'하는
이 우스꽝스러운 자세는 머리가 아닌 몸으로 체득하는 실천적
삶을 의미한다. 우리의 삶은 진정한 의미는 살아있음의 떨림을
경험하는 것임을 그는 미리 알고 이를 실천하는 삶을 산 것이다.
그렇다. 어쩌면 우리가 찾는 삶의 의미는 처음부터 없었는지
모른다. 현재 주어진 삶을 긍정하고 이 순간의 가슴 떨리는 경험을
쌓는 것이 인생을 대하는 바른 자세가 아니겠는가. 인생은 지금
순간에도 살아지는 것이니 말이다.

    어떻게 보내든 하루는 지나간다. 이 하루가 쌓여 인생도

쏜살같이 지나간다. 찬란한 젊음이 영원할 수는 없다는 건 누구나 아는 사실이지만, 지나고 나서야 깨닫는 진실이기도 하다. 하루 종일 봄을 찾아 헤매다 집에 돌아와 보니 봄은 이미 집 앞 나뭇가지에 걸려 있었다는 어느 시인의 말은 바쁘게 생활하며 너무나 많은 것을 보지 못하는 우리를 두고 하는 말이다. 더 이상 바쁜 것이 미덕은 아니다. 항상 바쁘고 시간이 없다면 우리는 잠시 멈춰서 문제의 원인을 생각해봐야 한다. 사색의 시간은 대나무가 더 높이 자라기 위해 마디를 가지는 시간과 같다. 그 잠깐의 멈춤이 성장의 발판이 된다. 기억하자. 우리가 사는 디지털 시대엔 평범한 사람은 단지 주어진 환경에 순응하며 살 것이고 비범한 사람은 자신의 생각을 키워 자신이 꿈꾸는 삶을 만들어갈 것이다. 누구도 깊은 생각을 기피하는 시대엔 생각하는 힘이 능력이 된다. 그러니 우린 깨어 있어야 한다. 당신은 지금 어떤 생각을 품고 있는가?

8장

인생

人 生

가장 훌륭한 시는 아직 쓰이지 않았다.
가장 아름다운 노래는 아직 불려지지 않았다.
최고의 날들은 아직 살지 않은 날들
가장 넓은 바다는 아직 항해되지 않았고
우리의 가장 먼 여행은 아직 끝나지 않았다.

불멸의 춤은 아직 추어지지 않았으며
가장 빛나는 별은 아직 발견되지 않은 별

무엇을 해야 할지 더 이상 알 수 없을 때
그때 비로소 진정한 무엇인가를 할 수 있다.
어느 길로 가야 할지 더 이상 알 수 없을 때
그때가 비로소 진정한 여행의 시작이다.

- **나짐 히크메트,** 「진정한 여행」

인생은 여행이다. 아직 가보지 않은 미지의
땅을 향해 떠나는 여행이다. 그래서 가는 길이 불안하고 내가
가는 길에 확신을 갖지 못한다. 나는 여행을 떠나기 전에 계획을
세워두는 편이다. 숙소를 정하고 주요 관광지를 살피고 몇몇
음식점을 알아두면 그제야 내 여행은 시작된다. 그러나 모든
계획이 지켜지지 않는다는 것 또한 여행할 때마다 느끼는
사실이다. 상황에 따라, 어떤 작은 우연한 사건을 만나 여행은
뜻하지 않는 방향으로 흘러간다. 인생도 마찬가지다. 모든 게 내가
세워 둔 목표나 계획대로 진행되던가. 인생은 수많은 우연으로
짜인 여행과 같아 어디로 가야 할지 방황할 때야 비로소 새로운
길을 만나게 된다.

　그럼에도 엔지니어는 불확실성을 극도로 기피한다. 우리는
모든 문제에 정답이 있을 거라 생각하고 통제하에 두려고 한다.
철저한 인과 관계를 중시하는 엔지니어들은 우연을 쉽게 믿지
않는다. 모든 일은 사전에 계획한 대로 움직여야 하고 그렇지
못할 때 불안해한다. 실제 업무상 많은 설계를 해야 하는
엔지니어들은 계획을 세우는 데 많은 공을 들인다. 과제를 함에
있어서 설계는 뼈대이며 근간이 되는 일이기에 많은 시간을

투자하고 집중해야 한다. 그러다 보니 그들의 철두철미한 성격은 업무와 함께 발전한다. 흔히 인생 설계를 하고 여행 계획을 잘 세우는 엔지니어들이 주위에 많다. 그들은 이 일을 탁월하게 해낸다. 하지만 문제는 계획대로 되지 않을 때 있다. 목표한 대로 일이 풀리지 않으면 쉽게 '멘탈 붕괴'에 빠지는 것 또한 사실이다. 모든 일에 완벽한 각본을 준비하는 그들의 성향은 인생이 쉬이 흘러가는 대로 내버려 두지 않는다.

  하지만 특별한 모든 것은 이성적이고 합리적인 논리로만 설명할 수 없는 것이기도 하다. 사람 간의 관계도 합리성을 내세운 목적이 끼어들면 깊어지지 않는다. 모든 끌리는 감정은 이성이 지배하는 머리가 아닌, 진정성이 가미된 마음에서 온다. 그래서 누군가 좋은 관계를 만들려고 한다면 이해관계를 떠나 진심을 보여줘야 한다. 때론 우리의 운명도 비합리적이고 비이성적인 우연을 가장해 찾아온다.

  역사적으로도 인류의 위대한 도약은 적극적으로 우연을 받아들인 사람들에 의해 이뤄져 왔다. 인생의 우연한 사건을 계기로 인생의 전환을 경험한 그들은, 준비된 사람은 우주가 나서서 돕는다는 신비한 고지의 원리를 깨닫는다. 우리가 잘 아는 인도의 정신적 지도자 마하트마 간디 역시 우연한 사건으로 인생의 전환기를 맞았다. 그는 변호사 시절 의뢰인을 만나러 가는 기차 안에서 유색인이라는 이유로 삼등실로 쫓겨나는 부당한 대우를 받았다. 그는 거세게 항의하다가 결국 기차에서 쫓겨나고 만다. 추운 겨울 피터마리츠버그역에서 맞이한 혹독한 하룻밤이 그에게 인권운동가로서 살아갈 인생의 전환점이 되었다.

그에게 일어난 일이 단지 우연이라고 보이는가? 받아들이는 사람에 따라 한낱 기분 나쁜 일로 치부할 수도 있지만, 간디는 그 사건을 계기로 인도인 전체가 받는 모멸감에 맞서야 한다는 신성한 사명감에 빠져들었다. 나는 그의 일화가 단지 그의 특별한 삶에 국한되지 않는다고 여긴다. 평범한 우리에게도 일상에서 무수한 사건이 일어난다. 결국 그 사건을 어떻게 받아들이느냐의 문제다. 엔지니어는 세상을 바꾸고 싶어 하지만, 진정으로 위대한 변화는 사소한 것에서부터 온다. 위대함은 평범한 속에서 발아한 것이니, 일상의 불확실성을 받아들이는 자세가 중요하다. 특히나 우리가 사는 시대는 모든 것을 예측할 수는 없다. 미래에 필요한 사람은 유연한 대처 능력을 갖춘 사람이다. 인생에서 마주치는 작은 우연을 맞을 준비된 사람에게 인생은 뜻하지 않은 방향으로 인도한다.

엔지니어, 어떻게 살 것인가

직장 생활을 하다 보면 내가 잘 살고 있는 것인지 의문이 들게 마련이다. 열심히는 살고 있지만 어딘가 헛헛하고 불안한 감정을 떨쳐버리기 어렵다. 지금 당장 힘들고 피곤해도 내가 해야 할 의무 때문에 간신히 눈을 떠 출근해서는 반복된 업무를 처리하고 나면, 어느덧 하루는 내 의도와는 다르게 저물고 만다. 그렇게 13년이 지나갔다. 나름으로는 가족을 부양하고 가장으로써 책임을 다했지만, 개인적으로는 앞으로도 이렇게 살아야 하나 싶은 생각에 밤잠을 설쳐야만 했다. 하루하루 힘든 날이었지만, 그럼에도 나는 해결책을 찾지 못했다. 나는 직장인들은 누구나 비슷한 경험을 할 거라고 생각한다. 시기와 정도의 차이는 있지만, 자신이 하는 일에 대한 회의감, 평생 이 일을 할 수 있을지에 대한 의구심, 그리고 앞으로도 지금처럼 살 수 있을까 하는 걱정은 평범한 직장인이라면 한 번쯤 경험하는 통과의례와도 같은 것이다.

어느 정도 시간이 지나고 마음이 안정된 뒤에 당시를 돌아보니, 내게 그 시기가 얼마나 소중했는지를 깨닫게 된다. 결과적으로 지금의 나는 당시와 크게 달라져 있다. 나는 당시의 힘든 경험이 나를 생각하고 행동하게 했다고 믿는다. 어려운 시기였지만, 당시 나는 삶을 생각하고 있었다. 결국 모든 게 행복하게 살자고 하는 짓이 아닌가. 돌이켜 보면 삶만이 오직 진실한 내 관심사였다. 인생에 있어서 가장 큰 비극은 하고 싶은 일을 평생 한 번도 해보지 않은 자신을 발견하는 것이란 걸 나는 그때 깨닫고 있었다. 누가 시키는 일만 평생 하며 불평으로 하루를 보내는 것은 삶에 대한 올바른 처신이 아니었다. 예전의 나로 돌아가지 않으리라. 나는 들끓는 내면의 소리를 더 이상 거부하지 않기로 했다. 나를 걸고 나를 바꾸기로 했다. 내 인생을 걸어 나를 바꾸는 것, 이것이 내가 생각하는 가장 합리적인 전환의 방식이었다.

따지고 보면 기술도 그렇다. 우리 삶에서 멀어지는 기술은 사라진다. 삶의 문제가 되지 못할 때 당장 해야 할 당위성은 사라지고 최우선이 되지 못한다. 그래서 기술이 찬란히 꽃을 피울 때는 우리 삶에 녹아들어 생활이 될 때뿐이다. 그리고 보면 인간의 삶에 유용한 가치를 제공하는 것이야말로 기술의 존재 이유다. 삶이 지닌 유용성을 충족한 기술만이 살아남아 발전하고 지속된다는 것이 기술의 생존 원리인 것이다. 그렇게 살아남은 기술이 전기에서부터 자동차, 반도체, 스마트폰, 각종 가전 기기에 이르기까지 우리의 삶 전반에 걸쳐 쓰인다.

앞으로도 기술은 멋지게 꽃 필 것이다. 새로운 기술은 인류를 열광시킬 것이고 기술의 도전은 미지의 세계를 향한 항해를 계속할 것이다. 기술에 있어 변화는 필수다. 변하지 않는 기술은 없다. 이것은 사람들의 욕구가 변화하기 때문이다. 사람들이 좀 더 편리한 생활을 원하면서 이전과는 다른 기술의 모습을 기대한다. 그래서 과학은 언제나 진보할 뿐, 퇴보하지 않는다. 우리는 전기가 없는 삶으로, 스마트폰이 없는 예전의 삶으로 되돌아갈 수 없다. 그래서 혁신의 또 다른 이름은 '기존 삶의 파괴자'인 셈이다.

기존의 삶을 전복할 수 없다면 진보도 없다. 우리는 더 나은 미래를 위해 변화를 삶의 일부로 받아들인다. 그렇게 우리는 다시 새로운 기술이 주는 편리에 익숙해지고, 혁신이 주는 선물을 받아들인다. 하지만 급속한 변화는 미래를 예측하기 어렵게 한다. 인류는 우주를 자유롭게 여행할 수 있을까, 죽지 않고 영생할 수 있을까, 지구 환경문제를 해결할 효과적인 대안을 찾게 될까, 인공지능의 발전은 정말 인류의 종말을 가져올까, 누구도 정확히 예견할 수 없다. 우리가 예측할 수 있는 유일한 것이 있다면 큰 변화의 파도가 밀려오고 있다는 사실이다. 그날이 오면 우리의 삶은 지금과 많이 달라질 것이다. 예측할 수 없는 새로운 미래, 우리는 이 시대에 어떻게 살아야 할까?

엔지니어는 미래의 기술을 만드는 생산자다. 하지만 불행히도 우리가 마술사는 아니다. 기술의 발전은 분명 삶의 편리를 가져오지만 모든 문제를 해결해줄 수는 없다. 기술은 항상 개개보다 전체를 위해 만들어진다. 이는 일부 불만을 가진 개인의 요구는 무시된다는 의미이기도 하다. 전체를 위한 개인의 희생이 항상 당연한 것일까? 이것은 우리가 반드시 생각해 봐야 할 문제다. 마찬가지로 전체 엔지니어 집단 차원에서 보면 아무 문제가 없는 것처럼 보여도 개인으로 보면 다르다. 실제 미래를 준비하는 엔지니어도 미래의 삶에 불안을 느낀다. 누구에게나 인생은 처음이기에 모두에게 통용되는 정답은 존재하지 않는다.

결국 우리에게 주어진 문제는 자신의 인생을 통해 스스로 풀어야 한다. 무수한 경험과 실험이 우리의 삶이며 인생이다. 삶이 이토록 치열한 것임을 살아보기 전엔 누구도 알 수 없다. 결국 어느 시점에서는 새로운 차원의 문을 여는 도전이 필요하다. 피하지 않고 도전하는 삶, 이것이 인생을 대하는 보다 진실에 가까운 태도다.

    이 책에서 소개한 사람들의 삶의 모습을 보면 알 수 있지만, 세상에 영향을 미치고 싶다면 먼저 자신의 삶을 주도할 수 있어야 한다. 그들은 마음의 소리를 외면하지 않았고 불우한 환경에서도 용기를 지녔으며 자신이 해야 할 일에서 최선을 다했다. 이렇듯 그들이 삶에 집중하는 태도는 현재 자신이 하는 일에서 진심을 다하게 한다. 지금 이 순간을 깨어 있음으로써 본질을 놓지 않고 마음을 다하는 것, 이것이야말로 스스로 인생을 책임지는 주체적인 모습이다.

    우리에게는 미래를 만들 능력이 있다. 그래서 우리에게 필요한 건 믿음이다. 우리가 용기를 갖고 시작하지 않으면 무엇도 바뀌지 않는다. 모든 것이 내 안에서 발아하고 나를 통해 발현된다. 요기 베라는 '어디로 가고 있는지 모르고 있다면, 결국 가고 싶지 않은 곳으로 간다'고 했다. 나는 지금 원하는 방향으로 가고 있을까? 아직도 그럴듯해 보이는 길 위에서 벗어나지 못하는 건 아닐까? 엔지니어는 자신의 일을 통해 성취감을 느끼는 직종에 종사하는 사람이다. 보람이 있다면 다소 힘든 상황도 즐겁게 받아들일 수 있고 불안한 미래도 이겨낼 수 있다. 자신이 진정으로 사랑하는 일을 위해 온 힘을 쏟고 이를 통해 행복을 느끼는 것, 이것이 엔지니어가 현실을 극복하고 사회에 이바지하는 방식이다.

미래학자 제임스 데이터는 "확고한 미래는 없다. 그러므로 미래를 예측하려 하지 마라. 그 대신 미래를 향해 마음을 열고 가능한 미래를 예보하라. 끊임없이 더 나은 미래를 구상하라."라고 말한다. 우리 인생도 예측 가능하지 않다. 계획했던 기존의 삶을 버림으로써 새로운 삶의 우연을 맞이할 수 있는 열린 마음이야말로 우리에게 진정으로 필요한 자세다. 그리고 계획과 목적대로 만들어지는 삶은 재미없다. 인생은 즐거운 것이다. 인생의 불확실성을 인정하고 받아들일 때 진정한 여행이 시작된다. 모두가 세상에 유일무이한 기술을 선보이길 원하지만, 진정으로 유일한 것은 우리의 인생이다. 우리는 세상에 오직 하나뿐인 고귀한 별이다. 우리의 인생이 찬란히 빛나길 바란다. 삶을 통해 성장하고 새로운 인생을 위해 도전하는 엔지니어들이 가슴에 불가능한 꿈을 품을 때 미래는 비로소 확고히 예보된다.

자신의 운명을 사랑하라

천국과 지옥의 경계를 넘나들며 여행하는

단테의 서사시 『신곡』은 이렇게 시작한다.

> 인생길 반 고비에
> 올바른 길을 잃고서
> 난 어두운 숲 속을 헤매었네.

내가 바로 그랬다. 인생의 중간 지점에서 시작된 단테의 방황은 내게도 찾아왔다. 나는 나이 마흔에 삶이 뜻대로 되지 않는다는 것을 깨달았다. 젊은 날, 그 많던 바람과 갈증은 현실 앞에 무참히 쓰러졌다. 나는 무기력하게 그 모습을 지켜봐야만 했다. 사실 가능해 보이는 몇 안 되는 일들을 시도했지만, 그마저도 내 뜻대로 되지 않았다. 나는 반복되는 패배 앞에서 어깨에 짊어진 짐의 무게를 실감할 뿐이었다. 그것이 내게 남겨진 일이었다.

그러고 보면 나는 세상을 너무 몰랐다. 어느 정도 돈을 벌어 지긋지긋한 직장에서 벗어나는 게 꿈이라고 여겼던 것 같다. 운이 좋으면 내 이름을 딴 작은 사업체 하나를 운영하고 있을지도 모를 일이다. 경제적으로 여유로워 계절마다 여행을 가고 해변에 누워 테킬라를 한잔하는 게 기껏해야 내가 생각한 성공의 전부였다. 막연히 마흔쯤 되면 뭐든 되어 있을 거라 생각했다. 하지만 막상 그 나이가 되고 보니 무엇 하나 이뤄놓은 게 없다. 나는 무엇을 위해 그토록 동분서주했던 걸까? 이대로 인생은 흘러갈 것이다. 이것이

마흔이 되면서 내가 인정한 현실이다.

  여기 '영원회귀'를 내세우며, 지금까지 살아왔던 대로 산다면 다음 생애도 새로운 것이라고는 하나 없는 삶이 반복된다고 말하는 이가 있다. 인간을 너무나 사랑해 결국 미쳐버릴 수밖에 없었던 철학자 니체, 그의 사상을 아는 것은 기술의 발달로 역사상 유례없는 편리를 누리면서도 항상 허무와 공허에 시달리는 우리에게 삶의 목적과 가치를 생각하게 한다.

  130년 전 니체는 "100년 뒤에 찾아올 무시무시한 손님을 내가 지금 말하노라. 그것은 다름 아닌 허무주의다."라고 선언한다. 니체는 왜 허무주의를 가장 경계해야 할 대상으로 봤을까? 그는 어찌 알고 삶의 무의미와 씨름해야 하는 우리의 삶을 예견한 걸까? 아무래도 내가 겪은 감정의 상태라서 그런지 그의 통찰이 더욱 대단하게 느껴진다.

  니체는 허무함은 인간이 살면서 끊임없이 겪어야 하는 숙명이라고 보았다. 실제 그는 '신은 죽었다'고 말하며 우리가 그동안 믿고 기댔던 절대적 가치를 부정하고 우리를 현실로 끌어내렸다. 인간은 더 이상 의지할 대상이 없다. 방황하는 삶을 살아야 하는 게 니체가 말하는 우리의 숙명이다. 다만 우리가 선택할 수 있는 길은 이를 인정하고 스스로 일어설 수 있는 방법을 찾는 것이다. "아무것도 진리가 아니다. 모든 것이 허용된다." 이제는 우리의 의지에 따라 운명을 결정할 수 있게 된 것이다.

누구의 강요도 없는 자유로운 선택, 이것은 나에게도 가슴 떨리는 일이다. 하지만 쉽지 않은 일이기도 하다. 모든 자유에는 책임이 따르기 때문이다. 니체식으로 말하자면 자유롭길 원한다면 자유로울 수 있는 힘을 지녀야 한다. "위험하게 살아라." 그렇지 않으면 의존에서 벗어날 수 없다. 이것이 니체가 말한 '권력에의 의지'이며, 인간을 극복의 대상으로 보았던 '초인 Übermensch' 사상의 핵심이다.

> 나는 너희에게 초인을 가르치노라.
> 사람은 극복되어야 할 무엇이다.
> 너희는 너희 자신을 극복하기 위해 무엇을 했는가?[1]

나는 시간이 흐르며 새로운 원리가 작동하는 새로운 시대가 오고 있는 것을 느낄 수 있었다. 나같이 둔한 사람도 인식할 정도라면 이번에 불어닥칠 파도는 높고도 거셀 터였다. 나는 거대한 변화의 변곡점에서 기존의 습성을 깰 필요가 있었다. 지금까지 살아온 대로 산다면 앞으로도 지금처럼 살아갈 뿐이다. 평생 누가 시키는 일만 하다가 인생이 끝나버릴 것 같은 기분은 참기 힘든 고통이었다. 나는 항상 마음에만 묻어두고 실천하지 못한 몇 가지

---

[1] 이진우, 『니체의 인생강의』, 휴머니스트, 2015, 87쪽.

일을 떠올렸다. 그것은 항상 마지못해서 하던 자격증이나 영어 공부 따위가 아니었다. 내가 오랫동안 버킷 리스트에 적어놓고 마음속에 간직했던 내 인생의 숙원과도 같은 일이었다. 나는 조용히 실천할 계획을 짰다. 어떤 건 올해가 가기 전에 이룰 수 있을 것 같았다. 하지만 대부분은 충분한 시간과 준비가 필요한 일이었다. 나는 그렇게 몇 가지 일을 실행에 옮겼다.

 우선은 지리산을 종주하고 싶었다. 어떤 사람에겐 그리 어려운 일이 아닐 수 있지만, 아이를 둔 가장에게 3일간의 외박은 단단히 마음먹어야 하는 일이다. 마침 회사에서 10년 근속 휴가가 주어져 있었다. 나는 이 휴가를 쓰기로 하고 아내의 허락을 받았다. 때는 가을 단풍이 한창인 10월이었다. 당일 회사 일을 마치고 밤 10시쯤 구례행 기차에 몸을 실었다. 기차 시간에 늦지 않기 위해 서둘러 일을 처리하느라 몸은 피곤했지만 설레는 기분에 잠이 오지 않았다. 하차 후 바로 산행이 시작될 것이었지만, 마음만은 어느 때보다 여유로웠다. 어두운 새벽에 도착해 동이 트는 것을 바라보며 산행을 시작했다. 기다렸다는 듯 붉게 물든 산은 나를 반겨주었다. 딴 세상에 온 기분이었다. 내가 이 순간을 얼마나 간절히 바랐던가. 나는 서두르지 않았다. 느긋이 걷고 순간을 만끽했다. 오기 잘했다는 생각을 몇 번이나 했는지 모른다. 예약해 둔 대피소에서의 잠도 환상적이었다. 결혼하고 몇 번의 공식적인 회사 워크숍을 제외하고 외박을 한 적이 거의 없었다. 온종일 걸어

피곤할 법도 했지만, 들뜬 기분에 잠이 오지 않았다. 결국 한밤중에 바람을 쐴 겸 밖으로 나왔다. 생각보다 밤공기가 찼지만, 쏟아지는 별을 보는 순간 아무 생각이 들지 않았다. 나는 그렇게 오랜 시간 별을 바라보았다. 마지막 날은 천왕봉 일출을 보고 하산해 가족의 품으로 돌아왔다. 나는 그날 이후로 평생 잊지 못할 멋진 풍광 하나를 가슴에 품게 됐다.

또 다른 일은 지금도 실천하고 있고 평생 하고 싶은 일, 바로 글쓰기다. 첫 책을 쓴 후로 글쓰기만큼 나를 깊이 들여다보는 일도, 나를 성장시키는 일도 없다는 확신이 든다. 그래서 나는 앞으로도 계속 글을 쓸 생각이다. 첫 시작은 어설프고 어찌해야 할지 몰라 당황했다면 이제는 어느 정도 자신감도 붙였다. 하지만 항상 내가 고민해야 할 부분은 시간을 내는 일이다. 나는 글을 쓰면서부터 하루를 재편해야 했다. 직장인에게 고정적인 시간을 할애하기는 쉽지 않은 일이다. 글을 쓰기 위해서는 책을 읽어야 하고, 읽은 내용을 정리할 시간이 필요하다. 글을 쓰는 일 역시 꾸준히 연습이 필요한 일이다. 조금씩이라도 매일 쓰는 것을 습관화해두지 않으면 급격히 둔해지는 게 글쓰기다. 그래서 나는 매일의 힘을 믿게 된다. 내가 쓴 글이 책이 될 수 있겠냐는 의심이 들지 않는 것은 아니지만, 어느 정도 분량이 쌓이면 새로 태어날 책의 모습을 떠올릴 수 있게 된다. 글쓰기는 점점 더 내 운명이 되고 있다.

니체의 '아모르 파티$^{Amor\ Fati}$'는 운명을 사랑하라는 뜻이다.

니체의 사상을 읽다 보면 그의 말에는 시종일관 운명에 관련된 말이 등장한다. 그래서 그의 철학은 삶에 대한 철학이다. 우리가 사랑에 빠지면 어떤가? 모든 게 새로워 보인다. 평소 가던 길이 아름다워 보이고, 길가에 핀 이름 모를 꽃도 그냥 지나칠 수 없다. 또한 마주치는 사람도 달리 보이고 평소에 짜증 날 일도 웃어넘길 수 있다. 한마디로 세상이 아름다워 보인다. 딱히 이유도 없고 말로 설명할 수도 없다. 오직 사랑만이 모든 것을 머리로 재지 않고 순순히 받아들이게 한다. 이것이 사랑의 힘이다. 내가 사랑하는 대상이 운명이 될 수 있다면 어떨까? 그럼, 순수하게 운명을 긍정하고 받아들이게 될 것이다. 끝으로 니체는 어린아이처럼 춤을 추듯 가볍게 살라고 주문한다. 이는 삶을 사랑할 때야 가능한 일이다.

　우리는 큰 변화의 시대를 살고 있다. 인터넷의 영향으로 정보의 전파 속도는 빠르고 유행에도 더욱 민감해졌다. 혼자서 주관을 갖고 살기 힘든 시대다. 아무 방향 없이 길을 가다가는 자칫 길을 잃고 헤맬 수 있지만, 2세기 전 니체는 이미 우리에게 길을 열어주었다. 우리는 선택할 수 있다. 사회가 정한 가치에 맹목적으로 따를 것인지, '그럼에도 불구하고' 자신의 가치를 만들어갈 것인지를 말이다. 인생은 유한한 것이다. 이 순간이 지나면 되돌아오지 않는다. 그래서 더 힘차게 살아야 하는지 모른다. 물론 나는 쉽게 허무주의를 벗어날 수는 없을 것이다.

하지만 이제는 나의 인생을 한껏 끌어안아 사랑하고 싶다. 보지도 듣지도 못하고, 말도 할 수 없었던 헬렌 켈러가 "난 정말 아름다운 인생을 살았어요."라고 했을 때 나 자신이 부끄러웠다. 우린 이미 많은 것을 가지고 있으면서도 불행하다. 희망은 삶의 목적과 방향을 잃어버린 사람들의 허무 속에서 피어난다는 것을, 나는 이제서야 볼 수 있게 되었다. 아직도 삶이 고통이라고 생각하는가? 때론 운명이 이끄는 대로 가라. 운명이 우리를 흔들어 놓는 건, 그럴 만한 운명적 이유가 있기 때문이 아닐까? 그리고 거부할 수 없는 운명의 수레바퀴 안에서 만신창이가 된 자신의 모습을 보게 된다면 좌절하지 말고 니체의 이 말을 기억하자. "삶은 살아남기 위한 것이 아니라, 지배하기 위한 것이다."

신화를 통해 배우는 삶

신화^{神話}란 무엇인가? 문자 그대로 신들의 이야기다. 그러나 이것이 전부는 아니다. 신화는 신들의 이야기인 동시에 고대부터 전해 내려오는 신성하고 기상천외하며 신비한, 그리고 신적인 능력을 발휘하는 영웅들의 이야기이기도 하다. 그들은 처음에는 인간의 상상 속에서 태어났고 구전으로 전수됐으며 이야기로 엮여 후대에까지 이어진다. 우리는 신화 속 이야기를 통해 인류가 오랜 시간 축적한 삶의 지혜를 깨닫는다.

이것이 신화가 가진 힘이며, 신화의 원시성을 통해 우리가 느끼는 근원적인 통찰이다.

단군신화가 실제로 있었던 일이라고 믿는 사람은 많지 않을 것이다. 신화에 따르면 태초에 곰과 호랑이가 인간이 되길 원했고 100일 동안 쑥과 마늘만 먹으며 동굴에서 나오지 않고 견뎌낸 곰이 웅녀가 된다. 사람이 된 웅녀는 천상의 존재인 환웅과 결혼해 아들을 낳는데, 그가 바로 우리나라 건국 신화의 주인공 단군이다. 어찌 보면 허무맹랑해 보이는 이 이야기는 우리의 교과서에 실리고 우리 민족성의 토대가 되었으며 상당 부분 문화에 깊숙이 뿌리내려 있다.

이런 신화의 내재된 힘이 얼마나 큰지를, 눈에 보이지 않는다고 그 힘을 무시할 수 없다는 것을 나는 김구 선생의 백범일지를 읽으며 깨닫는다.

> 나는 우리나라가 세계에 가장 아름다운 나라가 되기를 원한다. 가장 부강한 나라가 되기를 원하는 것이 아니다. 내가 남의 침략에 가슴이 아팠으니 내 나라가 남을 침략하는 것을 원치 아니한다. 우리의 부력이 우리의 생활을 풍족히 할 만하고 우리의 강력은 남의 침략을 막을 만하면 족하다. (…) 진정한 세계의 평화가 우리나라에서, 우리나라로 말미암

아서 세계에 실현되기를 원한다. 홍익인간이라는 우리 국조 단군의 이상이 이것이라고 믿는다.[2]

그로 인해 나는 우리나라 사람이라면 누구나 '널리 사람을 이롭게 한다'는 홍익인간의 정신이 영혼에 각인되어 있다고 강하게 믿고 있는 것이다. 우리는 천성이 바르고 평화를 중시하는 민족이다. 이것은 다른 나라를 침략하지 않은 역사적 사실로도, 충효를 강조하는 유학 사상을 받아들인 것으로도 증명된다. 이것은 언제나 무의식적으로 발현되어 우리의 사고와 행동에 영향을 끼친다. 나는 이것이 우리 사회를 움직이는 숨겨진 동력이라고 생각한다.

결국 신화는 단지 과거의 이야기가 아니다. 끊임없이 현재와 관계를 맺고 우리의 심성 가장 가까운 근저에 자리 잡으며 우리가 어떻게 살아야 할지, 어떤 생각을 가져야 할지를 암시적으로 가르쳐 준다. 또한 잠재된 자신을 일깨워 숨겨진 힘을 발휘하도록 돕는 내면의 소리이기도 하다. 이렇듯 신화는 우리의 가슴속에 살아 숨 쉰다. 나는 신화에 내포된 심원한 의미를, 그 상징성이 주는 가치를 위대한 신화학자이자 비교종교학자인 조지프 캠벨에게서 크게 배웠다.

---

[2] 김구, 『백범일지』, 도진순 주해, 돌베개, 2005, 31쪽.

조지프 캠벨은 20세기 최고의 신화학자다. 그는 평생을 전 세계 이야기를 수집하고 연구하는 데 썼다. 어린 시절부터 신화의 상징성에 매료된 그는 신화야말로 우리가 잊고 있던 본성적 메시지를 담고 있다는 것을 깨달았다. 나이가 들면서 다른 가치에 묻혀 버린 우리 내면의 가치에 대해 생각하게 하는 힘이 신화 속 이야기에 숨어 있다는 것이다. 실제 그의 책 『천의 얼굴을 가진 영웅』에서는 "사람이 사는 곳이면 어디에서든 신화는 존재해왔고, 이러한 신화는 인간의 육체와 정신 활동에서 나타날 수 있는 모든 것에 대해 살아 있는 영감을 불어넣는다."라고 전한다. 신화란 인류의 문화에 스며들어 발현되는 은밀한 통로이기에 종교, 철학, 예술, 인류의 사회 양식, 심지어 과학과 기술의 발견에 이르기까지 인간 활동 중 신화에서 영향받지 않은 것이 없을 정도다.[3] 그래서 신화 속 영웅들의 모습은 우리 안에 감춰진 욕망의 원형에 가깝다. "나도 커서 영웅이 될 거야."라며 어린 시절 소중히 간직했던 우리들의 원시적인 꿈 말이다. 나는 그의 이야기를 들으면 어린 시절 꿈 많던 내 모습이 자꾸만 떠오른다.

모든 영웅은 여정을 떠난다. 그리고 고난을 겪는다. 캠벨의 인생도 도전의 연속이었다. 박사 학위를 위한 논문만을 남겨 둔 시점에 캠벨은 인도 철학을 공부하고 싶다는 열망에 휩싸인다.

---

[3] 조지프 캠벨, 『천의 얼굴을 가진 영웅』, 이윤기 옮김, 민음사, 2018, 14쪽.

학위 취득을 위한 필수 과목을 모두 이수한 상태였기에 논문만 쓰면 교수가 될 수 있었다. 하지만 대학 측에서는 기존의 전공 대신 다른 분야를 공부하는 것을 허락하지 않았다. 결국 그는 학교를 떠나기로 결심한다. 그에겐 이미 새로운 문이 열린 상태였기에 다시 유리병 속 답답한 현실로 돌아가고 싶지 않았다. 그는 현실과 타협하는 대신에 모험을 택한 것이다. 캠벨은 그때를 회상하며 이것이 그에게 있어서 운명적인 결정이었다고 말한다. 마침 당시는 대공황의 시기였고, 세계적인 경제 불황 속에서 일자리는 구하기 어려웠다. 그는 직업을 찾는 것을 포기했다. 대신에 그동안 동경해왔던 헨리 데이비드 소로의 월든 생활을 모방해 뉴욕주 우드스톡의 작은 오두막에서 5년 동안의 생활을 시작한다. 그곳에서 그는 그동안 보고 싶던 책을 탐독했다. 그저 책을 읽고 사색하며 글쓰기에만 몰두했다. 그에게 우드스톡에서 보낸 시간은 훗날 학문적 성취를 가능케 했던 침묵의 시간이었다. 궁핍한 생활을 견뎌야 했지만, 그는 그곳에서 모든 것을 이겨낼 수 있는 힘을 얻는다. 누가 봐도 빈곤하고 한심해 보이는 삶이었음에도 불구하고, 그는 오히려 그때를 회상하며 필요로 하는 모든 것들이 제때 나타나준 완벽한 시기였다고 말한다.

> 정말로 좋은 시절이었다. 나는 그저 이리저리 돌아다녔고, 내가 무엇을 할 것이며 무엇을 하지 말아야 할 것

인지에 대해 킁킁거리며 냄새를 맡고 다녔다. 나는 오로지 내 적으로 이치에 닿는다고 느껴지는 일만을 하고 싶었다. 그렇지 않고 다른 방식으로는 도무지 살 수 없으리라 생각했다. 게다가 아무것도 할 일이 없을 때는 책을 읽는 게 최고인 거다. 우리는 방랑하게 되면, 당장 '그날 하루' 무엇을 할 것인지는 생각하되, '내일은 뭘 해야지' 하고 미리 생각해 둔 것에 매달리지는 말아야 한다. 우리가 아무런 책임질 일을 갖고 있지 않을 경우, 우리는 다음 두 가지를 결코 걱정해서는 안 된다. 하나는 굶는 것이며, 또 하나는 다른 사람들이 우리를 어떻게 생각하느냐 하는 것이다. 방랑하는 시간은 긍정적인 시간이다. 새로운 것도 생각하지 말고, 성취도 생각하지 말고, 하여간 그와 비슷한 것은 절대 생각하지 마라. 그냥 이런 생각만 하라. 내가 어디에 가야 기분이 좋을까? 내가 뭘 해야 행복할까? (…) 우리에게 다가오는 것을 받아들이고, 우리의 마음에 드는 곳에 머물라. 중요한 것은 우리 스스로가 '나의' 자리라고 생각하는 곳에 머무는 것이다. 다른 사람들의 생각이야 그저 '그들만의' 생각일 뿐이니까.[4]

경제적인 결핍은 우리를 현실에 매이게 하는 질긴 끈이다. 이는

---

4 조지프 캠벨, 『신화와 인생』, 박중서 역, 갈라파고스, 2009, 99쪽.

캠벨도 예외는 아니었다. 실제 우드스톡에 지내는 도중에 일자리를 알아봐야겠다고 결심하기도 했다. 그렇게 떠난 8개월간의 미국 대륙 횡단은 자신의 길에 대한 신념을 굳히는 계기가 된다. 이때 만난 다양한 사람과 온갖 경험은 모두 계획된 것이 아니었지만, 인생은 매 순간 놀라움으로 화답한다. 캠벨은 이런 사실이 매사에 논리적이고 과학적으로 접근하는 사람들에겐 매우 기이한 형태로 보일 수 있지만, 사람들은 자신에게 기대하던 대로 행동하기 때문에 오히려 일을 망치고 있다는 사실을 자각해야 한다고 말한다. 그에게 있어 모든 우연은 운명이 그의 인생을 이끄는 나름의 방식이 있었던 셈이다. 뜻밖의 일에 이어 또 다른 우연이 뒤따르는 식의 연속된 과정이 그의 삶에 일어나는 것을 경험하며, 그는 자신의 길을 가고 있다면 모든 것이 우리에게 운명처럼 찾아온다는 사실을 일깨운다.

　우리는 모두 인생의 무대에 오른 주인공이다. 어쩌면 우리는 가슴속 깊은 곳에 자신이 주인공이 되는 신화 속 영웅 이야기를 간직한 채 살아가는지 모른다. 평범한 내가 위대한 일을 하고 멋지게 귀환하는 이야기 속 영웅이 되고 싶다는 열망 말이다. 내 인생도 언젠가 활짝 피리라. 이것이 우리가 밥벌이에 매여도 놓지 않는 희망의 끈이다. 우리에게 이 열망마저 없다면 인생은 고달픔으로만 기억될 것이다. 그래서 우리는 신화를 읽으며 내 안에 잠든 욕망을 부추긴다. 우리 가슴속에 남아 있는 간절한 꿈,

이것이 바로 우리가 인생을 걸고 영웅 여정을 떠나는 이유다.

> 삶에 있어서 무엇보다 중요한 것은 여러분이 지금 하는 일에 살아 있다는 느낌을 받느냐는 것이다. 만약 그런 느낌이 없다면 여러분은 그저 삶에 관한 다른 사람들의 견해에 따라 살아가는 셈이다.[5]

인생의 의미에 대한 질문에 '아무런 의미도 없다'고 답한 그는 인생은 그 자체만으로 의미가 있으며, 우리는 "살아 있음을 경험"하는 것이라 말한다. 결국 중요한 것은 삶을 대하는 우리의 진정성이다. 우리가 삶을 긍정하고 적극적으로 참여할 때 그가 말한 인생의 의미는 자연스럽게 찾아지는 것이다. 이것은 살면서 우리 안에 부딪히는 본질적 문제에 대해 매번 다른 사람의 답을 따르기보다 스스로 질문에 답하려는 의지를 가지라는 의미이기도 하다. 이것이 그가 말한 천복天福, bliss 으로 이어진다. 그는 "가슴이 하는 말, 내면의 목소리를 따르라."라고 선동하며, 이것이야말로 천복을 따르는 길이라고 말한다. 자기 안의 울림에 답하는 인생의 자세야말로 진정한 영웅의 모습과 닮아 있다는 것이다. "천복을 따르되 두려워하지 말라, 설령 우리가 어디로 가는지 모르고

---

5 같은 책, 105쪽.

있어도 문은 열릴 것이다."⁶ 결국 우리가 여정에서 지녀야 할 건 두려움이 아니라 우리 자신이다. 우리가 가는 길에 진실한 마음이 함께 한다면 우리는 하늘이 내려준 복에 답할 수 있다.

내 천복은 무엇일까? 나도 뭔가 위대한 일을 도모해 볼 수 있지 않을까? 나도 세상에 기여할 수 있는 게 있지 않을까? 갑자기 내 마음에서는 내 인생을 통째로 걸어 좀 더 도전적인 일을 해보고 싶다는 불길이 일었다. 그 일로 인해 세상이 조금이라도 나아질 수 있다면 내가 한 일은 의미가 있을 터였다. 변화무쌍한 시대에 어떻게 살아야 할지를 고민하는 사람이 나 혼자만은 아닐 거라는 생각이 들었을 때, 나는 조용히 혼자만의 프로젝트에 돌입했다.

이것은 시간의 고통이 따르는 일이었다. 기술은 빠르게 앞으로 나아가는데 나는 이 책을 위해 자꾸만 옛날 자료를 뒤적였다. 그래서 앞이 보이지 않는 미래를 위해 과거를 탐험하는 내 여정은 시간의 도치가 주는 행운을 기대해야 하는 일이었다. 또한 책을 쓰는 시간이 길어질수록 과거에 머물며 뒤처진다는 걱정은 내가 견뎌내야 하는 또 다른 시련이었다. 그렇게 나는 이미 지나간 과거의 시간 속에서 미래를 항해할 보물을 발견해 나갔다.

마침내 책을 탈고하고 돌이켜 보니, 삶이 힘겹고 버겁다 느껴질 때 무엇 하나에 매달리는 것이 최선이 될 수 있다는 생각이 든다.

---

6 같은 책, 227쪽.

뭐든 행동해야 변하는 것이다. 변화에 대한 걱정과 두려움에 대처하는 가장 효과적인 방법은 내가 스스로 변화를 만들어가는 것임을 나는 이 책을 쓰면서 깨닫게 되었다. 그런 면에서 모든 창조적 행위는 우리의 마음을 강하게 무장하는 긍정적인 효과를 가진다. 마찬가지로 엔지니어가 제품과 기술을 만드는 자신의 일에 몰두하고 세상을 변화시키는 일에 기여하고 있다는 생각이 들 때 우리는 좀 더 미래를 긍정하게 될 것이다.

그럼에도 여전히 인류의 미래를 비관하는 사람들이 많다. 다양한 주장들이 있지만, 그들의 말에서 내가 주목하는 것은 불평등이나 인간성 상실 같은 문제가 아니다. 내가 걱정하는 것은 인류 생존의 문제다. 환경오염, 인공지능의 일자리 위협, 핵 위협, 기후변화, 물 부족과 식량문제 등 앞으로 인류가 풀어야 할 과제는 어느 것 하나 녹록해 보이지 않는다. 우리가 우려하는 것보다 지구 환경은 더 척박해지고 있으며, 기술의 발전이 인류에게 친화적이지만은 않을 거라는 의견이 지배적이다. 우리는 어디를 향해 가고 있는가? 이 물음에 대해 자신 있게 답해줄 수 있는 사람은 없는 듯하다.

결국 우리는 스스로 만든 위기를 극복해야 한다. 기술적 도전이 전례 없이 크고 지구 환경적 요인들이 나아질 기미가 보이지 않지만, 인류는 항상 수많은 도전에 맞서온 것도 사실이다. 나는 이 과정에서 큰 역할을 할 사람이 엔지니어라고 여긴다. 기술의 중요성이 커지면서 함께 높아진 위상은 우리에게 책임감 있는 행동을 요구한다. 현재와 같은 상황이 지속된다면 우리는 우리가 만든 기술을 스스로 파괴해야 하는 운명에 처하게 될 것이다. 이 아이러니한 상황이 자기와는 상관없는 일이라고 치부해 버린다면 사태는 극단으로 치달을 것이다. 우리는 지구 공동체라는 한배를 탄 운명이 아닌가. 어느 나라도, 집단도, 개인도 자기 혼자서만 구제될 수는 없다. 우리가 만든 결과로부터 면죄부를 가진 사람은 아무도 없다. 우리는 더 늦기 전에 결정을 내려야 할 것이다. 이것이 우리가 답해야 하는 시대의 부름이다. 나는 결국 이 시대의 엔지니어가 신화 속 영웅이 되어야 한다고 믿고 있는 것이다.

  신화 속 영웅 여정은 항상 부름에 대한 응답이다. 살면서 뭔가 소중한 것을 잃어버렸다는 느낌이 든다면 그때가 바로 여정을 시작할 시점이다. 물론 이것은 위험한 모험일 수 있으니 우린 두려움을 느껴 현재의 안전망에 남아 있을 수 있다. 하지만 그 결과는 크게 달라진다. 도전하지 않는 삶은 결국에는 후회로 돌아온다. 길을 나서지 못한 것에 대한 회한, 비겁한 자신에 대한 분노, 이제는 자신이 열연할 무대가 사라졌다는 슬픔은 참기 힘든 비참한 감정이다. 인생을 살면서 그때가 기회였다는 것을 깨닫는 것만큼 후회되는 일도 없을 것이다. 캠벨이 이야기했듯, "영웅의 여정의 목표는 우리 자신이다. 결국 우리 자신을 찾는 것이다." 결국 우리는 어느 순간 문턱을 넘어 새로운 길로 나아가야 한다. 스스로 신화 속 주인공이 되는 운명의 물음에 답하는 것, 이것이 우리가 인생을 걸고 진정으로 해결해야 하는 과제다.

   그 뒤로 캠벨은 세라 로런스 대학교의 교수로서 40여 년간 제자 양성과 집필 활동을 하며 비교신화학자로 명성을 날린다. 그가 처음으로 단독 집필한 작품인 『천의 얼굴을 가진 영웅』은 작가라면 최고의 영예인 국립예술원 창작문학상을 받았으며, 영웅 여정의 공통적인 변환을 개인의 삶과 접목한 이정표를 제시했다는 찬사를 받는다. 또한 활발한 대중 강연을 통해 고대 가르침의 본질을 전달했으며 그가 세상을 떠나기 전 빌 모이어스와 7년여에 걸쳐 출연했던 TV 프로그램의 대화는 『신화의 힘』이라는 책으로 출간되어 대중으로부터 큰 사랑을 받는다.

   평생 자신의 소명을 다한 캠벨은 또 하나의 신화 속 주인공이 되어 우리의 가슴속에 살아있다. 나는 그의 삶을 들여다보며 위대한 성취에는 많은 용기가 필요하다는 것을 깨닫게 된다. 무엇도 보장되지 않은 길을 위해 자신의 희열을 따라가는 것은 쉬운 일이 아니다. 특히 과학적인 사고에 익숙한 엔지니어들에게 신화는 거짓된 망상처럼 보일 수 있다. 우리는 언제나 확실한 길을 택하는 것에 익숙해져 있지 않은가. 그럼에도 파울로 코엘료의 소설 『연금술사』에 나오는 감명 깊은 말처럼 "자신의 신화를 이뤄내는 것이야 말로 이 세상 모든 사람들에게 부과된 유일한 의무"일지 모른다. 우리의 인생은 우리가 열정을 품을 때 뜻하지 않는 방향으로 인도한다.

우리에게 꿈과 현실의 괴리를 극복해야 하는 과제는 여전히 남아 있다. 하지만 인생의 방황이 항상 실패로 귀결되지 않는다는 것을 알기에 현재의 고난이 소중한 경험이 될 것이라 믿는다. 우리의 영웅 여정은 이제 막 시작되었다. 삶의 희열이 이끄는 길이 보이거든 망설이지 말고 그곳으로 나아가라. 인생에서 중요한 것은 살아있음의 떨림이 아니던가. 이제는 내게 주어진 인생을 살아보고 싶다. 자, 이제 나만의 이야기를 시작할 때다.

남김없이 다 쓰고 가라

절벽과 마주한다. 더 이상의 희망은 보이지 않는다. 나는 거센 파도가 일으킨 포말처럼 흩뿌려질 것이다. 죽음과 마주하니, 모든 게 꿈결처럼 아득하다.

질긴 인연을 뒤로하고 뛰어들었다. 순간의 환희와 이내 드는 절망감. 한참을 떨어졌을까. 간질간질, 양쪽 겨드랑이에서 느껴지는 이물감에 정신을 차린다. 순간 날개가 돋는다. 그리고 비상하기 시작한다. 그리곤 이내 세상의 어떤 찬란함보다 멋진 풍광이 내 눈앞에 펼쳐진다.

잠깐 낮잠을 자는 동안 꿈을 꾸었다. 지독하게 끔찍하던 순간으로 시작해 행복감으로 마무리되던 그 꿈이 주는 통찰을 나는 내 삶의 표본으로 삼고 싶었다. 단지 꿈에 불과했지만,

무엇보다 선연한 느낌을 주는 건 무엇 때문일까? 아니나 다를까, 인생 역시 돌아보면 한낱 꿈이 아니던가. 우리는 죽음 앞에선 겸손한 순례자가 아니던가.

  나는 이 꿈을 오랫동안 간직하고 있었다. 날마다 분주하게 돌아다니며 하루하루를 소모하고 있었지만, 늘 내 숨겨진 날개에 대한 생각이 머릿속에서 떠나지 않았다. "나는 무엇을 잘할 수 있을까?" 오랫동안 내가 품은 이 질문 속에서 나는 희망을 찾고 있었지만, 안타깝게도 내가 그리 많은 재능을 가지고 있지 않다는 걸 확인할 뿐이었다. 한동안 나는 지극히 평범한 내 모습에 실망하고 있었던 것 같다. 모든 일에 무기력했고 사람들을 만날 자신도 없었다. 그렇게 세상에 태어나 제대로 뜻도 펼쳐보지 못하고 저무는 인생을 바라보는 건 슬픈 일이었다.

  해가 바뀌고 새로운 날이 시작되었다. 문득 떠오르는 해를 바라보며 나도 새로 시작할 수 있지 않을까 하는 생각을 했다. 서서히 밝아오는 새해의 그 눈부신 태양 앞에서 나는 왠지 모르게 기운을 차렸던 것 같다. 누가 시키지 않아도 아침은 밝아오고 누구도 아침이 오는 것을 막을 수 없다. 신은 내게 큰 재능을 주진 않았다. 그러나 다른 뜻이 있을 거라 여기고 부족한 재능일지라도 남김없이 다 쓰고 가는 게 인생에 대한 마땅한 도리가 아니겠는가.

  내 쓰임을 다하는 것은 인생에 대한 즐거운 책임이다. 피천득 선생은 "기계와 같이 하루하루를 살아온 사람은 팔순을 살았다하더라도 단명한 사람"이라고 했다. 어쩌면 매일 기계와 함께 일하는 엔지니어들은 반복되는 일상과 씨름하는 운명을 타고났는지도 모른다. 시키는 일만 반복적으로 하는 기계를 바라보며, 우리의 정신도 그렇게 굳어져 버린 건 아닌가. 우리는 쉽게 타성에 젖어 현재를 제대로 바라볼 용기를 갖고 있지 못하다. 하지만 그럼에도 팔순이 다가오도록 내 인생에 대한 진정한 쓰임을 깨닫지 못한다면 얼마나 초라한 감정이 밀려올까? 그래서 나는 내 재능이 비록 초라할지라도 가슴을 활짝 펴고 전진해보려 하는 것이다.

모자란 재주라도 발휘해 사람들이 희망을 갖고 행복을 찾아 나서게 할 수 있다면 나는 내 소임을 행한 것이다. 내가 그토록 찾고자 했던 날개는 더 많은 사람이 스스로의 재능을 깨닫고 더 힘차게 오늘을 살도록 돕는 것이란 걸 알기에 나는 이 일을 멈출 수 없는 것이다. 나는 이 일을 할수록 더 큰 애정을 갖고 더 많은 시간을 쏟으며, 더 많은 사람을 두 팔로 안고 싶다. "사랑하다가 죽어버려라." 내가 한 행위가 어느 시인의 이 강렬한 말처럼 될 수 있다면 나는 내 소명을 다한 것이다. 그 일을 위해 노력이 재능이라면 나는 그것을 믿고 싶은 것이다.

> 신이시여, 나는 당신의 손에 쥐어진 활입니다.
> 내가 썩지 않도록 나를 당기소서.

하지만 너무 세게 당기지는 마소서.
내가 부러질까 두렵습니다.
아닙니다, 나를 있는 힘껏 당기소서.
내가 부러진들 무슨 상관이겠습니까?

    카잔차키스도 비슷한 고민을 했던 모양이다. 나는 그의 기도문에서 아무리 타고난 재능이라도 그대로 방치하면 쓸모없는 것이 된다는 것을, 부족한 재능이라도 쓰임이 있다면 감사히 받아들여야 한다는 걸 배운다. 어차피 썩어 없어질 바에야 한번 힘껏 쓰일 수 있다면 후회가 덜할 것이다. 활시위를 한 번도 당기지 않은 활을 활이라 부를 수 없듯, 한 번도 항구를 떠나본 적 없는 배를 배라고 할 수 없다. 우리가 기억할 점은 인생의 말미까지 쓰지 않고 남은 게 있다면 그것은 근심거리밖에 안 된다는 것이다. 재능도 남김없이 다 쓰고 가야 후회가 없다.
    이스라엘의 현자, 랍비 힐렐은 "지금 하지 않으면 언제 하겠는가."라고 했다. 우리는 내일을 기약할 수 없는 시대를 살고 있지만, 그럼에도 지금 해야 하는 일들이 있다. 이 일은 미룬다고 될 일이 아니며, 시간이 지난다고 저절로 이뤄지는 것도 아니다. 분명한 건 마음속에 담은 간절한 바람이 있다면 지금 당장 시작해야 한다는 것뿐이다. 이것이 인생의 올바른 쓰임에 관한 가장 확실하면서도 유일한 길이다. 이 과정에서 두려움과 망설임은 누구나 맞닥뜨려야 할 저항이지만, 내일로 미룬다고 상황이 변하지 않는다는 것을 생각할 때 지금 바로 실행하는 것이 가장 현명한 처신이란 걸 깨닫게 된다.

 우리가 낭비하지 말아야 할 건 돈만이 아니다. 우리 인생이야말로 낭비하지 말아야 할 소중한 것이다. 인생은 반드시 낭비에 대한 책임을 물으니, 내게 주어진 삶을 아낌없이 다 쓰고 가야 한다. 이런 인생의 의미는 우리가 바라는 소망에 의해 결정된다. 힘든 세상, 꿈마저 없다면 우리는 평생 눈앞에 닥친 문제에만 머물다 갈 것이다. 모든 소망은 실질적인 변화를 요구하며, 우리 행동의 훌륭한 촉매가 되어준다. 무언가를 '희망한다'는 말에 담긴 강력한 의미를 믿는다면 우리는 그 말이 이끄는 대로 행동하게 될 것이다. 내가 바라는 그 사람이 되는 것을 목표로 삼고 이를 위해 집중한다면 우리 인생은 말없이 우릴 이끌 것이다. 그러니 우리가 할 일은 간명하다. 엔지니어여, 뜻을 정했다면 가슴을 펴고 움츠린 날개를 펼쳐라. 내가 좋아하는 일을 하면서 사는 것보다 값진 일이 또 있겠는가.

에필로그

엔지니어의 깊은 인생을 위해

네가 할 일이다. 사람은 행위의 결과를 염려하지 말고 자신이 해야 할 일을 해야 한다. 오직 헌신적인 사랑에 의해서만 사람은 구원받는다.

인도 힌두교의 경전인 『바가바드 기타』는 왕위 계승 문제를 놓고 형제간에 전쟁을 치러야 하는 아르주나의 심적 갈등을 주제로 펼쳐지는 대서사시다. 전쟁에서 군대를 총지휘하는 왕인 아르주나는 전쟁을 피하면 나라를 빼앗기고 전쟁을 하면 친족을 자신의 칼로 죽여야 하는 딜레마에 빠진다. 골육 간의 싸움에 회의를 품고 망설이는 아르주나에게 스승 크리슈나는 운명적인 일에 대해 설파하며 '피할 수 없는 것에 대해 근심하지 말라'고 한다. 결국 아르주나는 자신의 숙명을 받아들여 전쟁을 승리로 이끈다.

나는 이 시대를 사는 엔지니어가 그렇다고 생각한다. 결국 우리는 우리가 해야 할 일을 받아들여야 할 것이다. 자신의 신성한 의무에 몰두한 사람은 통제할 수 없는 일에 연연하지 않는다.

그들은 알고 있다. 가치는 자신이 만드는 것이다. 그 일에 사랑이 전제될 때 우리가 한 일은 의미 없는 일이 아니다. 우리는 세상이 바라는 일을 함으로써 행복을 느끼는 존재다.

나는 이 글을 쓰면서 나를 넘어선 미래 모습을 꿈꿨다. 현재를 도약하는 발판을 이 책을 쓰면서 찾고 싶었다. 책을 쓰는 지금 이 순간 나는 깨닫게 된다. 나는 글을 쓰는 과정에서 이미 그것을 발견했다는 것을 말이다. 지나고 나니 당시가 아련하고 추억처럼 느껴진다. 우리가 지금 보내는 현재도 그러할 것이다. 우리가 어떤 생각을 갖고 보낸 현재는 그 언젠가의 과거가 된다. 그래서 우리는 돌아봤을 때 미련이 남지 않는 현재를 살아야 한다.

나는 엔지니어가 행복해야 세상이 아름다워진다고 믿는다. 행복하고 긍정적인 생각에서 만들어진 기술이 밝은 미래를 만든다. 미래에는 다양한 가능성이 존재한다. 막연한 불안감으로 대하는 건 미래를 대하는 올바른 자세가 아니다. 가능성은 아직 일어나지 않은 일이기에 우리에겐 아직 선택의 기회가 있다. 이 책의 목적은 불확실한 미래를 준비하는 데 있다.

이 책을 읽은 독자들은 눈치챘겠지만, 책에서 제시한 8가지 가치는 모두 서로 연결된다. 재미가 있어야 창의성이 발휘되고

에필로그

인생도 즐겁다. 배움을 즐길 수 있어야 성취가 있고 지속할 수 있다. 물론 여기서 우리의 시선은 항상 인류를 향해 열려 있어야 한다. 과정에서 동료와 소통하고 사람들의 소리를 경청할 수 있어야 한다. 모든 중심에 사랑이 자리할 때 우리가 하는 행위는 미래를 밝히는 등불이 된다. 그리고 언제나 고독과 사색의 시간이 모든 걸 깊게 만든다.

 나는 엔지니어로 10년 넘게 일하며 깨닫곤 한다. 주위 동료들이 맡은 '일'에 몰두하고는 있지만 진정으로 바라는 건 '의미'를 찾는 일이란 걸 말이다. 결국 우리가 매일 하는 일도 '어떻게 살 것인가?'란 질문 앞에 놓인다. 그러나 우리가 추구하는 삶의 의미는 그저 주어지지 않는다. 우리가 삶을 통해 직접 찾아 나서야 한다. 나는 엔지니어에게 8가지 조건을 들며 여정을 떠나라고 종용한다. 더 이상 미루지 말라고, 더 이상 움츠리지 말라고 독촉한다.

 실제 우리에게 더는 망설일 시간이 없다. 우린 지금 큰 변화의 기점에 있고 이제는 선택을 해야 한다. 여기엔 엔지니어의 현명한 판단이 요구된다. 우리가 내린 결정이 미래에 어떤 파급력이 되어 돌아올지 누구도 알지 못한다. 어떤 결정은 인류의 생존을 위협할 수 있고, 지구의 존속을 결정할 것이다. 불확실한 미래에 우리가 유일하게 확신할 수 있는 건 우리 주변의 모든 것이 변한다는 것뿐이다. 이것만이 가장 확실한 진실이다.

바야흐로 엔지니어의 시대가 온다. 일찍이 에리히 프롬이 말했듯 "우리의 미래는 유능한 인재들이 얼마나 현재의 위기를 인식하고 새로운 휴머니즘적 관계에 힘을 쏟느냐에 달려 있다." 역사는 맹목적으로 자신의 의무에만 충실했던 아이히만의 전례를 통해 인간이 얼마나 쉽게 어리석은 행동에 빠질 수 있는가를 보여준다. 결국 아무리 출중한 능력이라 해도 인간성이 배제되어 있다면 그 능력을 펼치는 것은 위험하다. 세계에 큰 영향력을 행사하고 있는 기업인 구글이 직원들의 첫 번째 행동 강령으로 '사악해지지 말자 Don't be evil'를 내세운 것도 이런 기조를 반영한다. 과학의 진보와 함께 엔지니어의 역할이 커지는 시대에 우리가 하는 일에는 그만큼 책임과 의무가 따른다. 우리의 미래가 어떠할지는 이 시대의 엔지니어의 손에 달려있다고 해도 과언이 아니다. 그래서 나는 용기 있는 신념과 인류애를 가진 엔지니어가 시대의 소명에 부응해 인류에 희망의 불씨를 살려주길 바라는 것이다.

앞으로 엔지니어들에게 더 많은 기회가 주어질 것이다. 하지만 언제나 기회는 준비된 자의 몫이다. 운명을 거부하지 않는

에필로그

사람에게 우주가 나서서 신성한 고지를 한다는 것이 오랫동안 우리가 위대한 인물들의 삶을 통해 보아온 것이다. 우연 같은 운명적 사건을 거부하지 말았으면 한다. 어쩌면 새로운 시대를 여는 이때 엔지니어들에게 세상이 부여한 주문이 아닐까? 때가 되었다. 이 부름에 한 걸음 다가서는 엔지니어들이 능력을 발휘할 시대가 온 것이다. 이제 의식 있는 엔지니어가 깨어날 때다. 그들은 자신이 가진 능력으로 우리가 바라는 미래를 만들 것이다. 나는 부디 사람의 온기가 깃든 기술을 선보이는 신성한 의무를 다하는 엔지니어가 세상에 넘쳐나길 바란다.

  이 책은 어렵게 쓰였다. 중간에 몇 번을 포기하고 싶었는지 모른다. 하루 종일 회사에서 시달리다가 또다시 노트북 앞에 앉을 때면 "이렇게 힘든데 굳이 써야 할까?"라는 생각이 자꾸만 들었다. 하지만 나는 약속한 게 있었다. 그것은 나 스스로와 한 약속이었고 이 책을 필요로 하는 엔지니어들에게 한 약속이었다. 나는 엔지니어를 위한 책이 있었으면 했다. 따지고 보면 CEO를 위한, 엄마들을 위한, 불타는 청춘들을 위한 책은 넘쳐나도 엔지니어를 위한 책은 별로 없다. 지금 이 순간 나는 약속을 지킬 수 있어 다행이란 안도감이 든다. 이 책은 분명 누군가에겐 큰 쓸모가 있을 것이다. 그 단 한 사람, 자신의 인생을 사랑하는 그 사람을 위해 이 책은 세상에 나왔다.

  끝으로 어려서부터 시를 탐닉했고 시의 운율에 매혹돼 다섯 살 때부터 시를 쓰기 시작한 러시아 수학자 소피아 코발렙스카야의 말에 내 말을 보태며 마무리한다.

시인은 다른 사람이 보지 못하는 것을 봐야 하며 다른 사람들보다 더 깊이 봐야 한다. 그것은 수학자도 마찬가지며, 이 시대를 사는 엔지니어도 그렇다. 우리는 인류가 꿈꾸는 미래를 만드는 사람이다.

엔지니어의 인생을 응원하며, **엄태형**

휴먼 엔지니어
인공지능과 초연결의 시대, 엔지니어는 어떻게 사유할 것인가

초판 1쇄 2020년 11월 7일

지은이 엄태형
발행인 한창훈
발행처 루비페이퍼

등록 2013년 11월 6일 제 385-2013-000053 호
주소 주소 경기도 부천시 원미구 길주로 252 603호
전화 032 322 6754
팩스 031 8039 4526
홈페이지 www.RubyPaper.co.kr
ISBN 979-11-86710-57-9
바코드 9791186710579 03190

편집 한승우
디자인 이대범

이 책은 저작권법에 따라 보호받는 저작물이므로 무단 전재와
무단 복제를 금하며, 이 책 내용의 전부 또는 일부를 이용하려면
저작권자와 루비페이퍼의 서면 동의를 받아야 합니다.

책값은 뒤표지에 있습니다.

잘못된 책은 구입하신 곳에서 바꾸어 드립니다.